MERK WÜRDIGES

10 000 Stichwörter · 300 Themen
500 Abbildungen

VON A BIS Z

MERK WÜRDIGES

10 000 Stichwörter · 300 Themen
500 Abbildungen

VON A BIS Z

Ein kluges Taschenbuch
für Jedermann

10 000 Stichwörter
500 Abbildungen
300 Themen

Weltbild Verlag

Neu bearbeitete
und erweiterte Auflage:
Lutz Adron
Schutzumschlag:
Ingeborg Haun

Genehmigte Lizenzausgabe für
Weltbild Verlag GmbH, Augsburg 1990

Druck und Bindung:
Wiener Verlag, Himberg bei Wien
Printed in Austria
ISBN 3-89350-012-X

Statt eines Vorwortes, das doch nicht gelesen wird, einige »merkwürdige« Mottos

»Ich weiß, daß ich nichts weiß«
Sokrates, 470–399 v. Chr.

»Unser Wissen ist Stückwerk«
1. Korintherbrief, um 55 n. Chr.

»Wissen ist Macht«
F. Bacon, 1561–1626

»Von dem menschlichen Wissen
existiert der allergrößte Teil
stets nur auf dem Papier,
in den Büchern, diesem papiernen
Gedächtnis der Menschheit«
A. Schopenhauer, 1788–1860

»Bildung trübt den Blick,
stört die Verdauung,
verdirbt den Charakter,
schwächt die Muskeln,
befleckt den Teint,
macht das Haar schütter,
untergräbt den Mut,
durchlöchert die Ausdauer
und verzehrt die unsterbliche Seele«
E. Linklater, 1899–1974

Abkürzungen internationaler Organisationen

ANZUS	Organisation des Pazifik-Paktes
CERN	Europäische Vereinigung für kernphysikalische Forschung
CIF	Internationaler Frauen-Rat
CIO	Internat. Olympisches Komitee
EFTA	Europ. Freihandelsassoziation
EG	Europ. Gemeinschaft(en)
EGKS	Europäische Gemeinschaft für Kohle und Stahl (= Montan-Union)
EP	Europ. Parlament
ESA	Europ. Weltraumagentur
EURATOM	Europäische Gemeinschaft für Atomenergie
EWG	Europ. Wirtschafts-gemeinschaft
ETA	Baskenland und Freiheit (Euscadi ta Ascatasuna)
EZU	Europäische Zahlungsunion
FAO	Ernährungs- und Landwirtschafts-Organisation der UN
FIA	Internat. Automobil-Verband
FIM	Internat. Motorradsport-Verband
FIP	Internat. Philatelisten-Bund
GATT	Allg. Zoll- und Handelsabkommen
IAEO	Internat. Atomenergie-Behörde
IAO	Internat. Arbeitsorganisation der Vereinten Nationen
IATA	Internat. Luftverkehrsverband
ICA	Internat. Genossenschaftsbund
ICAO	Organisation der Internationalen Zivilluftfahrt
ICEM	Zwischenstaatliches Komitee für Europäische Auswanderung
IRK	Internationales Rotes Kreuz
IRO	Internat. Flüchtlingsorganisation der UN
ITO	Internationale Handelsorganisation
IWC	Internationaler Weizenrat
IWF	Internat. Währungsfonds der UN
LWF	Lutherischer Weltbund
NATO	Nordatlantikpakt-Organisation
OECD	Organisation für wirtschaftliche Zusammenarbeit und Entwicklung
SEATO	Südostasienpakt-Organisation
TSA	Die Heiisarmee
UIP	Interparlamentarische Union
UIT	Internationaler Fernmeldeverein
UN	Die Vereinten Nationen
UNESCO	Erziehungs-, Wissenschafts- und Kulturorganisation der UN
UNICEF	Weltkinderhilfswerk der UN
UPU	Weltpostverein
WCC	Ökumenischer Rat der Kirchen
WEU	Westeuropäische Union
WGB	Weltgewerkschaftsbund
WHO	Weltgesundheitsorganisation der Vereinten Nationen
WUS	Welt-Universitätsdienst
WVF	Weltfrontkämpferverband
YMCA	Weltbund der Christlichen Vereine Junger Männer

Adelstitel

deutsch	englisch	französisch	italienisch	spanisch
Freifrau	baroness	baronne	baronessa	baronesa
Freiherr	baron	baron	barone	baron
Fürst	prince	prince	principe	principe
Fürstin	princess	princesse	principessa	princesa
Graf	earl	comte	conte	conde
Gräfin	countess	comtesse	contessa	condesa
Herzog	duke	duc	duca	dugue
Herzogin	duchess	duchesse	duchessa	duquesa
Kaiser	emperor	empereur	imperatore	emperador
Kaiserin	empress	imperatrice	imperatrice	emperatriz
König	king	roi	re	rey
Königin	queen	reine	regina	regina
Markgraf	marquess	marquis	marchese	marques
Markgräfin	marchioness	marquise	marchesa	marquesa
Ritter	knight	chevalier	cavaliere	caballero
Vizegraf	viscount	vicomte	visconte	vizconde
Vizegräfin	viscountess	vicomtesse	viscontessa	vizcondesa

Alpenpässe

Paß F = Frankr. I = Italien Ö = Österr. S = Schweiz	Höhe in m ü. M.	Zeit der Befahrbarkeit
Achen (Ö)	885	ganzjährig
Albula (S)	2316	Juni–Nov.
Allos (F)	2250	Juni–Oktober
Aravis (F)	1498	Juni–Oktober
Arlberg (Ö)	1802	ganzjährig
Bayard (F)	1246	ganzjährig
Bernina (S)	2330	Juni–Nov.
Brenner (I/Ö)	1374	ganzjährig
Broccone (I)	1616	April–Nov.
Brünig (S)	1011	ganzjährig
Campolongo (I)	1878	Mai–November
Cayolle (F)	2326	Juni–Oktober
Col d'Aprica (I)	1181	März–Dez.
Col des Mosses (S)	1445	ganzjährig
Col di Tenda	1321	ganzjährig
Col du Pillon (S)	1546	Mai–Oktober
Croix de Fer (F)	2067	Mai–November
Croix Haute (F)	1179	ganzjährig
Falzarego (I)	2105	Mai–November
Faucille (F)	1323	April–Nov.
Fern-P. (Ö)	1209	ganzjährig
Flexen (Ö)	1784	ganzjährig
Flüela (S)	2383	Juni–Nov.
Forclas (S)	1527	Mai–Oktober
Furka (S)	2431	Juni–Oktober
Gailberg (Ö)	982	ganzjährig
Galibier (F)	2556	Juni–Oktober
Gavia (I)	2621	Juni–Oktober
Gerlos (Ö)	1486	Mai–November
Gets (F)	1163	ganzjährig
Glandon (F)	1951	April–Nov.
Grimsel (S)	2176	Juni–Oktober
Grödner Joch (I)	2121	Mai–Oktober
Großglockner (Ö)	2505	Mai–November
Iselsberg (Ö)	1204	ganzjährig
Iseran (F)	2769	Juni–Oktober
Izoard (F)	2360	Juni–Oktober
Jaufen (I)	2094	Mai–November
Jaun (S)	1509	April–Nov.
Julier (S)	2287	ganzjährig
Karer-Paß (I)	1753	ganzjährig
Katschberg (Ö)	1641	ganzjährig
Klamm (Ö)	830	ganzjährig
Klausen (S)	1952	Juni–Oktober
Kreuzberg (Ö)	1096	April–Nov.
Larche (F)	1996	Mai–November
Lautaret (F)	2058	April–Nov.
Loibl (Ö)	1368	Mai–November
Lukmanier (S)	1919	Juni–Oktober
Maddalena (I)	1996	Mai–November
Maloja (S)	1817	ganzjährig
Mauria (I)	1295	April–Nov.
Mendel (I)	1363	ganzjährig
Mont Cenis (F)	2084	Mai–Oktober
Montets (F)	1461	April–Nov.
Montgenèvre (F)	1854	Mai–Oktober
Morgins (S)	1369	ganzjährig
Niederalpl (Ö)	1220	Mai–November
Oberalp (S)	2044	Juni–Oktober
Ofen (S)	2155	ganzjährig
Packsattel (Ö)	1166	ganzjährig
Palade (I)	1518	April–Nov.
Paß-Gschütt (Ö)	971	April–Dez.
Paß-Thurn (Ö)	1273	ganzjährig
Perchauer Sattel (Ö)	1005	ganzjährig
Piano di Fugazze (I)	1159	ganzjährig
Plöcken (I/Ö)	1362	Mai–November
Pordoi-Joch (I)	2239	Mai–November
Pötschen (Ö)	982	ganzjährig
Präbichl (Ö)	1240	ganzjährig
Predil (I)	1156	ganzjährig
Pyhrn (Ö)	945	März–Dez.
Reschenscheideck (I/Ö)	1510	ganzjährig
Rolle (I)	1970	ganzjährig
San Bernardino (S)	2063	Mai–Oktober
St. Bernhard, Gr. (I/S)	2469	Juni–Oktober
St. Bernhard, Kl. (F/I)	2188	Juni–Oktober
St. Gotthard (S)	2109	Mai–November
Schober (Ö)	850	ganzjährig
Seeberg (Ö)	1218	März–Nov.
Sella (I)	2214	Mai–November
Semmering (Ö)	980	ganzjährig
Silvretta (Ö)	2032	Mai–Oktober
Simplon (S)	2005	Mai–November
Splügen (I/S)	2113	Juni–Oktober
Stilfserjoch (I)	2757	Juni–Oktober
Susten (S)	2225	Juni–Oktober
Tauernhöhe (Ö)	1738	ganzjährig
Tonale (I)	1883	April–Nov.
Tre Croci (I)	1809	ganzjährig
Triebener Tauern (Ö)	1265	April–Dez.
Turracher Höhe (Ö)	1763	Mai–November
Umbrail (S)	2505	Juni–Oktober
Vars (F)	2111	Mai–Oktober
Wurzen (Ö)	1073	Mai–November
Zirlerberg (Ö)	1180	ganzjährig

Alpentunnel für Kfz-Verkehr

Albula-Eisenbahntunnel
(Schweiz), zwischen Tiefencastel und Samedan; Autozugverkehr
Arlberg-Straßentunnel
(Österreich), zwischen Langen und St. Anton, Höhe 1286 m, Länge 14 km
Arlberg-Eisenbahntunnel
(Österreich), zwischen Langen und St. Anton; Autozugverkehr
Felbertauernstraße und -tunnel
(Österreich), zwischen Mittersill und Matrei, Höhe 977 m, Tunnelscheitel 1650 m; ganzjährig offen
Fréjus-Eisenbahntunnel
(Frankreich/Italien), zwischen Modane (1057 m Höhe) und Bardonecchia (1312 m Höhe); Autozugverkehr
Großer-St.-Bernhard-Straßentunnel
(Schweiz/Italien), zwischen Bourg-St.-Pierre (1913 m Höhe) und St.-Rhémy (1619 m Höhe), Länge 5,82 km
Karawanken-Eisenbahntunnel
(Österreich/Jugoslawien), zwischen Rosenbach (601 m Höhe) und Jesenice (584 m Höhe); Autozugverkehr
Katschbergtunnel
(Österreich), zwischen Spittal und Murtal, Länge 4,5 km; ganzjährig offen
Loibl-Straßentunnel
(Österreich/Jugoslawien), zwischen Klagenfurt und Kranj, Höhe 1070 m, Länge 1560 m, ganzjährig offen
Lötschentalstraße mit Lötschbergtunnel
(Schweiz), zwischen Gampel und Fafleralp; Autozugverkehr
Montblanc-Tunnelstraße
(Frankreich/Italien), zwischen Chamonix (1037 m Höhe) und Courmayeur (1224 m Höhe), Länge 11,6 km; ganzjährig offen
San-Bernardino-Tunnelstraße
(Schweiz), zwischen Hinterrhein (1620 m Höhe) und Mesocco (791 m Höhe), Länge 6,6 km; ganzjährig offen
St.-Gotthard-Eisenbahntunnel
(Schweiz), zwischen Göschenen (1101 m Höhe) und Airolo (1175 m Höhe), Autozugverkehr
St.-Gotthard-Straßentunnel
(Schweiz), zwischen Göschenen (1109 m) und Airolo (1149 m), Länge 16,3 km, ganzjährig offen
Simplon-Eisenbahntunnel
(Schweiz/Italien), zwischen Brig (681 m Höhe) und Iselle (600 m Höhe); Autozugverkehr
Tauern-Straßentunnel
(Österreich), zwischen Flachau und Zederhaus, Höhe 1292 m, Länge 6,4 km; ganzjährig offen
Tauerntunnel mit Klammpaßstraße
(Österreich), zwischen Lend und Mallnitz, Höhe 1171 m; Autozugverkehr
Tenda-Straßentunnel
(Frankreich/Italien), zwischen Tenda (815 m Höhe) und Limone Piemonte (990 m Höhe); ganzjährig offen

Alpentiere

Die Liste der Tiere, die entweder nur in den Alpen vorkommen oder Alpenarten entwickelten, weist 336 Namen auf; 65 davon tragen Säugetiere. Für die meisten der Arten sind die Alpen nicht der eigentliche Verbreitungsraum, sondern das Gebiet, in das sich die von der Zivilisation immer mehr verdrängten Tiere zurückgezogen haben. Eine Auswahl der wichtigsten Arten:

Alpenapollo
Alpenbock
Alpenbraunelle
Alpendohle
Alpenkrähe
Alpenmohrenfalter
Alpenperlmutterfalter
Alpensalamander
Alpenschneehase
Alpenschneehuhn
Alpensegler
Alpenspitzmaus
Alpenweißling
Alpenzeisig
Apollo
Aspisviper
Auerhuhn
Bergeidechse
Bergviper
Birkhuhn
Dreizehenspecht
Felsenschwalbe
Gänsegeier
Gebirgshummel
Gemse
Gletscherfalter
Gletscherfloh
Haselhuhn
Kolkrabe
Kreuzotter
Lämmergeier
Laumerle
Mauerläufer
Mufflon
Murmeltier
Ringamsel
Rotfuchs
Sandviper
Schneefink
Schneemaus
Steinadler
Steinbock
Steinhuhn
Steinrötel
Steinschmätzer
Tannenhäher
Tannenmeise
Wasseramsel

Alphabete

Hebräisch		Griechisch			Lateinisch	
א	aleph	*Α*	*α*	Alpha	A	a
ב	beth	*Β*	*β*	Beta	B	b
ג	gimel	*Γ*	*γ*	Gamma	C	c
ד	dalet	*Δ*	*δ*	Delta	D	d
ה	he	*Ε*	*ε*	Epsilon	E	e
ו	waw	*Ζ*	*ζ*	Zeta	F	f
ז	sajin	*Η*	*η*	Eta	G	g
ח	cheth	*Θ*	*ϑ*	Theta	H	h
ט	teth	*Ι*	*ι*	Jota	I	i
י	joda	*Κ*	*ϰ*	Kappa	(J	j)
כ	kaph	*Λ*	*λ*	Lambda	(K	k)
ל	lamed	*Μ*	*μ*	My	L	l
מ	mem	*Ν*	*ν*	Ny	M	m
נ	nun	*Ξ*	*ξ*	Xi	N	n
ס	samech	*Ο*	*ο*	Omikron	O	o
ע	ajin	*Π*	*π*	Pi	P	p
פ	pe	*Ρ*	*ϱ*	Rho	Qu	qu
צ	zade	*Σ*	*σ ς*	Sigma	R	r
ק	koph	*Τ*	*τ*	Tau	S	s
ר	resch	*Υ*	*υ*	Ypsilon	T	t
ש	sin	*Φ*	*φ*	Phi	(U	u)
ת	taw	*Χ*	*χ*	Chi	V	v
		Ψ	*ψ*	Psi	(W	w)
		Ω	*ω*	Omega	X	x
					(Y	y)
					(Z	z)

Außer diesen nach Alpha und Beta, den beiden ersten Buchstaben im griechischen Alphabet, benannten Buchstabenfolgen in Sprache und Schrift gibt es übrigens auch ein **musikalisches Alphabet.** Es bezeichnet die Buchstabenfolge der sieben Stammtöne und lautet: c, d, e, f, g, a, h oder do, re, mi, fa, sol, la, si.

Anreden

Abt: Hochwürdigster Herr Abt
Äbtissin: Hochwürdigste Frau Äbtissin
Baron: Baron X oder Herr von X
Bischof (evang.): Hochwürden bzw. Exzellenz
Bischof (kath.): Bischöfliche Gnaden bzw. Exzellenz
Botschafter (ausländ.): Exzellenz
Bundeskanzler: Herr Bundeskanzler
Bundesminister: Herr Bundesminister
Bundespräsident: Herr Bundespräsident
Dekan (Fakultät): Spektabilität
Doktor: Herr Doktor
Erzbischof: Erzbischöfliche Gnaden bzw. Exzellenz
Freiherr: Herr von X oder Baron X
Fürst: Durchlaucht
Generaldirektor: Herr Generaldirektor
Gerichtsvorsitzender: Herr Vorsitzender
Gesandter (ausländ.): Exzellenz
Graf: Graf X oder Herr von X
Herzog: Hoheit
Kaiser: Majestät
Kardinal: Eminenz
König: Majestät
Konsul: Herr Konsul
Minister: Herr Minister
Nonne: Ehrwürdige Schwester
Ordensoberin: Ehrwürdige Mutter Oberin
Papst: Heiliger Vater, Eure Heiligkeit
Pfarrer: Herr Pfarrer oder Hochwürden
Prälat: Hochwürdigster Herr Prälat
Prinz: Kaiserliche bzw. Königliche Hoheit
Professor: Herr Professor
Prokurist: Herr X
Rabbiner: Herr Rabbiner
Rektor (Universität): Magnifizenz
Richter: Herr Richter
Richterkollegium: Hoher Gerichtshof
Staatsanwalt: Herr Staatsanwalt
Superintendent: Herr Superintendent
Vikar: Herr Vikar

Abkürzungen in Antiquariatsangeboten

Listen und Kataloge von Buchantiquariaten operieren stets mit Abkürzungen, deren Bedeutungen man kennen muß, wenn man das Angebot beurteilen will. Die wichtigsten:

Abb.	Abbildungen
Aufl.	Auflage(n)
Bd.	Band
Bde.	Bände
Bl.	Blatt
brosch.	broschiert
def.	defekt
EA.	erste Ausgabe (Erstausgabe)
geh.	geheftet
Hfrz.	Halbfranzeinband
Hldr.	Halbledereinband
Hlwd.	Halbleineneinband
Illustr.	Illustrationen
kart.	kartoniert
Ldr.	Ledereinband
Lwd.	Leineneinband
O	Verlagseinband (steht vor der Einbandbezeichnung, z.B. OLwd.)
o.O.	ohne Ortsangabe (Erscheinungsort)
o.J.	ohne Jahr (Erscheinungsjahr)
Pgt.	Pergamenteinband
Pp.	Pappband
RüSch.	Rückenschild
SS.	Seiten(zahl)
StaTi.	Stempel auf Titel
StaV.	Stempel auf Vorsatz(papier)
Taf.	Tafel
W.	Widmung
2°	Folioformat (bis 45 cm hoch)
Gr. 4°	Groß-Quartformat (bis 40 cm hoch)
4°	Quartformat (bis 35 cm hoch)
Gr. 8°	Groß-Oktavformat (bis 25 cm hoch)
8°	Oktavformat (bis 22,5 cm hoch)
Kl. 8°	Klein-Oktavformat (bis 18,5 cm hoch)

Die 12 Apostel

Andreas
Bartholomäus
Jakobus d. Ält. (Zebedäi)
Jakobus d. Jüng. (Alphäi)
Johannes
Judas Ischariot
Matthäus
Petrus
Philippus
Simon
Thaddäus
Thomas

Arzneimittel

Analeptika	steigern herabgesetzte Erregbarkeit wichtiger Zentren
Analgetika	schmerzlindernde Mittel
Anästhetika	schmerzlindernd wirkende Mittel
Antibiotika	hemmen das Wachstum von Kleinstlebewesen
Antimykotika	verhindern Pilzerkrankungen der Haut, Haare, Fingernägel usw.
Antihistaminika	lindern Heuschnupfen und Nesselsucht
Antineuralgika	lindern Nervenschmerzen
Antipyretika	senken erhöhte Körpertemperaturen
Antirheumatika	Mittel gegen Rheumatismus
Chemotherapeutika	schädigen vom Blut aus die Krankheitserreger
Ganglioplegika	blockieren die Schaltstellen der unwillkürlichen Nerven
Hypnotika	Schlafmittel
Lokalanästhetika	unterbrechen am Einwirkungsort die Nervenleitung
Narkotika	lähmen Teile des Zentralnervensystems
Neuroleptika	Mittel mit antipsychotischer Wirkung
Obstipantia	stopfende Mittel gegen Durchfall
Psychopharmaka	beeinflussen die psychischen Funktionen
Sedativa	Beruhigungsmittel für übererregte Nerven
Spasmolytika	lösen schmerzhafte Krampfzustände der Muskulatur
Zytostatika	hemmen das Wachstum von Geschwülsten

Astronomische Fachausdrücke

Asteroid, planetenartiger Körper zwischen Mars- und Jupiterbahn mit meist nur wenigen km Durchmesser
diffuser Nebel, weiträumige Anhäufung interstellarer Materie innerhalb des Milchstraßensystems
Fixstern, selbstleuchtender Himmelskörper, der seinen Standort scheinbar nicht verändert
Galaxis, selbständiges Sternsystem außerhalb unseres Milchstraßensystems
interstellare Materie, staub- oder gasförmiger Baustoff für neue Sterne, der in sehr dünner Verteilung den Raum zwischen den Fixsternen ausfüllt
Komet, auch Schweifstern, Himmelskörper mit geringer Masse, der bei Sonnenannäherung einen Schweif aus ionisiertem Stickstoff und Kohlendioxid bildet
Kosmos (Weltall), das geordnete System aller Galaxien
Lichtjahr, astronomisches Entfernungsmaß; die Strecke, die das Licht in 1 Jahr zurücklegt (9,46 Billionen km)
Meteor, kosmischer Kleinkörper, der aus dem Weltall in die Erdatmosphäre eindringt und dabei verglüht („Sternschnuppe")
Meteorit, Bruchstück eines Meteors, das auf die Erde fällt
Milchstraße, mattleuchtendes Band aus unzähligen Sternen, das die Himmelskugel umspannt
Milchstraßensystem, das galaktische System, in dem sich unser Sonnensystem etwa 32000 Lichtjahre vom Zentrum entfernt befindet
Neutronenstern, Himmelskörper mit sehr großer Dichte und großer magnetischer Feldstärke, der hauptsächlich aus Neutronen besteht
Nova, veränderlicher Stern mit plötzlich auftretendem Helligkeitsausbruch, wobei soviel Energie frei wird, wie sie die Sonne in 2000 Jahren abstrahlt. Eine besonders lichtstarke Nova bezeichnet man als „Supernova"
Planet, kugelförmiger Himmelskörper, der in elliptischer Bahn um eine Sonne läuft
planetarische Nebel, neblige Hüllen um Sterne innerhalb des Milchstraßensystems, die eine Explosion hinter sich haben
Protuberanzen, Gasausbrüche auf der Sonnenoberfläche, die manchmal mit einer Geschwindigkeit von mehreren hundert Kilometern in der Sekunde in die Höhe steigen.
Pulsar, Himmelskörper, der mit großer Regelmäßigkeit Radioimpulse aussendet
Quasar, quasistellare (sternähnliche) Radioquelle, wahrscheinlich punktförmig und weit außerhalb unseres Milchstraßensystems
rote Riesensterne erreichen den 3000fachen Sonnendurchmesser.
Satellit, Mond eines Planeten, auch: künstlicher Himmelskörper
Schwarzes Loch, zusammengebrochener Riesenstern mit so großer Schwerkraft, daß er keine Strahlung nach außen abgeben kann
Spiralnebel, Sternsystem ähnlich unserem Milchstraßensystem mit zwei oder mehr spiralig gewundenen Armen
Stern, selbstleuchtender Himmelskörper wie unsere Sonne
Urknall, heute gültige Theorie von der Entstehung des Universums durch die „Explosion" von unendlich verdichteter Materie vor 15 Milliarden Jahren

Kleines Atom-Lexikon

A-Bombe: Atombombe.
Alphateilchen: aus 2 Protonen und 2 Neutronen bestehender Kern des Elements Helium.
Antimaterie: besitzt die gleichen Eigenschaften wie die Materie, allerdings haben die Bausteine der Anti-Atome entgegengesetzte Ladung. Materie und Antimaterie vernichten sich gegenseitig, sobald sie aufeinandertreffen. So entstehen beim Zusammentreffen eines Protons und Antiprotons sehr kurzlebige Mesonen.
Atom: kleinstes Teilchen eines chemischen Elementes, in dem um einen positiv elektrischen Atomkern negative Elektronen in planetenartigen Bahnen kreisen.
Atomabfall: sehr radioaktive Kernspaltungsprodukte, die aus den Kernreaktoren entfernt werden müssen, weil sie die Kettenreaktion stören.
Atombombe: Sprengkörper aus dem Uran-Isotop U-235 oder dem aus Uran gewonnenen Plutonium-239, deren lawinenartig anwachsende Kettenreaktion unvorstellbare Zerstörungen auslöst.

Atomenergie: seit 1942 durch Kernspaltung und seit 1952 durch Kernaufbau freigesetzte Energie, die entsprechend dem Äquivalenzsatz dem Masseverlust der neuaufgebauten Atomkerne entspricht.
Atomhülle: die um den Atomkern kreisenden Elektronen, deren negative Ladungen durch die positive Ladung des Kerns neutralisiert sind.
Atomkern: aus den positiv elektrisch geladenen Protonen und den ungeladenen Neutronen bestehendes Zentrum des Atoms.
Atommasse: die Verhältniszahl, die angibt, wievielmal schwerer ein Atom bezogen auf ein Kohlenstoffatom ist, wobei Kohlenstoff gleich 12 gesetzt wird.
Atomphysik: zusammenfassende Bezeichnung für das theoretisch und experimentell gewonnene Wissen vom Aufbau und Zerfall der Materie.
Betatron: Gerät zur Energieanreicherung von Elektronen.
Bevatron: Gerät zur Energieanreicherung von Protonen.
Deuterium: ein Wasserstoff-Isotop, das mit Sauerstoff das Schwere Wasser bildet.
Deuteronen: sehr schnell bewegte, elektrisch positiv geladene Atomkerne des Deuteriums, die sich aus einem Proton und einem Neutron zusammensetzen.
Elektronen: kleinste Teilchen der Elektrizität, die sich in planetenartigen Bahnen um den Atomkern bewegen.
Hochtemperaturreaktor: verwendet als Brennstoff ein Gemisch aus hochangereichertem Uran und Thorium und erreicht dadurch eine bessere Ausnutzung des Kernbrennstoffs.
Ionen: elektrisch geladene Atome, Atomgruppen, Moleküle oder Molekülgruppen, die unter bestimmten Bedingungen in Flüssigkeiten, Gasen und festen Körpern auftreten.
Isotope: Abarten von Elementen, die untereinander zwar chemisch völlig gleichwertig sind, sich aber im Gewicht ihrer Atomkerne unterscheiden, weil sie verschieden viele Neutronen enthalten.
Kernfusion: im Gegensatz zur Kernspaltung die Bildung eines schweren Atomkerns durch mehrere leichtere, wobei Energie frei wird.
Kernphysik: auf die Erforschung der Atomkerne spezialisiertes Teilgebiet der Naturwissenschaften.
Kernreaktor: eine Anlage, in der der Ablauf der Kettenreaktion so gesteuert wird, daß sie nicht wie in der Atombombe lawinenartig anwachsen kann, sondern industriell nutzbare Wärmemengen liefert.
Kernspaltung: Sprengung von Atomkernen mittels Neutronen.
Kettenreaktion: Aufeinanderfolge von Kernspaltungen, die sich gegenseitig auslösen.
Kritische Masse: Mindestmenge an Spaltstoffen, die notwendig ist, um eine Kettenreaktion aufrechtzuerhalten.
Mesonen: schwierig nachzuweisende mittelschwere Elementarteilchen aus dem Atomkern mit äußerst kurzer Lebensdauer.
Neutronen: elektrisch neutrale Bestandteile des Atomkerns.
Neutronenbombe: nuklearer Sprengkörper mit geringer Explosionskraft, aber tödlicher Gamma- und Neutronenstrahlung.
Nukleonen: die Bausteine des Atomkerns, d. h. positiv elektrisch geladene Protonen und ungeladene Neutronen.
Plutonium: in der Natur nicht vorkommendes radioaktives Element vom Atomgewicht 239.

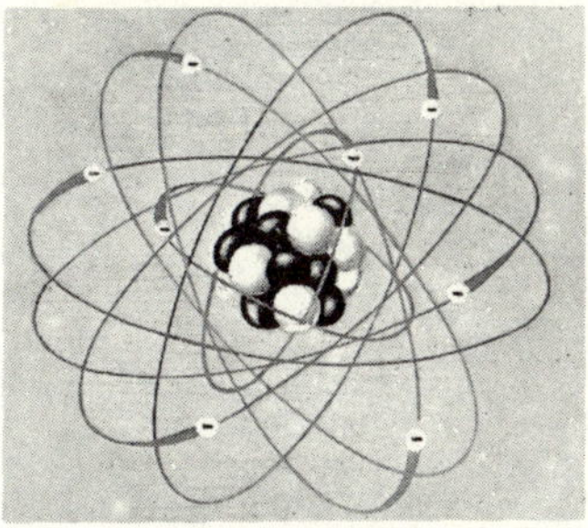

○ Neutron
● Proton (positiv) ⊖ Elektron (negativ)

Positronen: Elektronen positiver Ladung.
Protonen: elektrisch positiv geladene Bausteine der Atomkerne.
Quarks: kleinste Grundbausteine des Atomkerns, aus denen Protonen und Neutronen zusammengesetzt sind.
Radioaktivität: Eigenschaft gewisser chemischer Elemente, ohne äußere Beeinflussung dauernd Energie in Form von Strahlung abzugeben.
Radioisotope: durch Neutronenbestrahlung künstlich radioaktiv gemachte Elemente.
Schneller Brüter: Kernreaktor, der fast das gesamte Natururan zur Energieerzeugung verbraucht und zudem mehr Brennstoff (Plutonium) erzeugt, als er verbraucht (Uran).
Schweres Wasser: Verbindung des Deuteriums mit Sauerstoff.

Synchro-Zyklotron: Teilchenbeschleunigungsmaschine, die Protonen nahezu Lichtgeschwindigkeit (rund 300000 km/sec) verleiht.
Teilchenbeschleuniger: Großgeräte zur Beschleunigung geladener Elementarteilchen auf Geschwindigkeiten, die der des Lichtes (rund 300000 km/sec) nahe kommen.
Thermonukleare Energie: bei der Bildung von Helium aus Deuterium und Tritium frei werdende Energie.
Tritium: überschwerer Wasserstoff mit dem Atomgewicht 3, ein Wasserstoff-Isotop, das in der H-Bombe verwendet wird, aber auch beim friedlichen Kernaufbau eine große Rolle spielt.
Uran: das einzige in der Natur vorkommende Element, das die Auslösung einer gesteuerten Kettenreaktion im Kernreaktor ermöglicht. Es besteht zu 99,3% aus dem nichtspaltbaren Isotop Uran-238 und nur zu 0,7% aus spaltbarem U-235.
WAA: Wiederaufarbeitungsanlage für Kernbrennstoffe
Wasserstoffbombe: eine Atombombe, die durch unkontrollierte Kernfusion gewaltige Zerstörungen anrichtet.
Zyklotron: ein Teilchenbeschleuniger.

Attentate unseres Jahrhunderts

1900, 18. 6. Gesandter Ketteler (†)
1900, 29. 7. ital. König Umberto (†)
1901, 6. 3. Kaiser Wilhelm II.
1901, 14. 9. USA-Präsident MacKinley (†)
1903, 11. 6. Alexander und Draga von Serbien (†)
1913, 18. 3. Georg I. v. Griechenland (†)
1914, 28. 6. Erzherzog Franz Ferdinand (†)
1916, 16. 12. Rasputin (†)
1918, 16. 7. Nikolaus II. v. Rußland (†)
1919, 19. 2. Clemenceau
1919, 21. 2. Min.-Präs. Eisner (†)
1920, 26. 1. Erzberger
1921, 26. 8. Erzberger (†)
1922, 24. 6. Rathenau (†)
1926, 7. 4. Mussolini
1926, 11. 9. Mussolini
1926, 31. 10. Mussolini
1933, 15. 2. Roosevelt
1934, 25. 7. Dollfuß (†)
1934, 4. 9. Alex. I. v. Südslawien (†)
1940, 21. 8. Trotzki (†)
1944, 20. 7. Hitler
1945, 26. 2. Maher Pascha (†)
1948, 30. 1. Gandhi (†)
1948, 17. 9. Graf Folke Bernadotte (†)
1948, 28. 12. Nokraschi Pascha (†)
1951, 20. 7. Abdullah v. Jordanien (†)
1951, 16. 10. Liaquat Ali Khan (†)
1952, 27. 3. Adenauer
1953, 2. 3. Perón
1954, 28. 10. Abd el Nasser
1955, 12. 3. Nehru
1961, 8. 9. Charles de Gaulle
1963, 22. 11. John F. Kennedy (†)
1966, 6. 9. Verwoerd (†)
1968, 4. 4. Martin Luther King (†)
1968, 6. 6. Robert F. Kennedy (†)
1975, 25. 3. König Feisal von Saudi Arabien (†)
1977, 18. 3. Marien Ngouabi (†)
1979, 27. 8. Lord Louis Francis Mountbatten (†)
1981, 13. 5. Papst Johannes Paul II.
1981, 6. 10. Anwar as Sadat (†)

Ratschläge für Auslandsurlauber

Für Erholungsuchende, die im Ausland Urlaub machen möchten, hat das Auswärtige Amt der Bundesrepublik Deutschland folgende 11 Vorsorgemaßnahmen und Ratschläge für Notfälle zusammengestellt:

1. Erkundigen Sie sich, ob Sie ein Einreise- oder Durchreisevisum benötigen. Informieren Sie sich auch über Zoll-, Aufenthalts-, Impf- und Devisenbestimmungen, Straßenverkehrsrecht, Sicherheitsvorschriften (z.B. Sperrgebiete) und Fotografierverbote.
2. Muß Ihr Paß vielleicht verlängert werden? Übrigens wäre es gut, Fotokopien aller Personal- und Autopapiere mitzunehmen und getrennt von den Originalen aufzubewahren.
3. Nehmen Sie einen Internationalen Krankenschein mit, wenn Sie sozialversichert sind. Jedermann kann sich außerdem durch eine private Urlaubs-Krankenversicherung zusätzlich schützen. Denken Sie auch an wichtige Medikamente, die Sie am Urlaubsort vielleicht nicht erhalten können.
4. Im Interesse Ihrer Sicherheit wird eine ausreichende Versicherung empfohlen: Reisegepäck, Rechtsschutz, Reiseunfall, Vollkasko, Insassenunfall.

5. Vorsicht vor Diebstahl! Auf „Nummer sicher" gehen Sie mit Reiseschecks und Kreditkarten. Fast schon eine Selbstverständlichkeit sind Euroschecks und Euroscheckkarten. Wichtig: Geld, Wertgegenstände und Ausweispapiere niemals im Auto, im Eisenbahnabteil oder Hotel zurücklassen.
6. Dem Autofahrer hilft der Schutzbrief eines Automobilclubs. Auch die grüne Versicherungskarte sollte nicht vergessen werden.
7. Reiseroute, Autonummer und Urlaubsanschrift sollten Sie Angehörigen oder Bekannten hinterlassen, damit man Sie in dringenden Fällen erreichen kann.
8. Wer in Not gerät, kann, wenn die Notlage auf andere Weise nicht zu beheben ist, von der deutschen Auslandsvertretung gegen spätere Rückzahlung finanzielle Hilfe erhalten, z.B. um die Heimreise zu ermöglichen.
9. Wer seine Reisedokumente verliert, erhält von der Auslandsvertretung einen „Reiseausweis zur Rückkehr nach Deutschland". Verlorene Fahrzeugpapiere und Führerscheine können nur in der Bundesrepublik ersetzt werden. Für die Rückreise genügt aber eine Verlustbescheinigung der ausländischen Polizei.
10. Nach einem Unfall oder Diebstahl sollte man bei der örtlichen Polizei ein Protokoll für die Versicherung besorgen. Nach einem Autounfall sind zusätzliche Daten über den Unfallgegner wichtig.
11. Wer festgenommen oder verhaftet wird, kann von den ausländischen Behörden verlangen, daß die nächste deutsche Auslandsvertretung unterrichtet wird. Diese kümmert sich um Ihre korrekte Behandlung und vermittelt Ihnen auf Wunsch einen Anwalt. Denken Sie aber daran, daß Deutsche im Ausland den Gesetzen des Gastlandes unterstehen und nicht deutschem Recht.

Autokennzeichen der Bundesrepublik

Mit * sind auslaufende, noch gültige Kennzeichen markiert. Die Verwaltungssitze der Landkreise sind nur angegeben, soweit ihre Bezeichnung von der des Landkreises abweicht.

A

A Augsburg
AA Ostalbkreis in Aalen
AB Aschaffenburg
AC Aachen
***AH** Ahaus
***AIB** Bad Aibling
AIC Aichach-Friedberg in Aichach
AK Altenkirchen Westerwald
***AL** Altena Westfalen
***ALF** Alfeld Leine
***ALS** Vogelsbergkreis in Alsfeld Oberhessen
***ALZ** Alzenau Unterfranken
AM Amberg
AN Ansbach
AÖ Altötting
***AR** Arnsberg Westfalen
AS Amberg-Sulzbach in Amberg
***ASD** Aschendorf-Hümmling in Papenburg-Aschendorf
AUR Aurich
AW Bad Neuenahr-Ahrweiler in Ahrweiler
AZ Alzey-Worms in Alzey

B

B Berlin West
BA Bamberg
BAD Baden-Baden (Stadt)
BB Böblingen
BC Biberach Riß
***BCH** Buchen Odenwald
BD Bundestag, Bundesrat, Bundesregierung
***BE** Beckum Westfalen
***BEI** Beilngries
***BF** Steinfurt in Burgsteinfurt
BG Bundesgrenzschutz
***BGD** Berchtesgaden
BGL Berchtesgadener Land in Bad Reichenhall
***BH** Bühl Baden
BI Bielefeld (Stadt)
***BID** Biedenkopf
***BIN** Bingen Rhein
BIR Birkenfeld Nahe und Idar-Oberstein
BIT Bitburg-Prüm in Bitburg
***BK** Backnang
***BKS** Bernkastel in Bernkastel-Kues
BL Zollernalbkreis in Balingen
***BLB** Wittgenstein in Bad Berleburg
BM Erftkreis in Bergheim
BN Bonn (Stadt)
BO Bochum (Stadt)
***BOG** Bogen
***BOH** Bocholt (Stadt)
BOR Borken in Ahaus
BOT Bottrop (Stadt)
BP Deutsche Bundespost
***BR** Bruchsal
BRA Wesermarsch in Brake Unterweser
***BRI** Brilon
***BRK** Bad Brückenau

*BRL	Blankenburg in Braunlage Harz
*BRV	Bremervörde
BS	Braunschweig (Stadt)
*BSB	Bersenbrück
BT	Bayreuth
*BU	Burgdorf bei Lehrte
*BÜD	Büdingen Oberhessen
*BÜR	Büren Westfalen
BÜS	Büsingen am Hochrhein
*BUL	Burglengenfeld
BW	Bundes-Wasser- und Schiffahrtsverwaltung
BWL	Baden-Württemberg Landesregierung und Landtag
BYL	Bayern Landesregierung und Landtag
*BZA	Bergzabern

C

*CAS	Castrop-Rauxel (Stadt)
CE	Celle
CHA	Cham
CLP	Cloppenburg
*CLZ	Zellerfeld in Clausthal-Zellerfeld
CO	Coburg
COC	Cochem-Zell in Cochem
COE	Coesfeld Westfalen
*CR	Crailsheim
CUX	Cuxhaven
CW	Calw

D

D	Düsseldorf (Stadt)
DA	Darmstadt
DAH	Dachau
DAN	Lüchow-Dannenberg in Lüchow
DAU	Daun
DB	Deutsche Bundesbahn
DEG	Deggendorf
DEL	Delmenhorst (Stadt)
DGF	Dingolfing-Landau in Dingolfing
DH	Grafschaft Diepholz in Diepholz
*DI	Dieburg
*DIL	Dillkreis in Dillenburg
*DIN	Dinslaken
*DIZ	Unterlahnkreis in Diez
*DKB	Dinkelsbühl
DLG	Dillingen Donau
DN	Düren
DO	Dortmund (Stadt)
DON	Donau-Ries in Donauwörth
*DS	Donaueschingen
DT	Kreis Lippe in Detmold
DU	Duisburg (Stadt)
*DUD	Duderstadt
DÜW	Bad Dürkheim in Neustadt Weinstraße

E

E	Essen (Stadt)
EBE	Ebersberg
*EBN	Ebern
*EBS	Ebermannstadt
*ECK	Eckernförde
ED	Erding
*EG	Eggenfelden
*EHI	Ehingen Donau
EI	Eichstätt
*EIH	Eichstätt
*EIN	Einbeck
EL	Emsland in Meppen
EM	Emmendingen
EMD	Emden (Stadt)
EMS	Rhein-Lahn-Kreis in Bad Ems, Lahnstein
EN	Ennepe-Ruhr-Kreis in Schwelm
ER	Erlangen
ERB	Odenwaldkreis in Erbach Odenwald
ERH	Erlangen-Höchstadt in Erlangen
*ERK	Erkelenz
ES	Esslingen Neckar
*ESB	Eschenbach Oberpfalz
ESW	Werra-Meißner-Kreis in Eschwege
EU	Euskirchen
*EUT	Eutin

F

F	Frankfurt Main (Stadt)
*FAL	Soltau-Fallingbostel in Fallingbostel
FB	Wetteraukreis in Friedberg Hessen
FD	Fulda
*FDB	Friedberg Bayern
FDS	Freudenstadt
*FEU	Feuchtwangen
FFB	Füstenfeldbruck
*FH	Main-Taunus-Kreis in Frankfurt Main-Höchst
*FKB	Frankenberg Eder
FL	Flensburg (Stadt)
FN	Bodenseekreis in Friedrichshafen
FO	Forchheim
FR	Breisgau-Hochschwarzwald und Freiburg-Breisgau
FRG	Freyung-Grafenau in Freyung
FRI	Friesland in Jever
FS	Freising
FT	Frankenthal Pfalz (Stadt)
FÜ	Fürth
*FÜS	Füssen
*FZ	Fritzlar-Homberg in Fritzlar

G

*GAN	Gandersheim in Bad Gandersheim
GAP	Garmisch-Partenkirchen
*GD	Schwäbisch Gmünd
GE	Gelsenkirchen (Stadt)
*GEL	Geldern
*GEM	Gemünden Main
*GEO	Gerolzhofen
GER	Germersheim
GF	Gifhorn
GG	Groß-Gerau
GI	Gießen
*GK	Geilenkirchen-Heinsberg in Erkelenz
GL	Rheinisch-Bergischer Kreis in Bergisch Gladbach
*GLA	Gladbeck Westfalen (Stadt)
GM	Oberbergischer Kreis in Gummersbach
*GN	Gelnhausen
*GOA	Sankt Goar
GÖ	Göttingen
*GOH	Sankt Goarshausen
GP	Göppingen
*GRA	Grafenau
*GRI	Griesbach Rottal
GS	Goslar

GT	Gütersloh in Rheda-Wiedenbrück
*GUN	Gunzenhausen Mittelfranken
*GV	Grevenbroich
GZ	Günzburg

H

H	Hannover
HA	Hagen Westfalen (Stadt)
*HAB	Hammelburg
HAM	Hamm Westfalen (Stadt)
HAS	Haßberge in Haßfurt
HB	Hansestadt Bremen und Bremerhaven
*HCH	Hechingen
HD	Rhein-Neckar-Kreis und Heidelberg
HDH	Heidenheim Brenz
HE	Helmstedt
*HEB	Hersbruck
HEF	Hersfeld-Rotenburg in Bad Hersfeld
HEI	Dithmarschen in Heide Holstein
HEL	Hessen Landesregierung und Landtag
HER	Herne (Stadt)
HF	Herford in Kirchlengern
HG	Hochtaunuskreis in Bad Homburg vor der Höhe
HH	Hansestadt Hamburg
HI	Hildesheim
*HIP	Hilpoltstein Mittelfranken
HL	Hansestadt Lübeck
HM	Hameln-Pyrmont in Hameln
*HMÜ	Hann. Münden
HN	Heilbronn Neckar
HO	Hof
*HOG	Hofgeismar
*HOH	Hofheim Unterfranken
HOL	Holzminden
HOM	Saar-Pfalz-Kreis in Homburg Saar
*HOR	Horb Neckar
*HÖS	Höchstadt Aisch
HP	Bergstraße in Heppenheim Bergstraße
HR	Schwalm-Eder-Kreis in Homberg Bez. Kassel
HS	Heinsberg
HSK	Hochsauerlandkreis in Meschede
HU	Main-Kinzig-Kreis in Hanau
*HÜN	Hünfeld
*HUS	Husum
*HW	Halle Westfalen
HX	Höxter

I

IGB	St. Ingbert (Stadt)
*ILL	Illertissen
IN	Ingolstadt Donau (Stadt)
*IS	Iserlohn
IZ	Steinburg in Itzehoe

J

*JEV	Friesland in Jever
*JÜL	Jülich

K

K	Köln (Stadt)
KA	Karlsruhe
*KAR	Main-Spessart-Kreis in Karlstadt
KB	Waldeck-Frankenberg in Korbach
KC	Kronach
KE	Kempten Allgäu (Stadt)
KEH	Kelheim
*KEL	Kehl
*KEM	Kemnath
KF	Kaufbeuren (Stadt)
KG	Bad Kissingen
KH	Bad Kreuznach
KI	Kiel (Stadt)
KIB	Donnersberg-Kreis in Kirchheimbolanden
*KK	Kempen-Krefeld in Kempen Niederrhein
KL	Kaiserslautern
KLE	Kleve
KN	Konstanz
KO	Koblenz (Stadt)
*KÖN	Königshofen Grabfeld
*KÖZ	Kötzting
KR	Krefeld (Stadt)
*KRU	Krumbach Schwaben
KS	Kassel
KT	Kitzingen
KU	Kulmbach
KÜN	Hohenlohe-Kreis in Künzelsau
KUS	Kusel

L

L	Lahn-Dill-Kreis in Wetzlar
LA	Landshut
*LAN	Landau Isar
*LAT	Vogelsberg-Kreis in Lauterbach Hessen
LAU	Nürnberger Land in Lauf Pegnitz
LB	Ludwigsburg
LD	Landau
*LE	Lemgo
*LEO	Leonberg
LER	Leer Ostfriesland
LEV	Leverkusen (Stadt)
*LF	Laufen Salzach
LG	Lüneburg
*LH	Lüdinghausen
LI	Lindau Bodensee
LIF	Lichtenfels
*LIN	Lingen Ems
*LK	Lübbecke Westfalen
LL	Landsberg Lech
LM	Limburg-Weilburg in Limburg Lahn
LÖ	Lörrach
*LOH	Lohr Main
*LP	Lippstadt
*LR	Lahr Schwarzwald
*LS	Märkischer Kreis in Lüdenscheid
LU	Ludwigshafen Rhein
*LÜD	Lüdenscheid
*LÜN	Lünen (Stadt)

M

M	München
MA	Mannheim (Stadt)
*MAI	Mainburg
*MAK	Marktredwitz (Stadt)
*MAL	Mallersdorf
*MAR	Marktheidenfeld
MB	Miesbach
ME	Mettmann
*MED	Süderdithmarschen in Meldorf
*MEG	Melsungen
*MEL	Melle
*MEP	Meppen

*MES	Hochsauerland-Kreis in Meschede
*MET	Mellrichstadt
MG	Mönchengladbach (Stadt)
*MGH	Bad Mergentheim
MH	Mülheim Ruhr (Stadt)
MI	Minden-Lübbecke in Minden
MIL	Miltenberg
MK	Märkischer Kreis in Lüdenscheid
MM	Memmingen (Stadt)
MN	Unterallgäu in Mindelheim
*MO	Moers
*MOD	Ostallgäu in Marktoberdorf
*MON	Monschau
MOS	Neckar-Odenwald-Kreis in Mosbach
MR	Marburg-Biedenkopf in Marburg Lahn
MS	Münster Westfalen (Stadt)
MSP	Main-Spessart in Karlstadt
*MT	Westerwald in Montabaur
MTK	Main-Taunus-Kreis in Hofheim a. Taunus
MÜ	Mühldorf a. Inn
*MÜB	Münchberg Oberfranken
*MÜL	Müllheim Baden
*MÜN	Münsingen Württemberg
*MY	Mayen
MYK	Mayen-Koblenz in Koblenz
MZ	Mainz-Bingen und Mainz
MZG	Merzig-Wadern in Merzig Saar

N

N	Nürnberg (Stadt)
*NAB	Nabburg
*NAI	Naila
ND	Neuburg-Schrobenhausen in Neuburg Donau
NE	Neuss
NEA	Neustadt-Bad Windsheim in Neustadt Aisch
*NEC	Neustadt (Stadt) bei Coburg
*NEN	Neunburg vorm Wald
NES	Rhön-Grabfeld in Bad Neustadt Saale
*NEU	Hochschwarzwald in Titisee-Neustadt
NEW	Neustadt Waldnaab
NF	Nordfriesland in Husum
NI	Nienburg Weser
*NIB	Süd-Tondern in Niebüll
NK	Neunkirchen (Saar)
NL	Niedersachsen Landesregierung und Landtag
NM	Neumarkt Oberpfalz
NMS	Neumünster (Stadt)
*NÖ	Nördlingen
NOH	Grafschaft Bentheim in Nordhorn
NOM	Northeim
*NOR	Norden
NR	Neuwied Rhein
*NRÜ	Neustadt am Rübenberge
*NT	Nürtingen
NU	Neu-Ulm
NW	Neustadt, Weinstraße (Stadt)

O

OA	Oberallgäu in Sonthofen
OAL	Ostallgäu in Marktoberdorf
OB	Oberhausen Rheinland (Stadt)
*OBB	Obernburg Main
*OCH	Ochsenfurt
OD	Stormarn in Bad Oldesloe
OE	Olpe
*ÖHR	Öhringen
OF	Offenbach Main
OG	Ortenaukreis in Offenburg
OH	Ostholstein in Eutin
OHA	Osterode Harz
OHZ	Osterholz in Osterholz-Scharmbeck
OL	Oldenburg in Oldenburg
*OLD	Oldenburg Holstein
*OP	Rhein-Wupper-Kreis in Opladen
OS	Osnabrück
*OTT	Land Hadeln in Otterndorf
*OTW	Ottweiler
*OVI	Oberviechtach

P

PA	Passau
PAF	Pfaffenhofen Ilm
PAN	Rottal-Inn in Pfarrkirchen
*PAR	Parsberg
PB	Paderborn
PE	Peine
*PEG	Pegnitz
PF	Enzkreis und Pforzheim
PI	Pinneberg
PLÖ	Plön Holstein
*PRÜ	Prüm
PS	Pirmasens

R

R	Regensburg
RA	Rastatt
RD	Rendsburg-Eckernförde in Rendsburg
RE	Recklinghausen in Marl
REG	Regen
*REH	Rehau
*REI	Berchtesgadener Land in Bad Reichenhall
RH	Roth
*RI	Grafschaft Schaumburg in Rinteln
*RID	Riedenburg
RO	Rosenheim
*ROD	Roding
*ROF	Rotenburg Fulda
*ROH	Rotenburg Wümme
*ROK	Rockenhausen
*ROL	Rottenburg Laaber
*ROT	Rothenburg ob der Tauber
ROW	Rotenburg Wümme
RPL	Rheinland-Pfalz Landesregierung und Landtag
RS	Remscheid (Stadt)
RT	Reutlingen
RÜD	Rheingau-Taunus-Kreis in Rüdesheim Rhein
RV	Ravensburg
RW	Rottweil
RWL	Nordrhein-Westfalen Landesregierung und Landtag
*RY	Rheydt (Stadt)
RZ	Herzogtum Lauenburg in Ratzeburg

S

S	Stuttgart (Stadt)
*SAB	Saarburg
SAD	Schwandorf
*SÄK	Säckingen

SAL	Saarland Landesregierung und Landtag
*SAN	Stadtsteinach
SB	Saarbrücken
SC	Schwabach (Stadt)
SE	Segeberg in Bad Segeberg
*SEF	Scheinfeld
*SEL	Selb (Stadt)
*SF	Oberallgäu in Sonthofen
SFA	Soltau-Fallingbostel in Fallingbostel
SG	Solingen (Stadt)
SH	Schleswig-Holstein Landesregierung und Landtag
SHA	Schwäbisch Hall
SHG	Schaumburg in Stadthagen
SI	Siegen
SIG	Sigmaringen
SIM	Rhein-Hunsrück-Kreis in Simmern
SL	Schleswig-Flensburg in Schleswig
*SLE	Schleiden Eifel
*SLG	Saulgau
SLS	Saarlouis
*SLÜ	Schlüchtern
*SMÜ	Schwabmünchen
*SNH	Sinsheim Elsens
SO	Soest
*SOB	Schrobenhausen
*SOG	Schongau
*SOL	Soltau
SP	Speyer (Stadt)
*SPR	Springe Deister
SR	Straubing-Bogen und Straubing
ST	Steinfurt
STA	Starnberg
STD	Stade
*STE	Staffelstein
*STH	Schaumburg-Lippe in Stadthagen
*STO	Stockach Baden
SU	Rhein-Sieg-Kreis in Siegburg
SÜW	Südliche Weinstraße in Landau
*SUL	Sulzbach-Rosenberg
SW	Schweinfurt
*SWA	Rheingau-Taunus-Kreis in Bad Schwalbach
*SY	Grafschaft Hoya in Syke
SZ	Salzgitter (Stadt)

T

TBB	Main-Tauber-Kreis in Tauberbischofsheim
*TE	Tecklenburg
TIR	Tirschenreuth
TÖL	Bad Tölz-Wolfratshausen in Bad Tölz
*TÖN	Eiderstedt in Tönning
TR	Trier-Saarburg und Trier
TS	Traunstein
*TT	Tettnang
TÜ	Tübingen
TUT	Tuttlingen

U

UE	Uelzen
*ÜB	Überlingen Bodensee
*UFF	Uffenheim
UL	Alb-Donau-Kreis und Ulm Donau
UN	Unna
*USI	Usingen

V

*VAI	Vaihingen Enz
VB	Vogelsbergkreis in Lauterbach Hessen
VEC	Vechta
VER	Verden Aller
*VIB	Vilsbiburg
VIE	Viersen
*VIT	Viechtach
VK	Völklingen (Stadt)
*VL	Villingen
*VOF	Vilshofen Niederbayern
*VOH	Vohenstrauß
VS	Schwarzwald-Baar-Kreis in Villingen-Schwenningen

W

W	Wuppertal (Stadt)
*WA	Waldeck in Korbach
WAF	Warendorf in Beckum
*WAN	Wanne-Eickel (Stadt)
*WAR	Warburg Westfalen
*WAT	Wattenscheid (Stadt)
*WD	Wiedenbrück
*WEB	Oberwesterwaldkreis in Westerburg
*WEG	Wegscheid Niederbayern
*WEL	Oberlahn-Kreis in Weilburg
*WEM	Wesermünde in Bremerhaven
WEN	Weiden Oberpfalz (Stadt)
*WER	Wertingen
WES	Wesel in Moers
WF	Wolfenbüttel
*WG	Wangen Allgäu
WHV	Wilhelmshaven (Stadt)
WI	Wiesbaden (Stadt)
WIL	Bernkastel-Wittlich in Wittlich
*WIT	Witten (Stadt)
*WIZ	Witzenhausen
WL	Harburg in Winsen Luhe
WM	Weilheim-Schongau in Weilheim Oberbayern
WN	Rems-Murr-Kreis in Waiblingen
WND	St. Wendel
WO	Worms (Stadt)
WOB	Wolfsburg (Stadt)
*WOH	Wolfhagen
*WOL	Wolfach
*WOR	Wolfratshausen
*WOS	Wolfstein in Freyung Wald
*WS	Wasserburg Inn
WST	Ammerland in Westerstede
WT	Waldshut in Waldshut-Tiengen
*WTL	Wittlage
WTM	Wittmund
WÜ	Würzburg
WUG	Weißenburg-Gunzenhausen in Weißenburg Bayern
*WÜM	Waldmünchen
WUN	Wunsiedel
WW	Westerwald in Montabaur
*WZ	Wetzlar

X

X	Bundeswehr für Fahrzeuge der NATO-Hauptquartiere

Y

Y	Bundeswehr

	Z	***ZIG**	Ziegenhain
Z	Zoll (länglichrundes Kennzeichen)	**ZW**	Zweibrücken (Stadt)
***ZEL**	Zell Mosel		

Autokennzeichen der DDR

IA, IB	Ost-Berlin, Pkw	**H, M**	Magdeburg
IC	Ost-Berlin, Omnibusse	**K, V**	Halle
ID	Ost-Berlin, Krafträder	**N**	Gera
IH	Ost-Berlin, Lkw	**O**	Suhl
A	Rostock	**R, Y**	Dresden
B	Schwerin	**S, U**	Leipzig
C	Neubrandenburg	**T, X**	Karl-Marx-Stadt (Chemnitz)
D, P	Potsdam	**VA**	Volksarmee
E	Frankfurt a. d. Oder	**VP**	Volkspolizei
F, L	Erfurt	**Z**	Cottbus

Autokennzeichen in Österreich

B	Burgenland	**N**	Niederösterreich	**T**	Tirol
G	Graz	**O**	Oberösterreich	**V**	Vorarlberg
K	Kärnten	**S**	Salzburg	**W**	Wien
L	Linz	**St**	Steiermark		

Autokennzeichen in der Schweiz

AG	Aargau	**GR**	Graubünden	**SZ**	Schwyz
AI	Appenzell-Innerrhoden	**JU**	Jura	**TG**	Thurgau
AR	Appenzell-Außerrhoden	**LU**	Luzern	**TI**	Tessin
BE	Bern	**NE**	Neuenburg	**UR**	Uri
BL	Basel-Land	**NW**	Nidwalden	**VD**	Waadt
BS	Basel-Stadt	**OW**	Obwalden	**VS**	Wallis
FR	Freiburg	**SG**	St. Gallen	**ZG**	Zug
GE	Genf	**SH**	Schaffhausen	**ZH**	Zürich
GL	Glarus	**SO**	Solothurn		

Baderegeln der DLRG

Schwimm- und Tauchsport zählen zu den beliebtesten Freizeitvergnügen. Damit es beim Vergnügen bleibt, ungetrübt durch Badeunfälle aus Leichtsinn oder ganz einfach Unwissenheit, hat die Deutsche Lebensrettungs-Gesellschaft (DLRG) 15 goldene Baderegeln zusammengestellt.

1. Nur wer gesund ist und sich wohl fühlt, sollte Baden oder Schwimmen gehen.
2. Man sollte nicht erhitzt ins Wasser gehen, sondern sich vorher abkühlen. Mit vollem oder leerem Magen schwimmt man nicht!
3. Wer nicht schwimmen kann, sollte tiefe Gewässer vermeiden.
4. Luftmatratzen und Autoschläuche sind im Wasser gefährliche Spielzeuge.
5. In unbekanntes Gewässer zu springen bedeutet erhöhte Verletzungsgefahr.
6. Das Schwimmen in Schiffahrtsstraßen ist wegen außergewöhnlicher Strömungen und Wellengangs verboten.
7. Bei Gewitter und hohem Wellengang soll man Gewässer meiden.
8. Hautverbrennungen und Kreislaufschäden können durch zu lange Sonnenbestrahlung entstehen.
9. Es ist wichtig, den Kopf gegen übermäßige Sonneneinwirkung zu schützen.
10. Wer im Wasser friert, sollte es verlassen. Das gilt insbesondere für Kinder.
11. Bei kalter Lufttemperatur sollen nach dem Schwimmen Körper und Kopfhaare sowie die Gehörgänge gut abgetrocknet werden.
12. Vor Übertreibung beim Tauchen können auch Gesunde nicht eindringlich genug gewarnt werden.
13. Ohne Aufsicht sollte man allein nicht weit vom Ufer wegschwimmen.
14. Man stößt andere auch nicht im Spaß ins Wasser.
15. Es ist Dummheit, aus Spaß um Hilfe zu rufen!

Bälle und ihre Maße

Ball	Gewicht	Umfang (cm)	Ball	Gewicht	Umfang (cm)
Baseball	142–149 g	22,9–23,5	Kricketball	156– 163 g	22
Basketball	600–650 g	75–80	Medizinball	1500–3000 g	110
Faustball	300–350 g	65–71	Rugbyball	360– 425 g	–
Fußball	396–453 g	68–71	Schlagball	70– 85 g	19–21
Golfball	45– 48 g	12,6	Schleuderball	1000–1500 g	65–70
Handball	400–500 g	48–60	Tennisball	56,5– 58,5g	20–41
Hockeyball	156–163 g	23–23,5	Tischtennisball	2,4– 2,5 g	11,4–12,1
Korbball	400–500 g	58–60	Wasserball	400– 450 g	68–71

Ballspiele

Badminton
Bandy
Baseball
Basketball
Billard
Boccia
Bockball
Burgball
Faustball
Football
Fußball
Fußballtennis
Golf
Grenzball
Hallenhandball
Handball
Hockey
Indiaca
Jägerball
Kegeln
Korbball
Kricket
Lacrosse
Pelota
Polo
Prellball
Radball
Raffball
Raufball
Ringtennis
Rollhockey
Rugby
Schlagball
Softball
Squash
Tennis
Tischtennis
Völkerball
Volleyball
Wasserball

Baukunst I

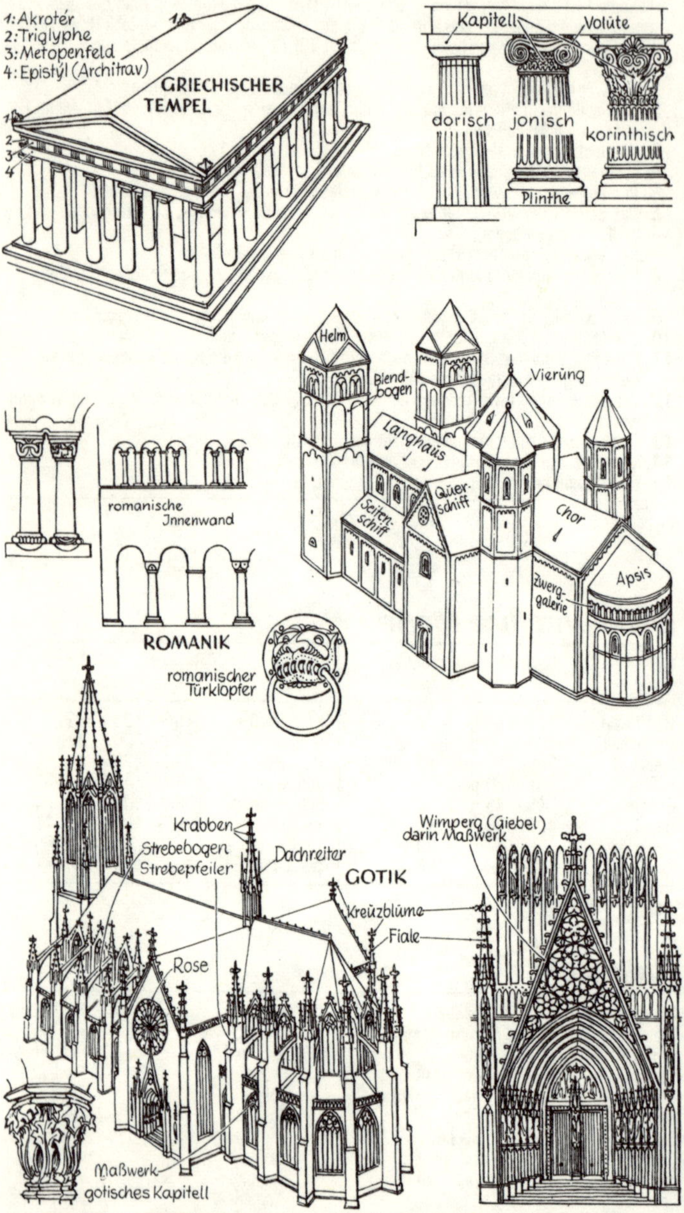

1: Akrotér
2: Triglyphe
3: Metopenfeld
4: Epistýl (Architrav)
GRIECHISCHER TEMPEL
1
2
3
4
Kapitell
Volúte
dorisch
jonisch
korinthisch
Plinthe
Helm
Blend-bogen
Vierúng
Langhaús
Qúer-schiff
Seiten-schiff
Chor
Apsis
Zwerg-galerie
romanische Innenwand
ROMANIK
romanischer Türklopfer
Krabben
Strebebogen
Strebepfeiler
Dachreiter
GOTIK
Wimperg (Giebel) darin Maßwerk
Kreúzblúme
Fiale
Rose
Maßwerk
gotisches Kapitell

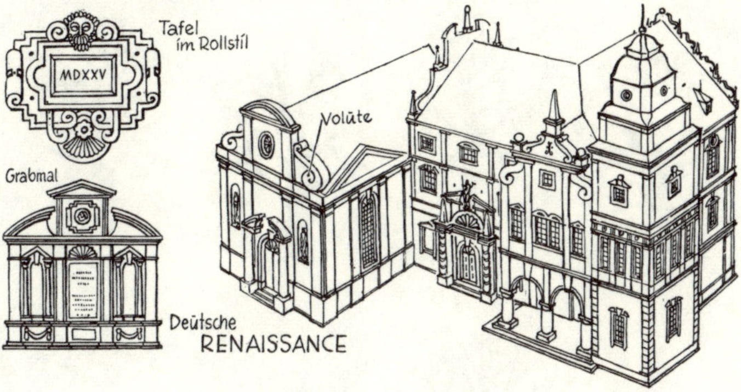

Tafel
im Rollstil
MDXXV
Volüte
Grabmal
Deütsche
RENAISSANCE

Barock-
Putto
Barock-
Untersatz
Rocaille
Rokoko-Kommode
BAROCK und ROKOKO

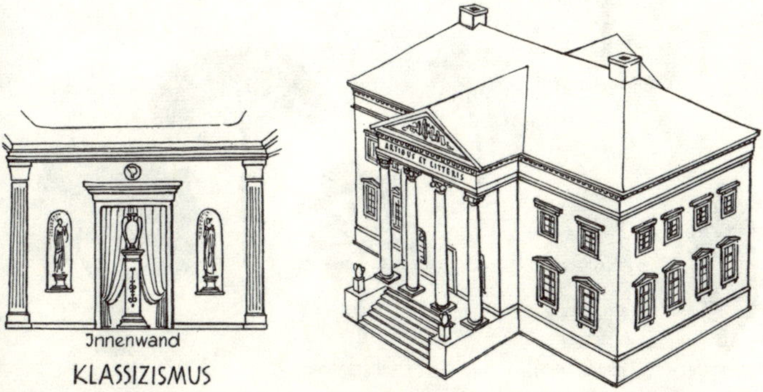

ARTIBUS ET LITTERIS
Innenwand
KLASSIZISMUS

Baumformen

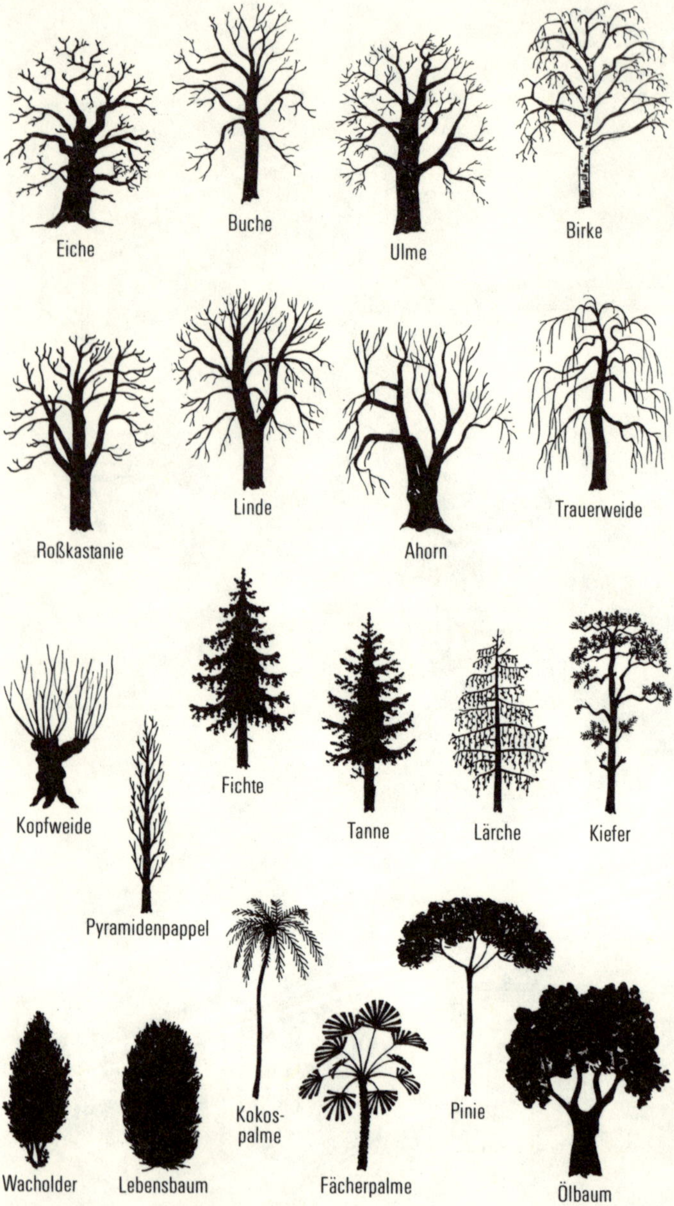
Eiche
Buche
Ulme
Birke
Roßkastanie
Linde
Ahorn
Trauerweide
Kopfweide
Pyramidenpappel
Fichte
Tanne
Lärche
Kiefer
Kokospalme
Pinie
Wacholder
Lebensbaum
Fächerpalme
Ölbaum

Wichtige Bäume Deutschlands

Bergahorn (Acer pseudoplatanus)
Bergulme (Ulmus glabra)
Bruchweide (Salix fragilis)
Eberesche (Sorbus aucuparia)
Eibe (Taxus baccata)
Eisbeere (Sorbus torminalis)
Esche (Fraxinus excelsior)
Espe (Populus tremula)
Faulbaum (Frangula ainus)
Feldahorn (Acer campestre)
Feldulme (Ulmus minor)
Fichte (Picea abies)
Flatterulme (Ulmus laevis)
Grauerle (Alnus incana)
Hainbuche (Carpinus betulus)
Hasel (Corylus aveliana)
Holzapfel (Malus sylvestris)
Kiefer (Pinus sylvestris)
Korbweide (Salix viminalis)
Kreuzdorn (Rhamnus catharticus)
Lärche, Europäische (Larix decidua)
Lorbeerweide (Salix pentandra)
Mehlbeere (Sorbus aria)
Moorbirke (Betula pubescens)
Pyramidenpappel (Populus nigra)
Robinie (Robinia pseudacacia)
Roßkastanie (Aesculus hippocastanum)
Rotbuche (Fagus sylvatica)
Salweide (Salic caprea)
Schwarzerle (Ainus glutinosa)
Silberpappel (Populus alba)
Silberweide (Salix alba)
Sommerlinde (Tilla platyphyllos)
Spitzahorn (Acer platanoides)
Stechpalme (Ilex aquifolium)
Stieleiche (Quercus robur)
Traubeneiche (Quercus petraea)
Traubenkirsche, Gewöhnliche (Prunus padus), **Späte** (P. serotina)
Vogelkirsche (Prunus avium)
Wacholder (Juniperus communis)
Weißbirke (Beta pendula)
Weißdorn (Crataegus monogyna)
Weißtanne (Albies alba)
Wildbirne (Pyrus pyraster)
Winterlinde (Tilla cordata)

Die wichtigsten Baustile

Baustil	Merkmale	Typische Beispiele
Romanik (1000–1200)	gedrungen und wuchtig, horizontale Gliederung, Rundbogen (Fenster und Friese), Würfelkapitell der Säulen	Dome in Braunschweig, Hildesheim, Lübeck, Mainz, Minden, Speyer, Trier u. a., Kaiserpfalz in Goslar
Gotik (1200–1500)	in die Höhe strebende Linien, steile Dächer, Spitzbogen und -fenster, kelchförmige Kapitelle der Säulen	Notre-Dame in Paris, Dome in Köln, Paderborn, Regensburg u. a., Münster in Straßburg und Ulm, Stephansdom in Wien, Rathaus und Marienkirche in Lübeck
Renaissance (1500–1650)	horizontale Gliederung, Rundbogen, Gliederung durch Gesimse, Obelisken, Pilaster (= aus der Wand hervortretende Pfeiler), Voluten (= spiralförmige Vermittlungsglieder) u. a.	Louvre und Palais Luxembourg in Paris, Paläste in Florenz, Genua, Rom, Venedig u. a., Schloß in Heidelberg, Rathaus in Nürnberg
Barock u. Rokoko (1650–1770)	Häufung der Formen und Umbildung ins Schwulstige, Verschwinden der geraden Linien, Vorwiegen der Kurven, reiche Ornamentik, Stuckdekoration	Schloß in Versailles, Invalidendom in Paris, Klosterkirche Banz, Schloß Belvedere in Wien, Residenz in Würzburg, Zwinger in Dresden, Schloß Sanssouci
Klassizismus (1750–1850)	in Anlehnung an antike Vorbilder klare, einfache, strenge Formen	Brandenburger Tor in Berlin, Propyläen in München, Scala in Mailand, Kapitol in Washington, Pantheon in Paris

Hohe Bauwerke

Radiomast, Warschau	646 m
KTHI-Fernsehmast, Fargo/USA	629 m
CN-Tower, Toronto	553 m
Fernsehturm, Moskau	537 m
Sears Tower, Chicago	445 m
World Trade Center, New York	410 m
Empire State Building, New York	381 m
Fernsehturm, Ost-Berlin	362 m
John Hancock Center, Chicago	335 m
Fernsehturm, Tokio	332 m
Fernsehturm in Milwaukee, USA	329 m
Fernsehturm in Paris	321 m
Chrysler Building, New York	319 m
Eiffelturm in Paris	318 m
Fernmeldeturm Steinkimmen	300 m
Fernsehturm in München	290 m
Grande Dixence-Staudamm, Schweiz	285 m
Bank of Manhattan, New York	282 m
Fernsehturm in Hamburg	272 m
Antennentürme in Nauen	260 m
Fernsehturm in Wien	252 m
Woolworth Building, New York	241 m
Lomonossow-Universität, Moskau	240 m
Boulder-Staudamm, Arizona, USA	223 m
Fernsehturm in Dortmund	220 m
Fernsehturm bei Stuttgart	210 m
Kulturpalast in Warschau	200 m
Waldorf-Astoria-Hotel i. New York	191 m
Fernsehturm Ochsenkopf	186 m
Nationalmuseum in Turin	164 m
Ulmer Münster	161 m
Kölner Dom	160 m
Obelisk in Washington	159 m
Funkturm in Berlin	150 m
Kathedrale in Rouen	148 m
Straßburger Münster	142 m
Cheops-Pyramide bei Giseh	137 m
Stephansdom in Wien	137 m
Peterskirche in Rom	133 m
Michaeliskirche in Hamburg	132 m
St.-Pauls-Kathedrale in London	123 m
Rathaus in Brüssel	118 m
Dom in Berlin	110 m
Mailänder Dom	108 m
Invalidendom in Paris	105 m
Frauenkirche in München	99 m
Campanile in Venedig	99 m
Freiheitsstatue von New York	93 m

Berge

Immer wieder tauchen Fragen nach der Höhe von Bergen auf. Man möchte z.B. wissen, ob dieser oder jener Berg höher ist. Für solche und ähnliche Fälle nennt die folgende Übersicht 129 Berge (die bekanntesten aus Europa und die höchsten aus den anderen Erdteilen) mit ihrer Höhe über dem Meeresspiegel in Metern:

Aconcagua	6958
Adamello	3554
Alpspitze	2628
Ararat	5156
Arber (Großer)	1456
Ätna	3274
Bastei	315
Beerberg	982
Belchen	1416
Benediktenwand	1801
Ben Nevis	1343
Bielstein	642
Brocken	1142
Bungsberg	168
Chimborazo	6310
Citlaltépetl	5653
Cotopaxi	5886
Dachstein	2996
Dammastock	3633
Deister	405
Demawend	5671
Dhaulagiri	8168
Donnersberg	687
Drachenfels	321
Dreisesselberg	1332
Dufour-Spitze	4634
Elbrus	5633
Elgon	4311
Elias	5486
Elm	327
Erbeskopf	816
Erebus	4023
Feldberg (Schwarzw.)	1495
Feldberg (Taunus)	880
Fichtelberg	1214
Finsteraarhorn	4275
Fuchskauten	657
Fudschijama	3778
Gaurisankar	7150
Gerlsdorfer Spitze	2663
Geyersberg	586
Glatzer Schneeberg	1425
Godwin Austen	8611
Großglockner	3797
Grotenburg	386
Herzogstand	1731
Hochkalter	2607
Hochstaufen	1781
Hochvogel	2593
Hohe Acht	747
Hohe Eule	1014
Hohenpeißenberg	988
Hohenstaufen	684
Hohentwiel	686
Hohenzollern	855
Hornisgrinde	1164
Huascaran	6768
Illampu	6550
Illimani	6447
Inselsberg	916
Iztaccihuatl	5286
Jungfrau	4166
Kahler Asten	841
Kaiserstuhl	557
Kalmit	673
Kamerunberg	4070
Kantschindschunga	8579
Kebnekaise	2123
Kenia	5194
Kibo	5955
Kreuzspitze	2185
Krottenkopf	2657
Kyffhäuser	457
Landeskrone	420
Lausche	793

Lemberg	1015	Mustag Ata	7438	Scharfreiter	2100
Logan	6050	Nanga Parbat	8125	Schauinsland	1284
Lusen	1373	Narodnaja	1883	Schneeberg (Fichtelg.)	1051
MacKinley	6187	Nebelhorn	2224	Schneekoppe	1603
Mädelegabel	2645	Ochsenkopf	1024	Soiernspitze	2258
Malchen	517	Ojos del Salado	6880	Tajamulco	4211
Marmolata	3354	Olymp	2911	Tiratsch Mir	7705
Matterhorn	4505	Ortler	3899	Tödi	3623
Mauna Kea	4208	Osser	1293	Triglav	2863
Mauna Loa	4168	Parseier Spitze	3038	Turmberg	331
Mawensi	5270	Pico de Teyde	3718	Vesuv	1186
Meißner (Hoher)	750	Piekberg	161	Wasserkuppe	950
Meru	4630	Piz Bernina	4052	Watzmann	2713
Minja Gonkar	7700	Popocatépetl	5451	Wendelstein	1838
Mitchell	2037	Rachel	1453	Wilseder Berg	169
Montblanc	4810	Rainier	4391	Wurmberg	971
Mount Cook	3764	Ruapehu	2797	Zobtén	718
Mount Everest	8848	Ruwenzori	5127	Zugspitze	2963

Höchster Berg Deutschlands:	Zugspitze (2963 m) im Wettersteingebirge
Höchster Berg Europas:	Montblanc (4810 m) in den Savoyer Alpen
Höchster Berg Asiens:	Mount Everest (8848 m) im Himalaya
Höchster Berg Afrikas:	Kibo (5955 m), Gipfel des Kilimandscharo
Höchster Berg Amerikas:	Aconcagua (6958 m) in den Anden

Berlin

Berliner Verwaltungsbezirke

1. Mitte	11. Schöneberg
2. Tiergarten	12. Steglitz
3. Wedding	13. Tempelhof
4. Prenzlauer Berg	14. Neukölln
5. Friedrichshain	15. Treptow
6. Kreuzberg	16. Köpenick
7. Charlottenburg	17. Lichtenberg
8. Spandau	18. Weißensee
9. Wilmersdorf	19. Pankow
10. Zehlendorf	20. Reinickendorf

Bettgrößen

Das Sprichwort »Wie man sich bettet, so liegt man« sollte beim Bett wörtlich genommen werden. Ob Schrank-, Polster- oder Doppelbett – die richtigen Maße für dieses wichtige Möbel sind entscheidend. Die üblichen Größen:

Einzelbetten:	**Doppelbetten:**	**Französische Betten:**
90x190 cm	180x190 cm	150x190 cm
90x200 cm	180x200 cm	150x200 cm
100x190 cm	200x190 cm	150x210 cm
100x200 cm	200x200 cm	
100x210 cm	200x210 cm	

Große Bibliotheken

Sie suchen ein seltenes oder altes Buch? Nun, fragen Sie einmal bei den hier mit den Zahlen der Bücher genannten 38 Bibliotheken an, in deren Gewölben über 100 Millionen Bände versammelt sind. Irgendwo steht sicher auch das von Ihnen gesuchte Werk.

Amsterdam, Univ.-B.	2000000	Los Angeles, Öffentl. B.	3000000
Berkeley, Univ.-B.	9880000	Madrid, National-B.	2100000
Berlin, Dt. Staats-B.	2900000	Moskau, Lenin-B.	23000000
Bern, Schweiz, Landes-B.	1200000	Moskau, Univ.-B.	7700000
Brüssel, Königl. B.	2600000	München, Bayr. Staats-B.	3200000
Cambridge (Engl.), Univ.-B.	3000000	New Haven, Univ.-B.	5500000
Cambridge (USA), Univ.-B.	8000000	New York, Öffentl. B.	2800000
Chicago, Öffentl. B.	4100000	Oxford, Bodleiana	3500000
Edinburgh, National-B.	3000000	Paris, National-B.	6000000
Florenz, National-B.	4000000	Paris, Univ.-B.	3100000
Göttingen, Staats- u. Univ.-B.	1500000	Peking, National-B.	4400000
Haag, Königl. B.	2000000	Prag, National-B.	3962000
Kiew, National-B.	5000000	Rom, National-B.	2200000
Kioto, Univ.-B.	2900000	Straßburg, Univ.-B	3000000
Kopenhagen, Kgl. B.	1300000	Stuttgart, Landesbibliothek	1485000
Leiden, Univ.-B.	1800000	Uppsala, Univ.-B	1300000
Leipzig, Dt. Bücherei	3400000	Warschau, Volks-B.	2400000
Leipzig, Univ.-B.	2000000	Washington, Kongreß-B.	14800000
Leningrad, Saltykow-Schtschedrin-Bibliothek	15000000	Wien, National-B.	1900000
London, Brit. Museum	7000000	Wien, Univ.-B	1560000

Blasinstrumente

Alle Musikinstrumente, deren Ton durch schwingende Luft erzeugt wird, faßt man unter dem Namen Aerophone (griechisch »aer« = Luft) zusammen. Die meisten sind Blasinstrumente, die vom Atem des Bläsers gespeist werden.

Blechblasinstrumente

Aidatrompete
Althorn
Altkornett
Altposaune
Alttrompete
Baßposaune
Baßtrompete
Baßtuba
Doppelhorn
Doppeltuba
Euphonium
Fanfare
Flügelhorn
Helikon
Inventionshorn
Jazztrompete
Kleine Trompete
Kontrabaßtuba
Kornett
Naturtrompete
Naturwaldhorn
Posaune
Soprankornett
Sousaphon
Tenorhorn
Tenorposaune
Ventilposaune
Ventiltrompete
Wagnertuba
Waldhorn

Holzblasinstrumente

Altflöte
Altklarinette
Altsaxophon
Baritonsaxophon
Bassethorn
Baßflöte
Baßklarinette
Baßsaxophon
Blockflöte
Böhmflöte
Doppelblockflöte
Dudelsack
Einhandflöte
Englisch Horn
Fagott
Gefäßflöte
Gemshorn
Heckelphon
Klarinette
Kontrabaßklarinette
Kontrafagott
Liebesflöte
Liebesoboe
Oboe
Orgel
Panflöte
Pikkoloflöte
Quartklarinette
Querflöte
Saxophon
Schalmei
Sopransaxophon
Tenorsaxophon

Blätter

Formen

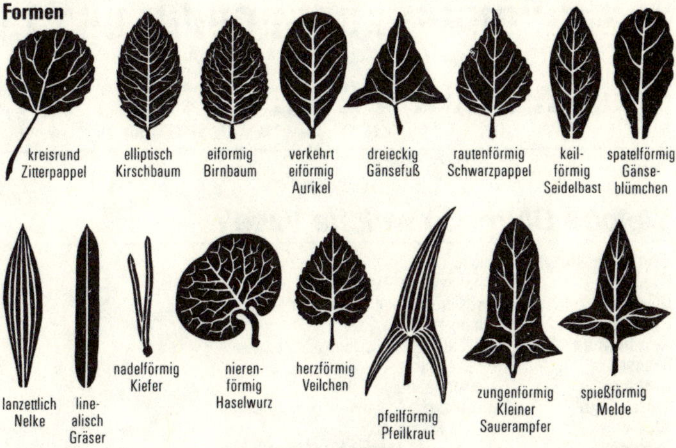

Ränder

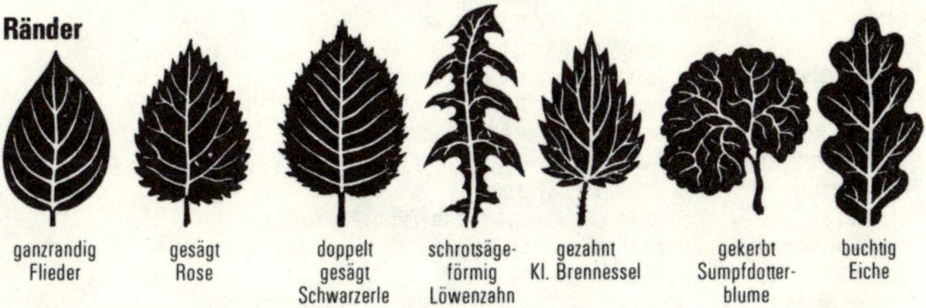

Teilung

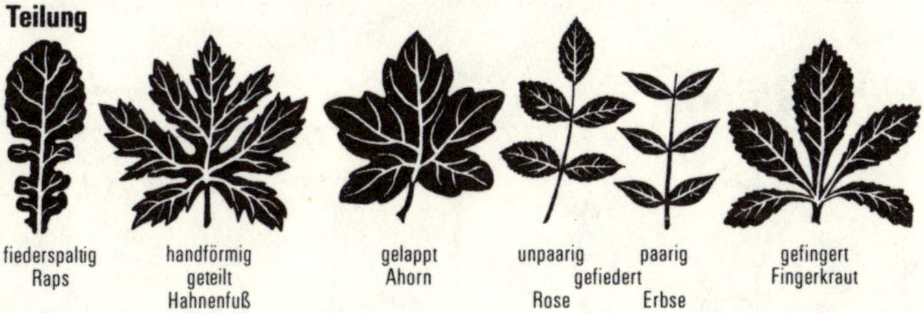

Stellung

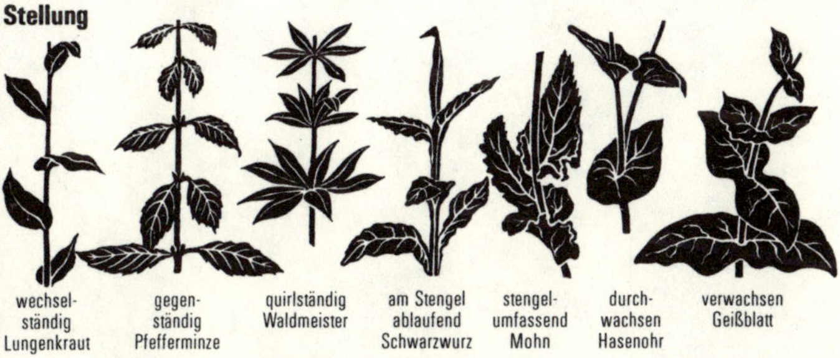

Blindenschrift

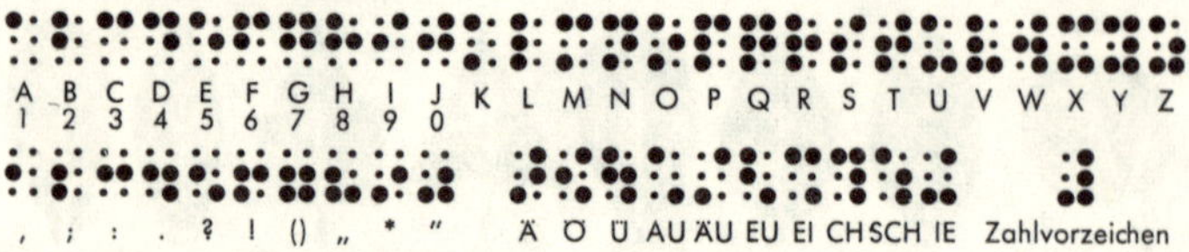

Welche Blume in welche Vase?

Exotische Blüten	in sehr hohe, sehr schlanke, moderne Vasen.
Flieder	in hohe, weite Vasen oder Glaskrüge.
Gladiolen	in schlanke, hohe Vasen oder Krüge.
Herbstlaub	in moderne Tonkrüge.
Kornblumen	in bäuerliche Steinkrüge oder Tonvasen.
Kresse	in zarte Glasvasen.
Krokus	in niedrige, breite Schalen.
Margeriten	in bäuerliche Steinkrüge oder Tonvasen.
Mohn	in zarte Glasvasen.
Orchideen	in hohe, sehr schlanke, moderne Vasen.
Phlox	in schlanke, hohe Vasen oder Krüge.
Primeln	in niedrige, breite Schalen.
Rittersporn	in schlanke, hohe Vasen oder Krüge.
Rosen	in hohe Glas- oder Porzellanvasen.
Sonnenblumen	in schlanke, hohe Vasen oder Krüge.
Stechpalmenzweige	in moderne Tonkrüge.
Tannengrün	in moderne Tonkrüge.
Tulpen	in hohe Glasvasen oder mittelhohe Schalen.
Vergißmeinnicht	in niedrige und breite Schalen.
Wicken	in zarte Glasvasen.
Wiesenblumen	in bäuerliche Steinkrüge oder Tonvasen.

Blütenstände

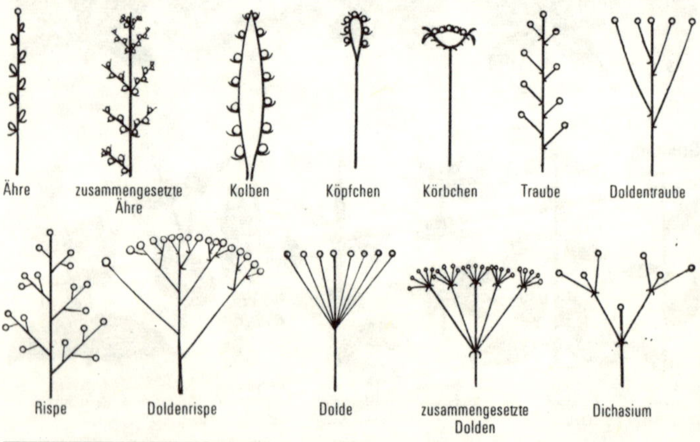

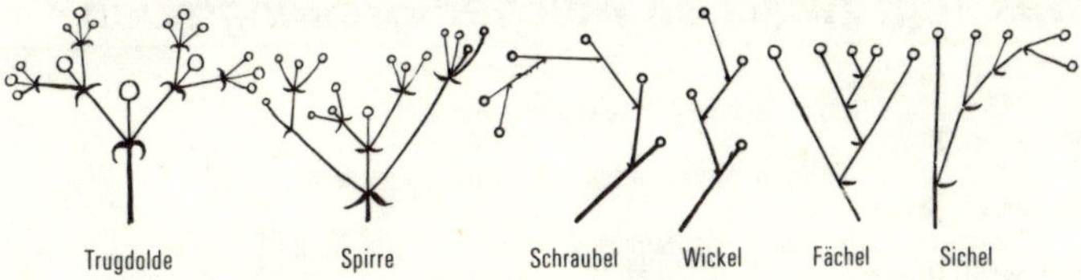

Blutgruppen und Vaterschaft

Die Blutgruppenuntersuchung beruht auf der Feststellung, daß jeder Mensch einer von vier möglichen Blutgruppen angehört, und zwar der Blutgruppe A, B, AB oder Null. Diese Blutgruppen sind nach bestimmten Regeln vererblich. Haben z.B. Kindesmutter und der als Kindesvater in Anspruch genommene Beklagte beide die Blutgruppe A, das Kind aber die Blutgruppe AB, so kann der Beklagte nicht der Vater sein, sondern nur ein anderer Mann mit der Blutgruppe B oder AB. Die Blutgruppenuntersuchung scheidet also wissenschaftlich einwandfrei bestimmte Männer aus, die als Vater nicht in Frage kommen. Dieser Beweis ist also rein negativ. Denn es kann durch diese Methode nicht festgestellt werden, daß ein bestimmter Mann der Vater ist.

Kind:	0	0	0	A	A	A	A	B	B	B	B	AB	AB	AB
Mutter:	0	A	B	0	A	B	AB	0	A	B	AB	A	B	AB
Nicht Vater:	AB	AB	AB	0B	–	0B	–	0A	0A	–	–	0A	0B	0

Botanische Zeichen

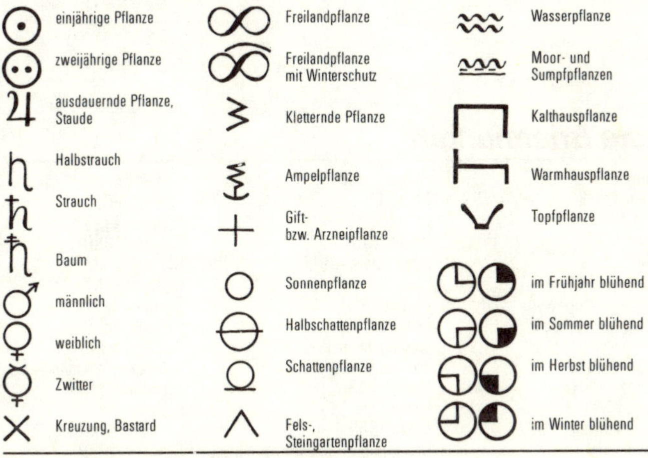

Bremsen und Anhalten

Bei Geschwindigkeit von	10	20	30	40	50	60	70	80	90	100 km/h
beträgt der Reaktionsweg	3	6	9	12	15	18	21	24	27	30 m
beträgt der Bremsweg	1	4	9	16	25	36	49	64	81	100 m
beträgt der Anhalteweg	4	10	18	28	40	54	70	88	108	130 m

Was liegt zwischen welchen Breitengraden?

70° nördl. Breite
Süd-Grönland, Island, Finnland, Nord-Ural, Alaska
60° nördl. Breite
Irland, England, Nord- u. Mitteldeutschland, Polen, Kamtschatka, Labrador
50° nördl. Breite
Frankreich, Alpen, Balkan, Schwarzes Meer, Mandschurei, Nord-USA
40° nördl. Breite
Süd-Spanien, Tunesien, Israel, Afghanistan, Tibet, Korea, Japan, Süd-USA
30° nördl. Breite
Libyen, Ägypten, Formosa, Hawaii, Mexiko, Kuba
20° nördl. Breite
Sudan, Jemen, Süd-Indien, Thailand, Philippinen, Mittelamerika
10° nördl. Breite
Liberia, Ghana, Kamerun, Uganda, Ceylon, Malaysia, Venezuela
0° Äquator
Zaire, Tanganjika, Java, Neuguinea, Ecuador, Amazonien
10° südl. Breite
Angola, Simbabwe, Nord-Australien, Fidschi-Inseln, Bolivien
20° südl. Breite
Namibia, Transvaal, Mittel-Australien, Osterinsel, Paraguay
30° südl. Breite
Kapland, Süd-Australien, Nord-Neuseeland, Mittel-Chile, Uruguay
40° südl. Breite
Kerguelen-Inseln, Tasmanien, Süd-Neuseeland, Süd-Chile, Süd-Argentinien
50° südl. Breite
Feuerland, Falkland-Inseln, Süd-Sandwich-Inseln, Bouvet-Insel
60° südl. Breite

Erste Briefmarken

Albanien 1913
Andorra 1928
Baden 1851
Bayern 1849
Belgien 1849
Bergedorf 1861
Bosnien-Herzegowina 1879
Braunschweig 1852
Bremen 1855
Bulgarien 1879
Dänemark 1851
Danzig 1920
Deutsches Reich 1872
Estland 1918
Finnland 1856
Fiume 1918
Frankreich 1849
Gibraltar 1886
Griechenland 1861
Großbritannien 1840
Hamburg 1859
Hannover 1850
Helgoland 1867
Irland 1922
Island 1873
Italien 1861
Jugoslawien 1918
Kreta 1900
Kroatien 1941
Lettland 1918
Liechtenstein 1912
Litauen 1918
Lübeck 1859
Luxemburg 1852
Malta 1860
Mecklenburg-Schwerin 1856
Mecklenburg-Strelitz 1864
Memelgebiet 1920
Monaco 1885
Montenegro 1874
Niederlande 1852
Norddt. Postbezirk 1868
Norwegen 1855
Oldenburg 1852
Österreich 1850
Polen 1860
Portugal 1853
Preußen 1850
Rumänien 1858
Rußland 1857
Saarland 1920
Sachsen 1850
San Marino 1877
Schleswig-Holstein 1850
Schweden 1855
Schweiz 1843
Serbien 1866
Slowakei 1939
Spanien 1850
Thurn und Taxis 1852
Tschechoslowakei 1918
Türkei 1863
Ukraine 1918
Ungarn 1871
Vatikanstaat 1929
Württemberg 1851

Nichts kann uns trennen!

Dein auf ewig!

Bist du mir auch treu?

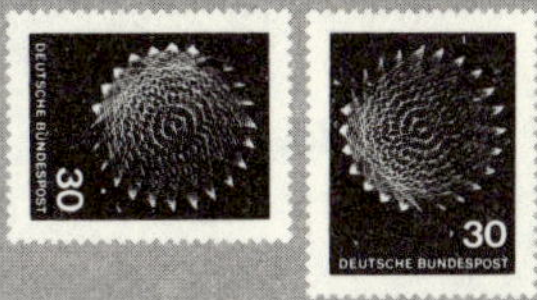

Ich komme!

Ganz dein!

Nur du machst mich glücklich!

In herzlicher Umarmung!

Dein ist mein Herz!

Bist du mir böse?

Ich erwarte dich!

Innige Küsse!

Buch-Bestandteile

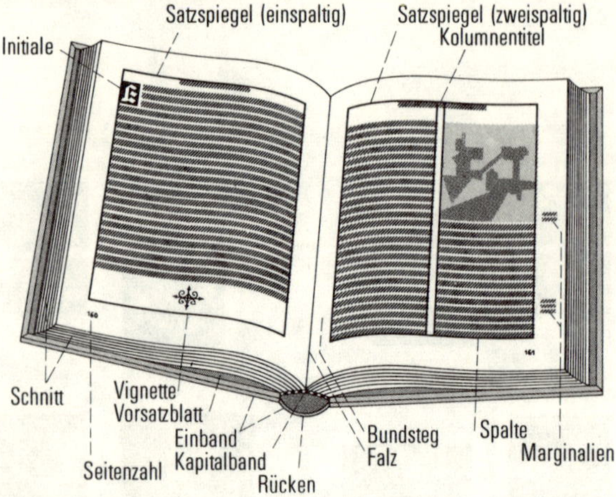

Kleines Lexikon für Bücherfreunde

Almanach, Kalender mit tabellarischen oder literarischen Beigaben
Antiquariat, Buchhandlung für gebrauchte Bücher, Zeitschriften, Noten usw.
Anthologie, Sammlung ausgewählter literarischer Texte
Autograph, Schriftstück, das von seinem Verfasser eigenhändig niedergeschrieben ist
Belletristik, Bereich der schönen Literatur, einschließlich Unterhaltungsliteratur
Bestseller, Buch, von dem innerhalb kurzer Zeit große Mengen verkauft werden
Bibliographie, Verzeichnis von Büchern, Zeitschriften und anderem Schrifttum, meistens auf ein bestimmtes Thema bezogen
Bibliophilie, Bücherliebhaberei
Börsenverein, 1825 in Leipzig gegründete Spitzenvertretung des Buchhandels in Deutschland
Codex, alte Handschrift in Buchform
Copyright, Urheberrecht an Druckwerken
Erstausgabe, erste Veröffentlichung eines Druckwerks
Exlibris, Bucheignerzeichen auf der Innenseite eines Bucheinbandes
Hardcover, Buch mit festem Einband
Impressum, gesetzlich vorgeschriebene Nennung des verantwortlichen Herausgebers und des Druckers in einem Druckwerk
Imprimatur, Druckerlaubnis durch den Verfasser eines Werkes nach Vornahme der letzten Korrektur
Initiale, hervorgehobener Anfangsbuchstabe in einer Handschrift oder einem Druckwerk
Inkunabeln, die frühesten Erzeugnisse der Buchdruckerkunst
Layout, Entwurf für die Text- und Bildgestaltung eines Druckwerks
Leporello, harmonikaartig gefalztes Druckwerk
Longseller, Buch, von dem über einen längeren Zeitraum überdurchschnittlich große Stückzahlen verkauft werden
Palimpsest, alte Handschrift, bei der die ursprüngliche Schrift entfernt und durch eine jüngere ersetzt ist
Paperback, Buch mit Papierrücken und Kartonumschlag
Part Publication, Nachschlage- oder Bildungswerk, das in einzelnen, später zusammensetzbaren Lieferungen erscheint
Präsenzbibliothek, Bibliothek, deren Bücher nur an Ort und Stelle im Lesesaal benutzt werden dürfen
Pseudonym, Deckname, fingierter Name eines Schriftstellers oder Künstlers
Signet, Drucker-, Verleger- oder Firmenzeichen, meist in Wappen-, Monogramm- oder Emblemform
Steadyseller, Buch, das sich über einen längeren Zeitraum, aber nur in mittleren oder geringen Stückzahlen verkaufen läßt

Buchformate

Früher bezeichnete man B. nach der durch Falzen entstandenen Zahl der Blätter eines Druckbogens, z.B.:

Folio	= 2° =	4 Seiten
Quart	= 4° =	8 Seiten
Oktav	= 8° =	16 Seiten
Duodez	= 12° =	24 Seiten
Sedez	= 16° =	32 Seiten

Heute werden die Buchformate nach der Rückenhöhe unterschieden:

Kleinoktav	= 10-18,5cm hoch	= kl. -8°
Oktav	= 18,5-22,5cm hoch	= 8°
Großoktav	= 22,5-25cm hoch	= gr. -8°
Quart	= 25-35cm hoch	= 4°
Folio	= 35-45cm hoch	= 2°
Großfolio	= über 45cm hoch	= gr. -2°

Buchstabiertafeln

für den Inlanddienst:

A = Anton
Ä = Ärger
B = Berta
C = Cäsar
CH = Charlotte
D = Dora
E = Emil
F = Friedrich
G = Gustav
H = Heinrich
I = Ida
J = Julius
K = Kaufmann
L = Ludwig
M = Marta
N = Nordpol
O = Otto
Ö = Ökonom
P = Paula
Q = Quelle
R = Richard
S = Samuel
Sch = Schule
T = Theodor
U = Ulrich
Ü = Übermut
V = Viktor
W = Wilhelm
X = Xanthippe
Y = Ypsilon
Z = Zacharias

für den Auslandsdienst:

A = Amsterdam
B = Baltimore
C = Casablanca
D = Dänemark
E = Edison
F = Florida
G = Gallipoli
H = Havanna
I = Italia
J = Jerusalem
K = Kilogramm
L = Liverpool
M = Madagaskar
N = New York
O = Oslo
P = Paris
Q = Quebec
R = Roma
S = Santiago
T = Tripolis
U = Uppsala
V = Valencia
W = Washington
X = Xanthippe
Y = Yokohama
Z = Zürich

Bundesleistungszentren für Spitzensportler

Zur Schulung von Hochleistungssportlern und ihren Trainern gibt es in der Bundesrepublik Deutschland 23 Bundesleistungszentren der Sportfachverbände. Hier eine Liste, nach Sportarten geordnet:

Basketball	Heidelberg
Bob	Königssee
Boxen	Hennef
Eishockey	Füssen
Eiskunstlauf	Oberstdorf
Eisschnellauf	Inzell
Fechten	Bonn, Hannover, Tauberbischofsheim
Gewichtheben	Herzogenhorn
Hockey	Köln
Judo	Köln
Kanurennsport	Duisburg
Kanuslalom	Augsburg
Leichtathletik	Dortmund, Hannover, Mainz, Stuttgart
Moderner Fünfkampf	Warendorf
Radsport	Frankfurt
Reiten	Warendorf

Rennrodeln	Königssee
Ringen	Hennef
Rollschnellauf	Inzell
Rudern	Ratzeburg
Rugby	Hannover
Schießen	Wiesbaden
Schwimmen	Hannover, Heidelberg, Köln
Skisport	Herzogenhorn
Tennis	Hannover
Tischtennis	Heidelberg
Turnen	Frankfurt, Hannover
Volleyball	Hannover, Heidelberg

Bundesrepublik Deutschland

Bundesland	Fläche (km²)	Einw. in 1000
Baden-Württemberg	35751,33	9119
Bayern	70546,92	10804
West-Berlin	480,14	1927
Freie Hansestadt Bremen	403,77	702
Freie und Hansestadt Hamburg	753,45	1682
Hessen	21112,47	5550
Niedersachsen	47430,00	7238
Nordrhein-Westfalen	34056,56	17073
Rheinland-Pfalz	19838,35	3649
Saarland	2569,66	1089
Schleswig-Holstein	15695,70	2583

Bundeswehr-Deutsch für Anfänger

Unzweifelhaft ist die Bundeswehr in sprachlicher Hinsicht der größte Schmelztiegel der Nation. Zahlreiche neue Formulierungen und Redensarten geben Zeugnis davon. Nicht-Soldaten stehen ziemlich fassungslos Sätzen gegenüber wie: Wenn in der Tankstelle Nato-Adler serviert werden, vergißt die Fleurop-Truppe die Flossengymnastik. Für solche Fälle ist das folgende kleine Lexikon hilfreich.

Aktion Ajax	Reinemachen
Atagirl	Putzfrau
Blechgeilheit	Sucht nach Auszeichnungen
Boutique	Bekleidungskammer
Bude	Unterkunft
Bügelfreier	Stahlhelm
Drehzahl	Dienstzeit
Firma	Waffengattung
Fleurop-Truppe	Alpenjäger
Flossengymnastik	Salutieren
Garantieschein	Wehrpaß
Goofys	mittelmäßige Soldaten
Gütezeichen	Tauglichkeitsgrad
Handbagger	Schaufel
Keilriemen	Koppel
Kieler Knabenanzug	Marine-Anzug
knacken	schlafen
Knackie machen	schlafen
Kriegsspiel	Manöver
Labersack	Angeber
Labertag	Sonntag
Laden	Kompanie
Leihhaus	Bekleidungskammer
Mao-Look	Arbeitsanzug
Modenschau	Kleiderempfang
Nato-Adler	Brathähnchen
Neckermänner	durchschnittliche Soldaten
Nesfleisch	Büchsenfleisch
Pennemännchen machen	schlafen
poofen	schlafen
Schlummis	durchschnittliche Soldaten
Seelenarche	Kirche
Seelenputzer	Pfarrer
Tankstelle	Kantine
Trachtenanzug	Uniform
TÜV	Gesundheitsüberprüfung
Wolganerz	Winter-Postenmantel

Die 105 chemischen Elemente

Name	Zeichen	Ordn.-Zahl	Atommasse
Aktinium	Ac	89	277
Aluminium	Al	13	26,98
Americium	Am	95	243
Antimon	Sb	51	121,76
Argon	Ar	18	39,944
Arsen	As	33	74,91
Astatin	At	85	210
Barium	Ba	56	137,36
Berkelium	Bk	97	249
Beryllium	Be	4	9,01
Blei	Pb	82	207,21
Bor	B	5	10,82
Brom	Br	35	79,916
Chlor	Cl	17	35,457
Chrom	Cr	24	52,01
Curium	Cm	96	245
Dysprosium	Dy	66	162,51
Einsteinium	Es	99	253
Eisen	Fe	26	55,85
Erbium	Er	68	167,3
Europium	Eu	63	152
Fermium	Fm	100	255
Fluor	F	9	19
Frankium	Fr	87	223
Gadolinium	Gd	64	157,26
Gallium	Ga	31	69,72
Germanium	Ge	32	72,6
Gold	Au	79	197
Hafnium	Hf	72	178,5
Hahnium	Ha	105	261
Helium	He	2	4,003
Holmium	Ho	67	164,94
Indium	In	49	114,82
Iridium	Ir	77	192,2
Jod	J	53	126,91
Kadmium	Cd	48	112,41
Kalifornium	Cf	98	249
Kalium	K	19	39,1

Kalzium	Ca	20	40,08
Kobalt	Co	27	58,94
Kohlenstoff	C	6	12,011
Krypton	Kr	36	83,8
Kupfer	Cu	29	63,54
Kurtschatowium	Ku	104	260
Lanthan	La	57	138,92
Lawrencium	Lw	103	257
Lithium	Li	3	6,94
Lutetium	Lu	71	174,99
Magnesium	Mg	12	24,32
Mangan	Mn	25	54,94
Mendelevium	Md	101	256
Molybdän	Mo	42	95,95
Natrium	Na	11	22,991
Neodym	Nd	60	144,27
Neon	Ne	10	20,183
Neptunium	Np	93	237
Nickel	Ni	28	58,71
Niob(ium)	Nb	41	92,91
Nobelium	No	102	253
Osmium	Os	76	190,2
Palladium	Pd	46	106,4
Phosphor	P	15	30,975
Platin	Pt	78	195,09
Plutonium	Pu	94	242
Polonium	Po	84	210
Praseodym	Pr	59	140,92
Promethium	Pm	61	145
Protactinium	Pa	91	231
Quecksilber	Hg	80	200,61
Radium	Ra	88	226,05
Radon	Rn	86	222
Rhenium	Re	75	186,22
Rhodium	Rh	45	102,91
Rubidium	Rb	37	85,48
Ruthenium	Ru	44	101,1
Samarium	Sm	62	150,35
Sauerstoff	O	8	16
Schwefel	S	16	32,066
Selen	Se	34	78,96
Silber	Ag	47	107,88
Silizium	Si	14	28,09
Skandium	Sc	21	44,96
Stickstoff	N	7	14,008
Strontium	Sr	38	87,63
Tantal	Ta	73	180,95
Technetium	Tc	43	99
Tellur	Te	52	127,61
Terbium	Tb	65	158,93
Thallium	Tl	81	204,39
Thorium	Th	90	232,05
Thulium	Tm	69	168,94
Titan	Ti	22	47,9
Uran	U	92	238,07
Vanadium	V	23	50,95
Wasserstoff	H	1	1,008
Wismut	Bi	83	209
Wolfram	W	74	183,86
Xenon	X	54	131,3
Ytterbium	Yb	70	173,04
Yttrium	Y	39	88,92
Zäsium	Cs	55	132,91
Zer(ium)	Ce	58	140,13
Zink	Zn	30	65,38
Zinn	Sn	50	118,7
Zirkon	Zr	40	91,22

Dachformen

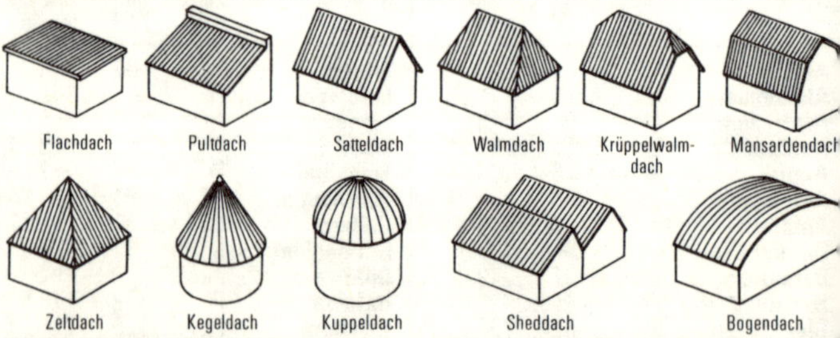

Dezimal-Klassifikation

0 Allgemeines
00 Allgemeinste Grundlagen der Wissenschaft und Kultur
01 Bibliographie, Kataloge, Bücherverzeichnisse
02 Bibliothekswesen, Bibliothekslehre

03 Enzyklopädien, Konversationslexika
04 Sammlungen vermischter Aufsätze
05 Allgemeine Zeitschriften, Adreßbücher, Kalender
06 Körperschaften, Tagungen, Festlichkeiten, Museen
07 Zeitungen, Journalismus
08 Polygraphien, Sammelwerke
09 Handschriften, besonders bemerkenswerte Bücher

1 Philosophie

10 Wesen und Aufgabe der Philosophie
11 Metaphysik, Grundprobleme
12 Philosophie der Natur
13 Philosophie des Geistes
14 Systematische Stellungnahme
15 Psychologie
16 Logik, Erkenntnistheorie
17 Sittenlehre, Ethik
19 Geschichte der Philosophie

2 Religion, Theologie

20 Allgemeines
21 Natürliche Theologie
22 Bibel
23 Dogmatik
24 Praktische Theologie
25 Pastoraltheologie
26 Christliche Kirche
27 Allgemeine Kirchengeschichte
28 Christliche Kirchen und Sekten
29 Nichtchristliche Religionen

3 Sozialwissenschaften, Recht, Verwaltung

30 Allgemeine Soziologie
31 Statistik
32 Politik, Allgemeine Staatslehre
33 Volkswirtschaft
34 Recht, Rechtswissenschaft
35 Öffentliche Verwaltung, Kriegskunst
36 Soziale Fürsorge, Versicherungswesen
37 Erziehung, Unterricht
38 Handel, Verkehr
39 Völkerkunde, Volkskunde, Brauchtum

4 Philologie, Sprachwissenschaft

40 Allgemeines
41 Allgemeine Sprachwissenschaft
42 Abendländische Sprachen im allg.
43 Germanische Sprachen
44 Romanische Sprachen
45 Romanische Sprachen
46 Iberische Sprachen
47 Klassische Sprachen, Latein, Griech.
48 Slawische und baltische Sprachen
49 Orientalische, afrikanische, amerikanische, ozeanische Sprachen

5 Mathematik, Naturwissenschaften

50 Allgemeines
51 Mathematik
52 Astronomie, Geodäsie
53 Physik
54 Chemie
55 Geologie, Meteorologie, Geophysik
56 Paläontologie
57 Biologie
58 Botanik
59 Zoologie

6 Angewandte Wissenschaften, Medizin, Technik

60 Gemeinsame Fragen
61 Medizin
62 Ingenieurwesen Technik
63 Landwirtschaft, Forstwirtschaft, Jagd, Fischerei
64 Hauswirtschaft
65 Handels- und Verkehrstechnik
66 Chemische Technik, chemische Industrie
67 Verschiedene Industrien und Gewerbe
68 Verschiedene Industrien und Gewerbe
69 Bauhandwerk, Baustoffe, Haus- und Wohnungsbau

7 Kunst, Kunstgewerbe, Spiel, Sport

70 Allgemeines
71 Landesplanung, Städtebau, Landschaftsgestaltung, Gartenarchitektur
72 Architektur, Baukunst
73 Bildhauerkunst
74 Zeichenkunst, Kunstgewerbe
75 Malerei
76 Graphische Kunst
77 Fotografie
78 Musik
79 Unterhaltung, Spiel, Sport

8 Schöne Literatur

80 Allgemeines
81 Allgemeines
82 Englische Literatur
83 Deutsche Literatur
84 Französische Literatur
85 Italienische Literatur
86 Spanische Literatur
87 Lateinische und griechische Literatur
88 Slawische und baltische Literatur
89 Sonstige Literatur

9 Geographie, Geschichte

90 Allgemeines
91 Geographie, Reisebeschreibungen
92 Biographien
93 Geschichtswissenschaft, Alte Geschichte
94 Geschichte Europas
95 Geschichte Asiens
96 Geschichte Afrikas
97 Geschichte Nordamerikas
98 Geschichte Südamerikas
99 Geschichte der ozeanischen Gebiete

Deutsche Demokratische Republik

Bezirk	Fläche (km²)	Einw. in 1000
Cottbus	8262	875
Dresden	6738	1981
Erfurt	7348	1176
Frankfurt/Oder	7185	648
Gera	4004	633
Halle	8771	1733
Karl-Marx-Stadt	6009	2163
Leipzig	4966	1552
Magdeburg	11525	1350
Neubrandenburg	10792	522
Potsdam	12568	1124
Rostock	7074	598
Schwerin	8672	455
Suhl	3856	498
Berlin-Ost	407	1085

Farbe und Reinheit von Diamanten

Für die Kennzeichnung der Farbe und Reinheit von Diamanten gibt es international gültige Bezeichnungen. Je höher ein Stein qualifiziert ist, desto teurer müssen Sie ihn bezahlen.

Rang	Abk.	Internat. Begriff	Bedeutung, Definition
Farbe			
1.	R	River	blauweiß
2.	TW	Top Wesselton	feines Weiß
3.	W	Wesselton	weiß
4.	TCr	Top Crystal	sehr, sehr leicht gelblich
5.	Cr	Crystal	sehr leicht gelblich
6.	TCa	Top Cape	leicht gelblich
7.	Ca	Cape	gelblich
Reinheit			
1.	if	internally flawless	lupenrein (frei von inneren Merkmalen)
2.	vvs	very, very small inclusions	sehr, sehr kleine Einschlüsse (bei zehnfacher Vergrößerung sehr schwer zu erkennen)
3.	vs	very small inclusions	sehr kleine Einschlüsse (bei zehnfacher Vergrößerung schwer zu erkennen)
4.	si	small inclusions	kleine Einschlüsse (bei zehnfacher Vergrößerung deutlich zu erkennen)
5.	p1	Piqué 1	Einschlüsse, die die Brillanz nicht mindern (mit bloßem Auge sehr schwer zu erkennen)
6.	p2	Piqué 2	Einschlüsse, die die Brillanz nur schwach mindern (mit bloßem Auge schwer zu erkennen)
7.	p3	Piqué 3	Einschlüsse, die die Brillanz deutlich mindern (mit bloßem Auge erkennbar)

Berühmte Diamanten

Name	Karatgewicht roh	geschliffen	Fundjahr
Cullinan	3106	1063,65	1905
Cullinan I (Stern von Afrika)	.	530,2	.
Cullinan II	.	317,4	.
De Beers	440	235	.
Eureka	.	73	.
Excelsior	995,2	373,75	1893
Florentiner (gelb)	.	137,27	.
Hope (blau)	112	44,5	.
Jonker	726	.	1934
Jubilee	650,8	245,3	1895
Kohinoor	186	108,93	.
Maseru-Diamant	527	.	1968
Nassak	81	43,38	.
Nizam von Hyderabad	.	340	.
Orlow	.	199,6	.
Pascha von Ägypten	.	40	.
Pigott	.	49	.
Präsident Vargas	726,8	.	1938
Premier Rose	353,9	137,02	1978
Red Cross	375	205,07	1901
Regent (Pitt)	410	140,5	1701
Sancy (Großer Sancy)	.	55	.
Schah	116	89	.
Stern des Südens	361,88	128,8	1853
Stern Jakutiens	233	.	1976
Stern von Sierra Leone	969,8	.	1972
Stern von Südafrika	85,75	47,75	.
Tiffany (gelb)	.	129	.
Victoria	469	184,5	.

260 berühmte Dichter(innen) und Schriftsteller(innen)

Alexis, Willibald 1798–1871
Andersen, Hans Christian 1805–1875
Andersen-Nexö, Martin 1869–1954
Anet, Claude 1868–1931
Annunzio, Gabriele d' 1863–1938
Anzengruber, Ludwig 1839–1889
Aristophanes 450–385 v. Chr.
Arndt, Ernst Moritz 1769–1860
Arnim, Achim von 1781–1831
Äschylos 525–456 v. Chr.
Balzac, Honoré de 1799–1850
Barbusse, Henri 1874–1935
Baudelaire, Charles 1821–1867
Benn, Gottfried 1886–1956
Bernanos, George 1888–1948
Björnson, Björnstjerne 1832–1910
Boccaccio, Giovanni 1313–1375
Böll, Heinrich 1917–1985
Bonsels, Waldemar 1881–1952
Brecht, Bert 1898–1956
Brentano, Klemens 1778–1842
Brod, Max 1884–1968
Bromfield, Louis 1896–1956
Büchner, Georg 1813–1837
Buck, Pearl S. 1892–1973
Burns, Robert 1759–1796
Busch, Wilhelm 1832–1908
Byron, Lord George N. G. 1788–1824
Calderón, Pedro 1600–1681
Camus, Albert 1913–1960
Carossa, Hans 1878–1956
Cervantes Saavedra, Miguel de 1547–1616
Chamisso, Adelbert von 1781–1838
Cicero, Marcus Tullius 106–43 v. Chr.
Claudel, Paul 1868–1955
Claudius, Matthias 1740–1815
Conrad, Joseph 1857–1924
Corneille, Pierre 1606–1684
Courths-Mahler, Hedwig 1867–1950

Cronin, Archibald Joseph 1896–1981
Dahn, Felix 1834–1912
Dante Alighieri 1265–1321
Dauthendey, Max 1867–1918
Deeping, Warwick 1877–1950
Dehmel, Richard 1863–1920
Dickens, Charles 1812–1870
Döblin, Alfred 1878–1957
Dos Passos, John 1896–1970
Dostojewskij, Fjodor M. 1821–1881
Dreiser, Theodore 1871–1945
Droste-Hülshoff, Annette von 1797–1848
Dumas, Alexander 1802–1870
Dumas, Alexander (Sohn) 1824–1895
Ebner-Eschenbach, Marie von 1830–1916
Eichendorff, Joseph von 1788–1857
Elliot, Thomas Stearns 1888–1965
Ernst, Paul 1866–1933
Euripides 480–406 v. Chr.
Fallada, Hans 1893–1947
Faulkner, William 1897–1962
Feuchtwanger, Lion 1884–1959
Flaubert, Gustave 1821–1880
Fontane, Theodor 1819–1898
France, Anatole 1844–1924
Freiligrath, Ferdinand 1810–1876
Frenssen, Gustav 1863–1945
Freytag, Gustav 1816–1895
Galsworthy, John 1867–1933
Ganghofer, Ludwig 1855–1920
Geibel, Emanuel 1815–1884
Gellert, Chr. Fürchtegott 1715–1769
George, Stefan 1868–1933
Gerstäcker, Friedrich 1816–1872
Gide, André 1869–1951
Gogol, Nikolai W. 1809–1852
Gorki, Maxim 1868–1936
Goethe, Joh. Wolfgang von 1749–1832
Gottsched, Joh. Christoph 1700–1766
Grabbe, Christian Dietrich 1801–1836
Grass, Günther 1927–
Greene, Graham 1904–
Grillparzer, Franz 1791–1872
Grimm, Hans 1875–1959
Grimm, Jakob 1785–1863
Grimm, Wilhelm 1786–1859
Grimmelshausen, Christ. von 1622–1676
Guitry, Sacha 1885–1957
Gutzkow, Karl 1811–1878
Halbe, Max 1865–1944
Hamsun, Knut 1859–1952
Hauff, Wilhelm 1802–1827
Hauptmann, Carl 1858–1921
Hauptmann, Gerhart 1862–1946
Hebbel, Friedrich 1813–1863
Hebel, Johann Peter 1760–1826
Heine, Heinrich 1797–1856
Hemingway, Ernest 1898–1961
Herder, Joh. Gottfried von 1744–1803
Hergesheimer, Joseph 1880–1954
Herwegh, Georg 1817–1875
Herzog, Rudolf 1869–1943
Hesse, Hermann 1877–1962
Hesse, Max René 1885–1952
Hoffmann, E.T.A. 1776–1822
Hofmannsthal, Hugo von 1874–1929
Hölderlin, Friedrich 1770–1843
Holz, Arno 1863–1929
Horaz 65–8 v. Chr.
Huch, Ricarda 1864–1947
Hugo, Victor 1802–1885
Hutten, Ulrich von 1488–1523
Ibsen, Henrik 1828–1906
Jean Paul (Friedr. Richter) 1763–1825
Joyce, James 1882–1941
Jünger, Ernst 1895–
Kafka, Franz 1883–1924
Kaiser, Georg 1878–1945
Kästner, Erich 1899–1974
Keller, Gottfried 1819–1890
Keller, Paul 1873–1932
Kellermann, Bernhard 1879–1951
Kipling, Rudyard 1865–1936
Kisch, Egon Erwin 1885–1948
Kleist, Heinrich von 1777–1811
Klopstock, Friedr. Gottlieb 1724–1803
Knittel, John 1891–1970
Körner, Theodor 1791–1813
Kotzebue, August von 1761–1819
Kurz, Isolde 1853–1944
Lagerlöf, Selma 1858–1940
Langgässer, E. 1899–1950
Le Fort, Gertrud von 1876–1971
Lenau, Nikolaus 1802–1850
Lenz, Siegfried 1926–
Lermontow, Michail J. 1814–1841
Lessing, Gotthold Ephraim 1729–1781
Lewis, Sinclair 1885–1951
Liliencron, Detlev von 1844–1909
London, Jack 1876–1916
Löns, Hermann 1866–1914
Lope de Vega, Felix 1562–1635
Lorca, Garcia 1899–1936
Ludwig, Otto 1813–1865
Malaparte, Curzio 1898–1957
Mann, Heinrich 1871–1950
Mann, Thomas 1875–1955
Mark Twain 1835–1910
Maeterlinck, Maurice 1862–1949
Maugham, William Somerset 1874–1965
Maupassant, Guy de 1850–1893
Mauriac, François 1885–1970
Maurier, Daphne du 1907–
May, Karl 1842–1912
Melville, Herman 1819–1891
Meyer, Conrad Ferdinand 1825–1898
Miegel, Agnes 1879–1964
Miller, Arthur 1915–
Milton, John 1608–1674
Mitchell, Margaret 1900–1949

Molière, Jean Baptiste 1622–1673
Monnier, Thyde 1887–1967
Morgenstern, Christian 1871–1914
Mörike, Eduard 1804–1875
Nekrassow, Nikolai A. 1821–1878
Nestroy, Johann 1801–1862
Novalis 1722–1801
O'Neill, Eugene 1888–1953
Opitz, Martin 1597–1639
Ovid, Publius 43 v. Chr.–17 n. Chr.
Pasternak, Boris 1890–1960
Petöfi, Alexander 1823–1849
Petrarca, Francesco 1304–1374
Pirandello, Luigi 1867–1936
Plievier, Theodor 1892–1955
Poe, Edgar Allan 1809–1849
Polgar, Alfred 1875–1955
Ponten, Josef 1883–1940
Priestley, John B. 1894–1984
Proust, Marcel 1871–1922
Puschkin, Alexander 1799–1837
Raabe, Wilhelm 1831–1910
Rabelais, François 1494–1553
Racine, Jean de 1639–1699
Reger, Ernst 1893–1954
Remarque, Erich Maria 1898–1970
Reuter, Fritz 1810–1874
Rilke, Rainer Maria 1875–1926
Rimbaud, Arthur 1854–1891
Ringelnatz, Joachim 1883–1934
Rolland, Romain 1866–1944
Rosegger, Peter 1843–1918
Rückert, Friedrich 1788–1866
Sachs, Hans 1494–1576
Sartre, Jean Paul 1905–1980
Scheffel, Viktor von 1826–1886
Schiller, Friedrich von 1759–1805
Schlegel, Aug. Wilh. von 1767–1845
Schlegel, Friedrich von 1772–1829
Schneider, Reinhold 1903–1958
Schnitzler, Arthur 1862–1931
Scholochow, Michael 1905–1984
Scholz, Wilhelm von 1874–1969
Schröder, Rudolf Alexander 1878–1962
Scott, Walter 1771–1832
Seidel, Heinrich 1842–1906
Seidel, Ina 1885–1974
Shakespeare, William 1564–1616
Shaw, George Bernard 1856–1950
Shelley, Percy Bysshe 1792–1822
Silone, Ignazio 1900–1978
Simmel, Johannes Mario 1924–
Sinclair, Upton 1878–1968
Solschenizyn, Alexander 1918–
Sophokles 496–406 v. Chr.
Spitteler, Carl 1845–1924
Spoerl, Heinrich 1887–1955
Stehr, Hermann 1864–1940
Steinbeck, John 1902–1968
Stendhal, Frédéric de 1783–1842
Stifter, Adalbert 1805–1868
Storm, Theodor 1817–1888
Strindberg, August 1849–1912
Sudermann, Hermann 1857–1928
Swift, Jonathan 1667–1745
Tagore, Rabindranath 1861–1941
Tasso, Torquato 1544–1595
Thackeray, William 1811–1863
Thoma, Ludwig 1867–1921
Thurber, James 1894–1961
Tieck, Ludwig 1773–1853
Tolstoi, Leo N. 1828–1910
Trakl, Georg 1887–1914
Tschechow, Anton 1860–1904
Tucholsky, Kurt 1890–1935
Turgenjew, Iwan S. 1818–1883
Uhland, Ludwig 1787–1862
Undset, Sigrid 1882–1949
Unruh, Fritz von 1885–1970
Valéry, Paul 1871–1945
Varè, Daniele 1880–1956
Vergil, Publius 70–19 v. Chr.
Verlaine, Paul 1844–1896
Viebig, Clara 1860–1952
Voltaire, François Marie 1694–1778
Walser, Martin 1927–
Walther von der Vogelweide 1170–1230
Wassermann, Jakob 1873–1934
Wedekind, Frank 1864–1918
Weinheber, Josef 1892–1945
Wells, Herbert George 1866–1946
Werfel, Franz 1890–1945
Wiechert, Ernst 1887–1950
Wieland, Christoph Martin 1733–1813
Wilde, Oskar 1856–1900
Wilder, Thornton 1897–1975
Wolfram von Eschenbach 1170–1220
Woolf, Virginia 1882–1941
Zahn, Ernst 1867–1952
Zola, Emile 1840–1902
Zuckmayer, Carl 1896–1977
Zweig, Arnold 1887–1968
Zweig, Stefan 1881–1942

Diplomatisches Abc

Agreement Vereinbarung, die die betreffenden Staatsmänner auf bestimmte Anschauungen festlegt, ohne die Staaten zu verpflichten, was nur durch formal genau umrissene Abkommen und Verträge geschehen kann.
Agrément Zustimmung, daß der betreffende Diplomat angenehm sei.
Aide-mémoire schriftliche Gedächtnisstütze, die verhindern soll, daß ein mündlicher Vortrag später vom Verhandlungspartner entstellt wird.
Botschafter Diplomat, der über seine normale Funktion hinaus auch das Oberhaupt seines Heimatstaates vertritt und daher gegenüber dem Gesandten einige Sonderrechte hat. Er darf z.B. ohne Vermittlung einer anderen Stelle beim Staatsoberhaupt des Gastlandes eine Audienz (= Gehör) erbitten.
Communiqué Unterrichtung der Öffentlichkeit über diplomatische Verhandlungen oder einen Vertrag.
Corps diplomatique die Gesamtheit der Vertreter der fremden Staaten.
Démarche Teilhandlung zur Erreichung eines politischen Zieles.
Depesche jedes Schreiben eines Diplomaten an die eigene Regierung.
Doyen an der Spitze des Corps diplomatique stehender, rangältester Botschafter; in Hauptstädten meist der →Nuntius.
Gesandter dem Botschafter untergeordneter diplomatischer Vertreter.
Geschäftsträger unterste Rangklasse der Gesandten, als diplomatischer Vertreter in einem Land, mit dem engere diplomatische Beziehungen noch nicht oder nicht mehr unterhalten werden oder als Vertreter des regulären Missionschefs bei dessen Abwesenheit.
Instruktionen vom Diplomaten zu beachtende Richtlinien seiner Regierung.
Junktim Koppelung verschiedener Verträge oder Gesetzesvorlagen zum Zwecke einer gemeinsamen Annahme.
Mantelnote Begleitbrief zu mehreren anderen diplomatischen Schriftstücken.
Memorandum eine ausführliche diplomatische Note oder Denkschrift.
Ministerresident diplomatischer Vertreter in einem für die Politik des Heimatlandes unwichtigeren Land.
Mission sowohl der ganze Apparat, an dessen Spitze der Diplomat als Missionschef steht, als auch die Führung des politischen Gedankenaustausches und die Abwicklung aller hierzu erforderlichen Geschäfte.
Note stets sehr förmlich gehaltenes diplomatisches Schriftstück.
Notiz eine weniger wichtige Mitteilung ohne Anrede, Schlußformel und Unterschrift.
Nuntius beglaubigter Vertreter der Kurie (= röm.-kath. Zentralbehörde in Rom), der in Hauptstädten die Stellung des →Doyen übernimmt.
Paraphierung Unterzeichnung von Staatsverträgen durch beglaubigte Vertreter.
Persona grata erwünschte Persönlichkeit.
Persona ingrata unerwünschte Persönlichkeit.
Pourparlers unverbindliche diplomatische Vorbesprechungen.
Ratifizierung zur Inkraftsetzung eines Abkommens oder Vertrages notwendige Zustimmung durch die Parlamente und Regierungen der beteiligten Staaten.
Revirement nach Regierungs- oder Kurswechsel meist eintretender Wechsel der Diplomaten.
Ricevimento erster feierlicher Empfang eines neuen Diplomaten im Hause seiner Mission.
Signierung feierliche und endgültige Unterzeichnung eines Vertrages.
Verbalnote unterscheidet sich von der eigentlichen →Note durch das Fehlen einer Anrede und einer Schlußformel, ist also eine etwas zwanglosere Mitteilung.

Doktortitel

Dr. agr.	für Landwirtschaft	**Dr. oec.**	für Betriebswirtschaft
Dr. hort.	für Gartenbaukunde	**Dr. pharm.**	für Arzneikunde
Dr.-Ing.	für Ingenieurwissenschaften	**Dr. phil.**	für Geisteswissenschaften
Dr. jur.	für Rechtswissenschaften	**Dr. rer. nat.**	für Naturwissenschaften
Dr. med.	für Medizin	**Dr. rer. oec.**	für Wirtschaftswissenschaften
Dr. med. dent.	für Zahnheilkunde	**Dr. rer. pol.**	für Staatswissenschaften
Dr. med. vet.	für Tierheilkunde	**Dr. theol.**	für Theologie

Dreiecke

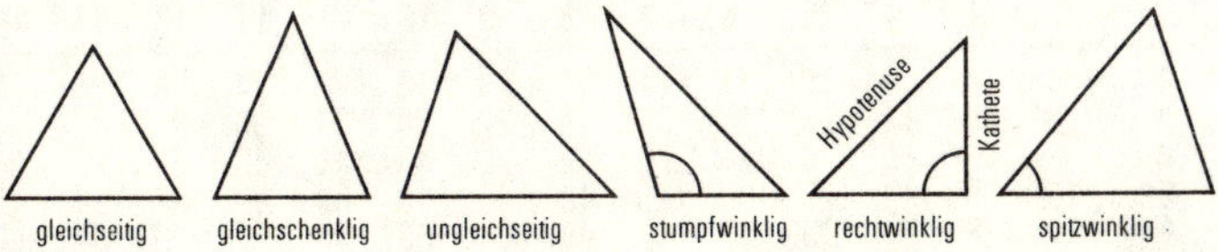

Düngerstern

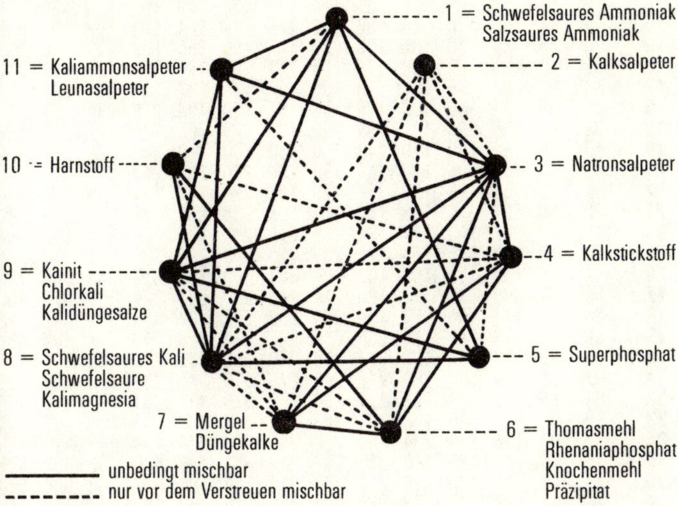

E *Einmaleins*

	2	3	4	5	6	7	8	9	10	11	12	13	14	15
2	4	6	8	10	12	14	16	18	20	22	24	26	28	30
3	6	9	12	15	18	21	24	27	30	33	36	39	42	45
4	8	12	16	20	24	28	32	36	40	44	48	52	56	60
5	10	15	20	25	30	35	40	45	50	55	60	65	70	75
6	12	18	24	30	36	42	48	54	60	66	72	78	84	90
7	14	21	28	35	42	49	56	63	70	77	84	91	98	105
8	16	24	32	40	48	56	64	72	80	88	96	104	112	120
9	18	27	36	45	54	63	72	81	90	99	108	117	126	135
10	20	30	40	50	60	70	80	90	100	110	120	130	140	150
11	22	33	44	55	66	77	88	99	110	121	132	143	154	165
12	24	36	48	60	72	84	96	108	120	132	144	156	168	180
13	26	39	52	65	78	91	104	117	130	143	156	169	182	195
14	28	42	56	70	84	98	112	126	140	154	168	182	196	210
15	30	45	60	75	90	105	120	135	150	165	180	195	210	225
16	32	48	64	80	96	112	128	144	160	176	192	208	224	240
17	34	51	68	85	102	119	136	153	170	187	204	221	238	255
18	36	54	72	90	108	126	144	162	180	198	216	234	252	270
19	38	57	76	95	114	133	152	171	190	209	228	247	266	285
20	40	60	80	100	120	140	160	180	200	220	240	260	280	300
21	42	63	84	105	126	147	168	189	210	231	252	273	294	315
22	44	66	88	110	132	154	176	198	220	242	264	286	308	330
23	46	69	92	115	138	161	184	207	230	253	276	299	322	345
24	48	72	96	120	144	168	192	216	240	264	288	312	336	360
25	50	75	100	125	150	175	200	225	250	275	300	325	350	375
26	52	78	104	130	156	182	208	234	260	286	312	338	364	390
27	54	81	108	135	162	189	216	243	270	297	324	351	378	405
28	56	84	112	140	168	196	224	252	280	308	336	364	392	420
29	58	87	116	145	174	203	232	261	290	319	348	377	406	435
30	60	90	120	150	180	210	240	270	300	330	360	390	420	450
31	62	93	124	155	186	217	248	279	310	341	372	403	434	465
32	64	96	128	160	192	224	256	288	320	352	384	416	448	480
33	66	99	132	165	198	231	264	297	330	363	396	429	462	495
34	68	102	136	170	204	238	272	306	340	374	408	442	476	510
35	70	105	140	175	210	245	280	315	350	385	420	455	490	525
36	72	108	144	180	216	252	288	324	360	396	432	468	504	540
37	74	111	148	185	222	259	296	333	370	407	444	481	518	555
38	76	114	152	190	228	266	304	342	380	418	456	494	532	570
39	78	117	156	195	234	273	312	351	390	429	468	507	546	585
40	80	120	160	200	240	280	320	360	400	440	480	520	560	600
41	82	123	164	205	246	287	328	369	410	451	492	533	574	615
42	84	126	168	210	252	294	336	378	420	462	504	546	588	630
43	86	129	172	215	258	301	344	387	430	473	516	559	602	645
44	88	132	176	220	264	308	352	396	440	484	528	572	616	660
45	90	135	180	225	270	315	360	405	450	495	540	585	630	675
46	92	138	184	230	276	322	368	414	460	506	552	598	644	690
47	94	141	188	235	282	329	376	423	470	517	564	611	658	705
48	96	144	192	240	288	336	384	432	480	528	576	624	672	720
49	98	147	196	245	294	343	392	441	490	539	588	637	686	735
50	100	150	200	250	300	350	400	450	500	550	600	650	700	750

Einrichtungs- und Möbel-Abc

Accessoires modisches Beiwerk
antik mindestens 100 Jahre alt
Applikation Aufnäharbeit
Bordüre verzierte Borte
Büffet Geschirrschrank
Chaiselongue Halbsofa
Couch breite Liege mit niedriger Lehne
Dekor Verzierung
Design Entwurf eines Industrieprodukts
Dessin Zeichnung, Muster
Draperie Stoffbehang, Faltenwurf
Etagère Bücherbrett, Stufengestell, Hängebord
Facetten Schrägschliff-Kanten
Fauteuil Armsessel, Polstersessel
Gobelin Bildteppich
Highboard halbhohes Schrankelement
Hochlehner Sessel mit hohen Lehnen
Intarsien Einlegearbeit mit verschiedenfarbigen Hölzern
Kanapee Sitzsofa mit Rück- und Seitenlehnen
Kandelaber Standleuchte
Kommode auf Füßen ruhende Truhe mit Schubladen
Konsole Tragstütze
Korpus Körper, Kasten ohne Tür
Lisene senkrechte Begrenzung oder Zwischengliederung an Möbeln
Lüster Kronleuchter
Markise Sonnendach
Maserung strukturierte Zeichnung
Ornament Schmuckwerk, Verzierung
Paneel Holztäfelung
Paravent Stellschirm, sog. spanische Wand
Patina schöne Alterungsschicht
Pendüle Pendeluhr
Podest Podium
Rapport Wiederholung eines Musters
Sekretär Schreibschrank
Sideboard niedriges Schrankelement
Stilmöbel Möbel, bei dem antiker Stil nachgebildet wurde
Tapisserie Teppichstickerei, Wandteppich
Toilettentisch Frisiertisch
Vitrine Glasschrank
Volant glockig geschnittener gefälzter Besatz
Zarge Decke und Boden verbindende Einfassung

Eisenbahn-»Geheimzeichen«

An den Lokomotiven, Personen- und Güterwagen der Eisenbahn finden sich Bezeichnungen aus Buchstaben und Zahlen, zu deren Verständnis hier einige Hinweise gegeben werden:

A Personenwagen 1. Klasse
AB Personenwagen 1. u. 2. Klasse
B Personenwagen 2. Klasse
Br Handbremse
c Kokswagen
Dhz Dampfheizung
E Elektrische Lokomotive
Ehz elektrische Heizung
ElBel elektrische Beleuchtung
f Fährwagen
G Güterzuglokomotive mit Schlepptender
G gedeckter Güterwagen mit Tonnendach
Gt Güterzugtenderlokomotive
h Wagen mit Heizleitung
H Holzwagen
i Personenwagen mit Plattform u. offener Übergangsbrücke
k Kühl- oder Kurswagen
K Schmalspurlokomotive
K gedeckter Güterwagen mit Klappendeckeldach (Kalkwagen)
Khz Kohlenheizung
kr Personenwagen mit Krankenabteil
Ksbr Knorr-Bremse für Schnellzüge
L Lokalbahnlokomotive
l Glas- oder Langwagen
m Ladegewicht 20 t
n Wagen mit Luftdruckbremse bzw. -leitung
O offener kippfähiger Güterwagen
P Personenzuglokomotive mit Schlepptender
Ppost Gepäckwagen mit Postabteil
Pt Personenzugtenderlokomotive
Pw Gepäckwagen
R offener Güterwagen mit hölzernen Rungen (Rungenwagen)
Radst Abstand der Achsen voneinander (Radstand)
s für Züge bis zu 90 km/h geeignet
S Schnellzuglokomotive mit Schlepptender
S offener Güterwagen mit eisernen Rungen (Schienenwagen)
St Schnellzugtenderlokomotive
t Tief- oder Selbstentlader
T für Transitverkehr zugelassener Güterwagen

ü	Personenwagen mit Übergangsbrücken u. Faltenbälgen
V	gedeckter Güterwagen mit Lattenwänden (Kleinviehwagen)
w	Ladegewicht unter 15 t
WL	Schlafwagen
WR	Speisewagen
Wsbr	Westinghouse-Bremse für Schnellzüge
X	nicht kippfähiger offener Güterwagen (Arbeitswagen)
Z	Zahnradlokomotive

Eishockey

Die älteste Erwähnung des Eislaufs überhaupt stammt aus dem Jahr 1134 und kommt aus Dänemark. Vermutlich benutzte man damals noch Schlittschuhe aus Knochen, die nicht robust genug waren für ein hartes Mannschaftsspiel wie Eishockey. Erst im 16. Jahrhundert ist in den Niederlanden ein Spiel nachweisbar, das unserem heutigen Eishockey schon sehr ähnlich war und bis ins 19. Jahrhundert hinein unter dem Namen ›Bandy‹ weite Verbreitung fand.

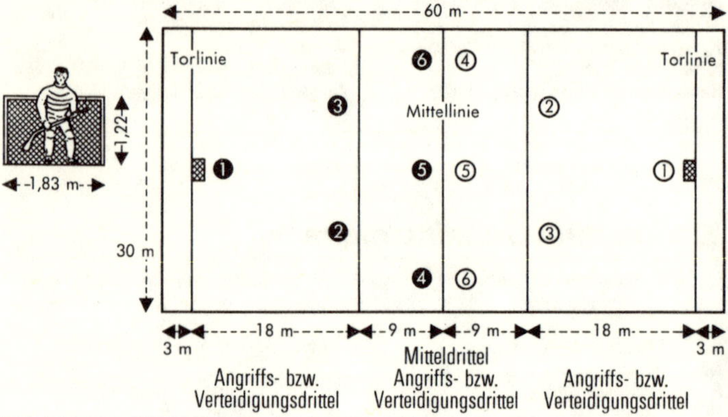

Eiszeiten

Mit Argusaugen überwachen Wissenschaftler das ständige Wachstum der Gletscher und das unaufhaltsame Sinken der Durchschnittstemperaturen. Steht eine neue Eiszeit bevor?

Norddeutschland	Zeitdauer (Jahre v. Chr.)	Alpengebiet
Elbe-Eiszeit (?)	600000–540000	Günz-Eiszeit
1. Zwischeneiszeit	540000–480000	1. Zwischeneiszeit
Elster-Eiszeit	480000–430000	Mindel-Eiszeit
2. Zwischeneiszeit	430000–240000	2. Zwischeneiszeit
Saale-Eiszeit	240000–180000	Riß-Eiszeit
3. Zwischeneiszeit	180000–120000	3. Zwischeneiszeit
Weichsel-Eiszeit	120000– 20000	Würm-Eiszeit
Nacheiszeit	seit 20000	Nacheiszeit

Wichtige Etappen der Entdeckungsgeschichte

596– 594 v. Chr.	Phönizier umfahren Afrika
um 525 v. Chr.	Karthager Hanno befährt afrikanische Westküste
um 400 v. Chr.	Karthager erreichen die Azoren
um 1000 n. Chr.	Normannen an der nordamerikan. Küste
1271–1295	Marco Polo bereist China
1324–1353	Ibn Batuta bereist Nordafrika
1456	Kapverdische Inseln entdeckt
1484	Diego Cão erreicht Kongo-Mündung
1488	Barth. Dias umschifft Kap der Guten Hoffnung
1492	Kolumbus entdeckt Guanahani, Kuba und Haiti
1493	Kolumbus entdeckt Puerto Rico, Guadeloupe u.a. Inseln Westindiens
1494	Kolumbus entdeckt Jamaika
1497	John Cabot in Labrador
1498	Kolumbus erreicht das südamerikanische Festland
1498	Vasco da Gama erreicht Indien
1499	Mündung des Amazonas entdeckt
1500	Pedro Alvarez Cabral erreicht Brasilien
1502	Kolumbus an der Moskitoküste
1507	Mauritius und Réunion entdeckt
1512	Entdeckung der Molukken
1513	Florida entdeckt
1513	Vasco N. de Balboa überschreitet Landenge von Panama
1515	Mündung des La Plata entdeckt
1519	Fernando Cortez in Mexiko
1520	Magalhães durchfährt die M.-Straße
1521	Magalhães erreicht die Philippinen
1521	Magalhães entdeckt die Marianen
1527	Neuguinea entdeckt
1528–1529	Saavedra entdeckt Karolinen- und Marshall-Inseln
1532–1533	Francisco Pizarro erobert Peru
1533	Entdeckung Kaliforniens
1535–1537	Diego de Almagro in Bolivien und Chile
1541	Fernando de Soto am Mississippi
1556	Nowaja Semlja entdeckt
1580	Jermak Timofejew in Sibirien
1596	William Barents erreicht Spitzbergen
1606	Neue Hebriden und Torres-Straße entdeckt
1610	Henry Hudson in der Hudson-Bai
1616	William Baffin erreicht Baffin-Bai
1616	Australiens Westküste entdeckt
1642–1644	Abel Tasman entdeckt Tasmanien, Neuseeland u.a. Inseln
1643	Entdeckung der Kurilen
1648	Semjon Iwanow Deschnew entdeckt Bering-Straße
1728	Vitus Bering erreicht Asiens Ostkap
1741	Vitus Bering entdeckt die Alëuten
1765	Laroche in Südgeorgien
1766–1769	L.A. de Bougainvilles Weltumseglung
1767	Tahiti entdeckt
1768	Tana-See entdeckt
1769	Cook erkennt Neuseeland als Doppelinsel
1770	James Bruce entdeckt Quellen des Blauen Nils
1770	Cook an Australiens Ostküste
1772	Kerguelen erreicht Kerguelen-Inseln
1774	Cook entdeckt Neukaledonien
1778	Cook entdeckt Hawaii
1787–1804	A. v. Humboldt in Mittel- und Südamerika
1788	Gilbert-Inseln entdeckt

1792–1793	Alex. Mackenzie durchquert Nordamerika
1795–1797	Mungo Park am Niger
1797–1800	Friedr. Konr. Hornemann bereist Nordafrika
1803–1805	Lewis und Clark am Missouri und Columbia
1805–1806	Mungo Parks 2. Reise zum Niger
1819	W. E. Parry erreicht Melville-Insel
1822	Tschad-See entdeckt
1823	James Weddell erreicht Weddell-See
1828	René Caillié in Timbuktu und Tanger
1829	A. v. Humboldt in Innerasien
1831	Magnetischer Nordpol erreicht
1839–1840	E. J. Eyre entdeckt Torrens- und Eyre-See
1844–1848	Ludwig Leichhardt im Innern Australiens
1846	John Franklin in der Franklin-Straße
1848	Entdeckung des Kilimandscharo
1849	Livingstone am Ngami-See
1850–1855	Heinr. Barth bereist Sahara und Sudan
1854–1856	Livingstone durchquert Südafrika
1858	J. H. Speke entdeckt Viktoria- und Tanganjika-See
1858–1859	Livingstone am Sambesi und Njassa-See
1860–1861	R. O'Hara Burke durchquert Australien von S nach N
1861	R. F. Burton am Kamerun-Gebirge
1862	Speke am Viktoria-Nil
1864	Albert-See entdeckt
1865–1867	Gerh. Rohlfs bereist Sahara und Sudan
1868	Livingstone erreicht Bangweolo-See
1868–1872	Ferd. v. Richthofen bereist China
1869	Gustav Nachtigal in der Sahara
1870	Georg Schweinfurth am Uëlle
1871–1872	H. M. Stanley mit Livingstone am Tanganjika-See
1873–1875	V. L. Cameron durchquert Südafrika
1874	Franz-Joseph-Land erreicht
1874–1877	H. M. Stanley durchquert Zentralafrika
1877–1879	Serpa Pinto durchquert Südafrika
1878–1879	A. E. Nordenskjöld gelingt Nordöstl. Durchfahrt
1880	Nik. Prschewalski im Hoangho-Quellgebiet
1880–1882	H. v. Wißmann durchquert Südafrika
1882–1883	1. Internationales Polarjahr
1883	A. E. Nordenskjöld im Innern Grönlands
1887–1888	Lindsay durchquert Australien von N nach S
1888	Nansen durchquert Grönland
1888	Rudolf- und Stefanie-See entdeckt
1889	H. Meyer besteigt Kilimandscharo
1894	Passarge in Adamaua
1894	Erste Durchquerung Labradors
1894–1897	Hedin durchquert Zentralasien
1897	Salomon Andrées Ballonfahrt zum Nordpol
1898–1902	R. E. Peary erreicht Nordspitze Grönlands
1899–1902	Hedins 2. Zentralasien-Reise
1900	Wilh. Filchners Ritt über den Pamir
1900	Kandt im Nil-Quellgebiet
1900–1902	O. Sverdrup erreicht Sverdrup-Archipel
1902	Robert F. Scott erreicht König-Eduard-VII.-Land
1902	Erich v. Drygalski entdeckt Kaiser-Wilhelm-II.-Land
1903–1906	Amundsen gelingt Nordwestl. Durchfahrt
1905–1908	Hedins 3. Zentralasien-Reise
1908–1909	E. H. Shackleton im Viktoria-Land
1909	E. E. Peary nahe dem Nordpol
1911–1912	Amundsen und R. F. Scott erreichen Südpol
1911–1912	Wilh. Filchner im Südpolargebiet

1911–1913	Theod. Koch-Grünberg im Orinoko-Quellgebiet
1912–1913	Alfred Wegener durchquert Grönland
1912–1913	Behrmann und Thurnwald in Neuguinea
1916–1918	Knud Rasmussen in Grönland
1926	Amundsen, Nobile und Byrd überfliegen Nordpol
1926–1928	Filchner in Zentralasien
1927–1935	Hedins 4. Zentralasien-Reise
1929	Byrd überfliegt Südpol
1930–1931	Umschiffung des antarktischen Kontinents
1931	H. Eckeners Arktisfahrt mit ›Graf Zeppelin‹
1932–1933	2. Internationales Polarjahr
1934–1938	Filchner in Zentralasien
1944	Nordwestpassage wird von einem kanadischen Schiff innerhalb eines Sommers durchfahren
1957–1958	Internationales Geophysikalisches Jahr
1957	Hillary erreicht Südpol
1958	Fuchs durchquert Antarktika
1958	Das amerikanische Atom-U-Boot ›Nautilus‹ fährt unter dem Polareis zum Nordpol
1960	Piccard mit einem Tauchboot fast elf Kilometer tief im pazifischen Marianengraben
1969	Die Amerikaner Armstrong und Aldrin betreten als erste Menschen den Mond.
1978	Drei Amerikaner überqueren als erste in einem Helium-Ballon den Atlantik

Erdbebenstärke

1. Grad, Unmerklich	wird nur von Instrumenten registriert
2. Grad, Sehr leicht	nur für sehr empfindliche Personen spürbar
3. Grad, Leicht	entspricht etwa der Erschütterung durch ein rasch vorbeifahrendes Auto
4. Grad, Mäßig	Möbelstücke zittern oder wanken leicht, Fenster klirren
5. Grad, Ziemlich stark	Fensterscheiben zerspringen, Schlafende erwachen, Türen schlagen auf und zu, leichte Gegenstände werden verschoben
6. Grad, Stark	Bücher fallen aus Regalen und Bilder von der Wand, Geschirr zerbricht, Möbel rücken von der Stelle oder fallen sogar um, Risse bilden sich im Hausputz
7. Grad, Sehr stark	auch schwerere Gegenstände fallen um, Kirchenglocken schlagen an, in Mauern bilden sich leichte Risse, Ziegel fallen herab
8. Grad, Zerstörend	Baumstämme brechen ab, auch schwerste Möbelstücke werden umgeworfen, einzelne Häuser stürzen ein, an Steilhängen entstehen Bodenrisse
9. Grad, Verwüstend	etwa die Hälfte der Steinhäuser schwer zerstört, viele stürzen ein
10. Grad, Vernichtend	etwa 75% der Gebäude schwer zerstört, die meisten stürzen ein, Eisenbahnschienen werden leicht verbogen, im Straßenbelag entstehen Risse und Falten
11. Grad, Katastrophe	sämtliche Steingebäude stürzen ein, auch stabile Brücken werden zerstört, Eisenbahnschienen werden stark verbogen, zahlreiche Erdrutsche und Dammbrüche
12. Grad, Große Katastrophe	kein Menschenwerk hält stand, die gesamte Erdoberfläche wird verändert, Seen laufen aus und Flüsse werden abgelenkt

Erdumspannende Entfernungstabelle

(Luftlinie auf Großkreisen in km)

Nach / Von	Berlin	Bombay	Buenos Aires	Hongkong	Honolulu	Kairo	Kalkutta	Kapstadt	Lissabon	London	Los Angeles	Moskau	New York	Paris	Rio de Janeiro	San Francisco	Sydney	Tokio
Berlin	–	6315	11858	8784	11815	2917	7040	9519	2256	920	9359	1592	6442	864	9924	9191	16000	8997
Bombay	6315	–	15008	4256	13076	4317	1648	8213	7959	7242	14096	4960	12600	7026	13501	13637	10080	6796
Buenos Aires	11858	15008	–	18240	12245	11885	16340	6932	9440	11071	9837	13280	8472	11026	2001	10380	11744	18562
Hongkong	8784	4256	18240	–	8984	8053	2600	11695	10928	9616	11752	7080	12976	9632	17512	11248	7264	2960
Honolulu	11815	13076	12245	8984	–	14280	11320	18648	12536	11712	4192	11360	8082	12040	13440	3852	7994	6208
Kairo	2917	4317	11885	8053	14280	–	5640	7152	3784	3549	12280	2760	9122	3232	9988	12087	14240	9608
Kalkutta	7040	1648	16340	2600	11320	5640	–	9601	8972	7944	13133	5472	12672	7840	14920	12608	9031	5136
Kapstadt	9519	8213	6932	11695	18684	7152	9601	–	8333	9560	16264	10061	12552	9220	6160	16544	11023	14775
Lissabon	2256	7595	9440	10928	12536	3784	8972	8333	–	1560	9040	3888	5392	1432	7528	9096	18002	11080
London	920	7242	11071	9616	11712	3549	7944	9560	1560	–	8794	2464	5601	336	9196	8704	16824	9680
Los Angeles	9359	14096	9837	11752	4192	12280	13133	16264	9040	8794	–	9808	3946	9138	10128	552	11920	8960
Moskau	1592	4960	13280	7080	11360	2760	5472	10061	3888	2464	9808	–	7090	2461	11312	9381	14320	7412
New York	6442	12600	8472	12976	8082	9122	12672	12552	5392	5601	3946	7090	–	5760	7696	4170	15784	10954
Paris	864	7026	11026	9632	12040	3232	7840	9220	1432	336	9138	2461	5760	–	9136	9088	16802	9812
Rio de Janeiro	9924	13501	2001	17512	13440	9988	14920	6160	7528	9196	10128	11312	7696	9136	–	10648	13480	18560
San Franzisco	9191	13637	10380	11248	3852	12087	12608	16544	9096	8704	552	9381	4170	9088	10648	–	11712	8401
Sydney	16000	10080	11744	7264	7994	14240	9031	11023	18002	16824	11920	14320	15784	16802	13480	11712	–	7680
Tokio	8997	6796	18562	2960	6208	9608	5136	14775	11080	9680	8960	7412	10954	9812	18560	8401	7680	–

Maße der Erdkugel

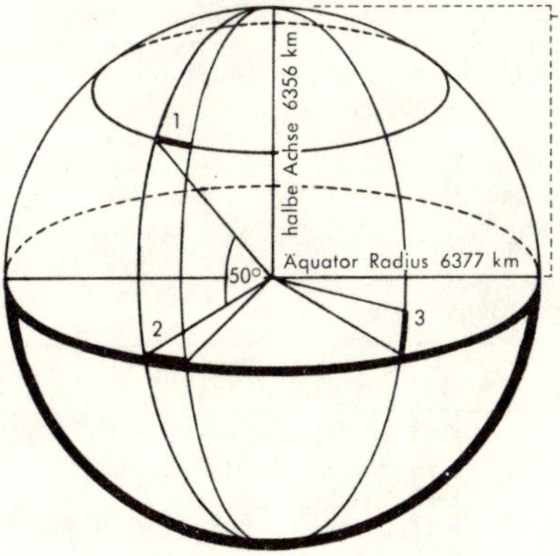

Quadrant 90° = 10000 km
Erdumfang = 360° = 40000 km
① Längengrad in 50° = 71,4 km

② Längengrad in 0° = 111 km

③ 1 Meridianminute = 1852 m
= 1 Seemeile
1 Kabellänge = 185 m
1 Knoten = 1 Sm/Stunde
1 deutsche Meile = 7,420 km

Erdoberfläche = 510 Mill. km^2

Erdvolumen ~ 1083 Mill. km^3

Erdgewicht ~ 5,96 Quadrill. kg

mittlere Dichte 5,5

Erfindungen

Addiermaschine 1642
Akkumulator 1859
Aluminium 1827
Anilin 1826
Antenne 1895
Atombombe 1945
Atomzertrümmerung 1919
Augenspiegel 1850
Autotypie 1881
Bakelit 1909
Bandsäge 1808
Barometer 1643
Benzinmotor 1884
Bildtelegraphie 1902
Bleistift 1662
Blitzableiter 1752
Bogenlampe 1848
Bohrmaschine 1710
Buchdruck 1440
Dampfhammer 1839
Dampfheizung 1745
Dampfmaschine 1690
Dampfschiff 1807
Dampfturbine 1884
Dieselmotor 1897
Drahtseilbahn 1861
Drehbank 1569
Dreschmaschine 1785
Druckknopf 1885
Dynamit 1867
Dynamomaschine 1866
Echolot 1912
Eisenbahn 1825
Eisschrank 1801
Elektromagnet 1825
Elektromotor 1829
Essig 1823
Fahrrad 1817
Fallschirm 1480
Feldelektronenmikroskop 1950
Fernrohr 1608
Fernsehen 1929
Fernsprecher 1861
Film 1895
Füllfederhalter 1843
Funktelegraphie 1896
Galvanoplastik 1839
Gasbeleuchtung 1786
Gasmotor 1860
Gasturbine 1905
Glühlampe 1854
Grammophon 1887
Grubenlampe 1815
Hobelmaschine 1776
Holographie 1947
Holzwolle 1885
Kabel 1847
Kinematograph 1895
Kraftwagen (Benzin-) 1885
Kreissäge 1780
Kugellager 1847
Kunstseide 1885
Laser 1960
Lichtdruck 1869
Linoleum 1844
Lithographie 1796
Lokomotive 1804
Luftdruckbremse 1872
Luftpumpe 1663
Luftreifen 1885
Luftschiff 1900
Magnetophon 1928
Margarine 1868
Maschinengewehr 1883
Maser 1955
Mikrophon 1878
Mikroskop 1590
Motorflugzeug 1903
Motorrad 1885
Nähmaschine 1755
Nylon 1938
Offsetdruck 1904
PAL-Farbfernsehsystem 1960
Pendeluhr 1657
Penicillin 1929
Perlon 1938
Phonograph 1877
Photographie 1826
Photozelle 1893
Plattenspieler 1887
Plexiglas 1928
Porzellan 1693
Protonen 1920
Radargeräte 1904
Raketenflugzeug 1937
Rechenmaschine 1694
Rechenschieber 1617
Registrierkasse 1879
Revolver 1835

Rohrpost 1853
Rollfilm 1889
Röntgenstrahlen 1895
Saccharin 1879
Schallplatte 1887
Schiffsschraube 1812
Schreibmaschine 1867
Schwerkraftwellen 1969
Setzmaschine 1884
Spektralanalyse 1859
Spiegelteleskop 1669
Sputnik 1957
Stahlbeton 1867
Steindruck 1796
Steingut 1759
Stereotypie 1725
Strahltriebwerk 1930
Straßenbahn (elektr.) 1881
Strickmaschine 1857
Sulfonamide 1935
Taschenuhr 1505
Telegraph 1837
Telefon 1861
Tonfilm 1919
Transistor 1948
Ultrafilter 1907
Uranbrenner 1942
Viertaktmotor 1867
Wankelmotor 1957
Webstuhl (mech.) 1785
Xerographie 1937
Zahnradbahn 1862
Zellstoff 1857
Zelluloid 1869
Zement 1796
Zentrifuge 1836
Zündhölzer 1830
Zündkerze 1860

Europastraßen

E 1 London–Paris–Rom–Palermo
E 2 London–Lausanne–Mailand–Brindisi
E 3 Lissabon–Paris–Hannover–Stockholm
E 4 Lissabon–Bern–Hamburg–Stockholm–Helsinki
E 5 London–Brüssel–Wien–Belgrad–Istanbul
E 6 Rom–München–Berlin–Oslo
E 7 Rom–Wien–Warschau
E 8 London–Haag–Hannover–Berlin–Warschau–Sowjetunion
E 9 Amsterdam–Basel–Genua
E 10 Paris–Brüssel–Amsterdam
E 11 Paris–Stuttgart–München–Salzburg
E 12 Paris–Nürnberg–Prag–Warschau–Leningrad
E 13 Lyon–Venedig
E 14 Triest–Prag–Stettin
E 15 Hamburg–Berlin–Prag–Budapest
E 16 Preßburg–Gdingen
E 17 Chagny–Zürich–Innsbruck–Salzburg
E 18 Stavanger–Oslo–Stockholm
E 19 Albanien–Janina–Korinth
E 20 Koritza–Sofia
E 21 Aosta–Turin–Genua
E 22 Berlin–Breslau–Krakau
E 23 Ankara–Kayseri–Erzurum–Karaköse–iran. Grenze
E 24 (E 5)–Gaziantep–Mardin–Hakkari–iran. Grenze
E 25 Burgos–Madrid–Sevilla–Algeciras
E 26 Barcelona–Valencia–Granada–Algeciras
E 27 Triest–Split–Dubrovnik–Skopje–Sofia–Warna

»Namhafte« Expreßzüge Europas

Adria-Expreß Kopenhagen–Rijeka (Fiume)
Alpen-Expreß Rom–Hamburg (–Kopenh.)
Arlberg-Expreß Paris–Wien–Budapest
Austria-Expreß Graz–Hoek van Holland
Balkan-Expreß Wien–Belgrad–Athen
Basel-Expreß Großenbrode–Basel
Bavaria Genf–München
Blauer Enzian Hamburg–München
Blauer Expreß Berlin–Warschau–Moskau
Brenner-Expreß München–Rom
Comet London–Manchester
Diplomat Genf–Zürich
Dolomiten-Expreß Florenz–München
Dompfeil Hannover–Köln
Domspatz Hamburg–Regensburg
Donau-Kurier Dortmund–Wien
Edelweiß Brüssel–Basel
Engadin-Expreß Calais–Basel–Chur
Flying Scotsman London–Edinburgh
Gambrinus München–Köln–Hamburg
Germania Bonn–Hannover
Glückauf Köln–Würzburg–Wien
Hamburg-Expreß Hamburg–Kopenhagen
Hanseat Köln–Hamburg (–Kiel)
Harz-Expreß Hoek van Holland–Hannover
Helvetia-Expreß Hamburg–Zürich
Irish Mail London–Holyhead (–Dublin)
Italien-Holland-Expreß Rom–Amsterdam
Jugoslawien-Expreß Amsterdam–Belgrad
Kärnten-Expreß Ostende–Klagenfurt
Käse-Expreß (Kaas-E.) Rotterdam–Alkmaar
Komet Basel–Hamburg
Lorelei-Expreß Basel–Hoek van Holland
Lusitania-Expreß Lissabon–Madrid
Mediolanum München–Mailand
Merkur Hamburg–Frankfurt
Mistral Paris–Nizza
Montan-Expreß Luxemburg–Koblenz
Mozart-Expreß Straßburg–Salzburg
Münchner Kindl Frankfurt–München
Nord-Expreß Paris–Kopenhagen
Nordpfeil Hamburg–Frederikshavn
Nord-West-Expreß Hoek van Holland–Kopenhagen

Orient-Expreß Paris–Wien (–Budapest)
Paris-Ruhr-Expreß Paris–Dortmund
Parsifal (Paris–) Aachen–Hamburg
Rembrandt-Expreß Amsterdam–München
Rheinblitz München–Dortmund
Rheingold Basel–Emmerich (–Amsterdam)
Rhein-Main-Expreß Amsterdam–Frankfurt
Rhone-Isar-Expreß Genf–München
Roland Basel–Bremen
Rot-Weiß-Kurier Basel–Wien
Ruhr-Expreß Hoek van Holland–Köln
Sachsenroß Köln–Hannover
Saphir Ostende–Brüssel–Frankfurt
Schauinsland-Expreß Basel–Frankfurt
Schwabenpfeil Dortmund–Stuttgart
Senator Frankfurt–Bremerhaven
Simplon-Orient-Expreß Paris–Belgrad (–Istanbul)
Skandinavien-Holland-Expreß Stockholm–Hoek van Holland
Skandinavien-Italien-Expreß Kopenhagen–Rom
Steiermark-Expreß München–Graz
Tauern-Expreß Ostende–Belgrad
Ulster-Expreß London–Heysman (–Belfast)
Vogel Greiff Basel–Zürich
Vorarlberg-Expreß Ulm–Innsbruck
Wien-Ostende-Expreß Wien–Ostende

Fabelnamen der Tiere

Äugler	Kaninchen	**Grimbart**	Dachs	**Markart**	Häher
Bellyn	Widder	**Henning**	Hahn	**Martin**	Affe
Bokert	Biber	**Hinze**	Kater	**Merkenau**	Krähe
Boldewyn	Esel	**Isegrim**	Wolf	**Nobel**	Löwe
Braun	Bär	**Kratzefuß**	Henne	**Pflückebeutel**	Rabe
Ermelyn	Füchsin	**Lampe**	Hase	**Reineke**	Fuchs
Gieremund	Wölfin	**Lütke**	Kranich	**Wackerlos**	Hündchen

Fabelwesen

Argos griechischer Wächter-Riese mit hundert Augen
Cerberus dreiköpfiger Hund als Wächter der Unterwelt
Chimäre altgriechisches Mischwesen, vorn Löwe, Mitte Ziege, hinten Schlange
Faun römische Waldgottheit mit spitzen Eselsohren und Geißschwanz
Greif sagenhafter Riesenvogel
Harpyien griechische Schutzgeister des schnellen Todes mit Frauenköpfen, Vogelkörper, Löwenklauen
Hydra Schlange mit neun Köpfen
Janus altitalienischer doppelköpfiger Gott des Türeingangs
Kentauren tierleibige Mischwesen mit menschlichem Oberkörper
Kyklopen einäugige Riesen der griechischen Mythologie
Leviathan vielköpfiger biblischer Drache
Medusa Mensch mit Schlangenhaaren und versteinerndem Blick
Meerweib schönes Mischwesen mit menschlichem Oberkörper und Fischschwanz
Moloch biblisches stierköpfiges Ungeheuer
Pan griechischer Hirtengott, gehörnt, rauhbehaart, geschwänzt und geißfüßig
Pegasus griechisches geflügeltes Pferd
Phönix Wundervogel, der sich verbrennt und aus seiner Asche wiederaufersteht
Sirenen griechische Fischweibchen, die Seeleute durch ihren Gesang ins Verderben locken
Undine legendärer weiblicher Wassergeist
Wasserelefant nach der burmanischen Sage ein sehr starker Elefant von der Größe einer Maus

Fährten und Spuren

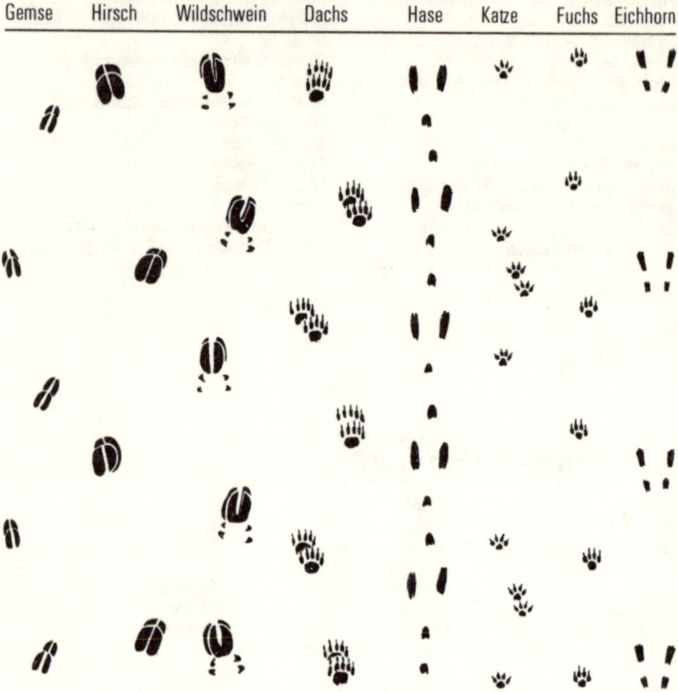

Fährten und Spuren sind übrigens nicht dasselbe. Die Waidmannssprache, die Kunstsprache der Jäger, kennt dafür eine genaue Unterscheidung: Fährten sind nur die Abdrücke der Schalen des Schalenwildes. Nicht auf Schalen ziehendes Wild hinterläßt Spuren. Beim Federwild spricht man von Geläuf.

Wichtige europäische Fährverbindungen

(und ihre Überfahrtszeiten)

Ajaccio–Marseille: 11 Std.
Algeciras–Céuta: 1 Std. 30 Min.
Algeciras–Tanger: 2 Std. 30 Min.
Almeria–Melilla: 8 Std.
Amsterdam–Göteborg: 24 Std.
Ancona–Dubrovnik: 12–19 Std.
Barcelona–Ibiza: 13 Std.
Barcelona–Palma de Mallorca: 10 Std.
Bastia–Genua: 10 Std.
Boulogne–Dover: 1 Std. 40 Min.
Boulogne–Folkestone: 1 Std. 30 Min.
Càglari–Civitavècchia: 12 Std.
Calais–Dover: 1 Std. 20 Min.
Calais–Folkestone: 1 Std. 30 Min.
Dieppe–Newhaven: 4 Std.
Dover–Boulogne: 1 Std. 40 Min.
Dover–Calais: 1 Std. 20 Min.
Dover–Dünkirchen: 3 Std. 50 Min.
Dover–Ostende: 3 Std. 15 Min.
Dublin–Liverpool: 9 Std.
Dubrovnik–Korfu: 10 Std. 15 Min.
Dünkirchen–Dover: 3 Std. 50 Min.
Folkestone–Boulogne: 1 Std. 30 Min.
Folkestone–Calais: 1 Std. 30 Min.
Frederikshavn–Larvik: 6 Std.
Frederikshavn– Oslo: 9 Std.

Fynshav–Bøjden: 45 Min.
Genua–Olbia: 12 Std.
Genua–Palermo: 22 Std.
Gibraltar–Tanger: 2 Std. 15 Min.
Göteborg–Frederikshavn: 3 Std. 50 Min.
Hälsingborg–Helsingör: 20 Min.
Harwich–Hoek van Holland: 7–8 Std.
Helsinki–Stockholm: 15 Std.
Hirthals–Kristiansand: 4 Std.
Hoek van Holland–Harwich: 7–8 Std.
Kiel–Göteborg: 12 Std.
Kiel–Oslo: 19 Std. 30 Min.
Kopenhagen–Helsinki: 32 Std.
Kopenhagen–Landskrona: 1 Std. 15 Min.
Kopenhagen–Malmö: 1 Std. 25 Min.
Kopenhagen–Oslo: 15 Std.
Kristansand–Hirtshals: 5 Std.
Landskrona–Kopenhagen: 1 Std. 15 Min.
Larvik–Frederikshavn: 6 Std.
Le Havre–Southampton: 7 Std.
List–Havneby: 45 Min.
Malaga–Melilla: 8 Std.
Malmö–Kopenhagen: 1 Std. 25 Min.
Malmö–Travemünde: 8 Std.
Marseille–Tanger 48 Std.
Messina–Reggio Cal.: 15 Min.
Neapel–Palermo: 11 Std.
Newhaven–Dieppe: 8 Std.
Oslo–Frederikshavn: 10 Std.
Oslo–Kopenhagen: 15 Std.
Ostende–Dover: 3 Std. 15 Min.
Ramsgate–Calais: 40 Min.
Stockholm–Helsinki: 15 Std.
Stockholm–Turku: 13 Std.
Travemünde–Kopenhagen: 8–9 Std.
Trelleborg–Travemünde: 7 Std.

Farbbücher

Farb- oder Buntbücher werden nach ihren farbigen Umschlägen jene amtlichen Zusammenstellungen von Dokumenten genannt, die von Regierungen zur Orientierung über wichtige, meist außenpolitische Fragen bzw. zur Rechtfertigung des eigenen Verhaltens herausgegeben werden. Dabei benutzt jeder Staat traditionell eine ganz bestimmte Farbe für den Umschlag, so gibt es:

Blaubücher	in Griechenland, Großbritannien und Schweden
Blauweißbücher	in Finnland
Gelbbücher	in China und Frankreich
Graubücher	in Belgien, Dänemark und Japan
Grünbücher	in Brasilien, Bulgarien, Italien, Mexiko und Rumänien
Orangebücher	in den Niederlanden und Rußland (bis 1917)
Rotbücher	in Österreich und Spanien
Weißbücher	in Deutschland, Polen, Portugal und den USA

Farben

Farben und Gegenfarben

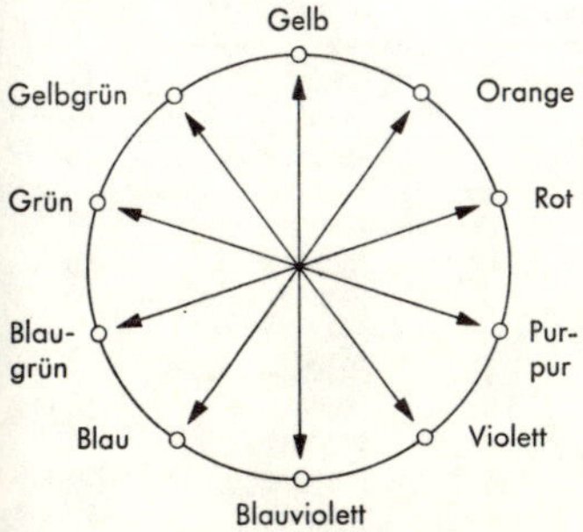

Farben in Schwarzweiß-Darstellung

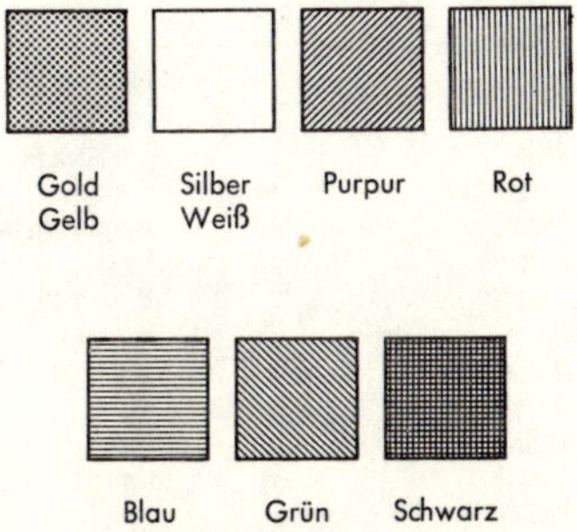

Farbendeutung

Schon seit alten Zeiten werden den Hauptfarben bestimmte Begriffe, Gemütsstimmungen oder ähnliches zugeordnet, wobei es je nach Zeit und Volk teilweise verschiedene Deutungen gab und gibt. Im allgemeinen gilt:

Blau Treue, Beständigkeit, Mäßigkeit, Adel; in der Politik für Konservativ; bei der Kirche für evangelisch in katholischen Gegenden; bei den Israeliten für Gott, Himmel, Glauben und Offenbarung
Gelb Neid, Haß, Eifersucht
Goldgelb Sonne, Reichtum, Freude
Grün Hoffnung, aber auch Unreife
Rot Leben, Freude, Liebe, Feuer, auch Scham und Zorn; in der Politik für linksgerichtete Gruppen aller Schattierungen
Schwarz Trauer, Bosheit, unerlaubter Handel, unerlaubtes Arbeiten; in der Kirche die orthodoxen Richtungen, besonders der Katholizismus und seine politischen Bestrebungen
Violett Alter, Trauer, Entsagung, aber auch Würde; bei den Katholiken für Buße
Weiß Unschuld, Reinheit, bei den Katholiken und Israeliten Heiligkeit.

Federball

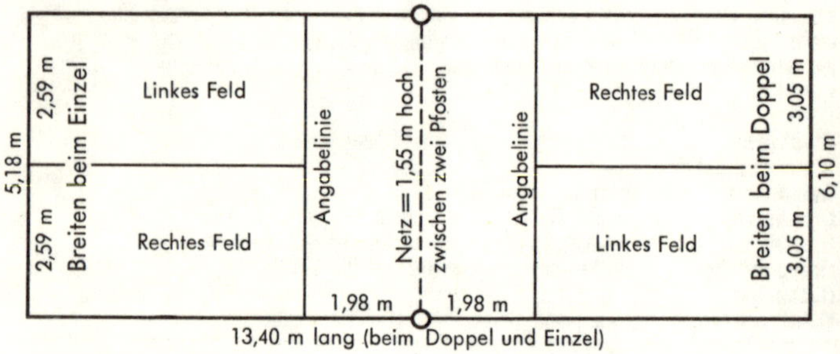

Feinschmecker-Kalender

Am schmackhaftesten ist......... in den Monaten......... (1 = Januar, 12 = Dezember):

Aal	5– 9	Felchen	5– 7	Kaviar	11– 3
Ananas	12– 4	Forelle	4– 8	Lachs	11–12
Apfel	11– 3	Froschschenkel	5– 7	Languste	6– 9
Artischocke	5– 6	Gans	10– 2	Makrele	5– 8
Auster	12– 2	Hammelfleisch	10– 3	Melone	7– 9
Banane	10– 2	Hase	9–12	Muschel	10–12
Barsch	7– 9	Hering (grün)	6– 8	Pute	10– 1
Birne	9–12	Hirsch	9–12	Radieschen	2– 4
Damwild	10–12	Hummer	4– 9	Rebhuhn	9–11
Dorsch	7– 8	Kabeljau	10– 4	Rehfleisch	10–12
Endivie	5– 7	Kalbfleisch	3– 9	Rhabarber	4– 5
Ente	7– 9	Kaninchen	6–11	Rindfleisch	12– 3
Fasan	11– 2	Karpfen	9– 4	Rotwild	11– 2

Sardelle	12- 4	Seezunge	4-10	Tomate	8-10
Schellfisch	10-12	Spargel	4- 6	Trüffel	10- 1
Schlei	9- 2	Steinbutt	10- 4	Truthahn	10-12
Schnepfe	10-12	Steinpilz	7- 8	Wildente	10-12
Scholle	5- 9	Taube	7-11	Wildschwein	1-11
Schweinefleisch	9- 4	Thunfisch	6- 7	Zander	4- 8

Filmlaufzeiten

Ein Normal-Tonfilm mit 24 Bildern in der Sekunde läuft bei einer Filmlänge von............ Metern eine Zeit von........... Minuten:

50 m	1,8 min	400 m	14,5 min	800 m	29 min	2000 m	73 min
100 m	3,6 min	500 m	18 min	900 m	33 min	3000 m	109,5 min
200 m	7 min	600 m	22 min	1000 m	36,5 min	4000 m	146 min
300 m	11 min	700 m	25,5 min	1500 m	55 min	5000 m	182,5 min

Filmtechnik in Abkürzungen

AC	Agfacolor	**GC**	Gevacolor	**SFS**	SuperfilmScope
AnC	Anscocolor	**GP**	Garutso-Plastorama	**SS**	SuperScope
CP	Cinépanoramic	**GS**	GammaScope	**TC**	Technicolor
CS	CinemaScope	**IC**	IfisScope	**TeR**	Technirama
CSS	CinesuperScope	**KC**	Kodakcolor	**ToV**	Totalvision
CTS	CinetotalScope	**MC**	Metrocolor	**TrC**	Trucolor
D	Deluxe	**Nat**	Naturama	**TS**	Totalscope
DS	Dialiscope	**PC**	Pathécolor	**UI**	Ultrascope
EaC	Eastmancolor	**PK**	Prokimascope	**VR**	Vistarama
FC	Ferraniacolor	**SchS**	SchermoScope	**VV**	VistaVision
FS	FranScope	**SCS**	SuperCinemaScope	**WC**	Warnercolor

Flächenmaße

1 Acker (Sachsen) = 2 Morgen = 55,34 a
1 Acre (USA, Großbrit.) = 40,4678 a
1 Ar (a) = 100 m^2
1 Deßjatine (Rußland) = 109,25 a
1 Dunam (Israel) = 9,193 a
1 Estadel (Spanien) = 11,18234 m^2
1 Fanega (Spanien) = 64,396 a
1 Hektar (ha) = 100 a = 10000 m^2
1 Hufe = 7–15 ha
1 Joch (Wien) = 57,55 a
1 King (China) = 6,3 ha
1 Meu (China) = 6,3 a
1 Morgen = 25–36 a
1 Morgen (Bayern) = 34,07 a
1 Morgen (Preußen) = 25,53 a
1 Morgen (Sachsen) = 27,67 a
1 Pie cuadrado (Spanien) = 0,0776 m^2
1 Quadratdezimeter (dm^2) = 100 cm^2
1 Quadratkilometer (km^2) = 100 ha
1 Quadratmeter (m^2) = 10000 cm^2
1 Quadratmillimeter (mm^2)
1 Quadratrute = 8,2–25 m^2
1 Quadratrute (Hamburg) = 21,846 m^2
1 Quadratrute (Preußen) = 14,2 m^2
1 Quadratrute (Sachsen) = 18,447 m^2
1 Quadratzentimeter (cm^2) = 100 mm^2
1 Rood (USA, Großbrit.) = 10,117 a
1 Se (Japan) = 99,17 m^2
1 Square Foot (USA, Großbrit.) = 929,03 cm^2
1 Square Mile (USA, Großbrit.) = 2,59 km^2
1 Square Yard (USA, Großbrit.) = 0,8361 m^2
1 Stemma (Griech.) = 10 a
1 Tagwerk (Bayern) = 34,07 a
1 Tan (Japan) = 991,7 m^2
1 Township (USA) = 93,24 km^2
1 Tsubo (Japan) = 3,306 m^2
1 Vara cuadrada (Spanien) = 0,6987 m^2
1 Yard of Land (USA, Großbrit.) = 12,1404 ha

Kleines Flaggen-Lexikon

Afghanistan: rot mit Emblem
Ägypten: Rot-Weiß-Schwarz (waagerecht)
Albanien: Rot mit schwarzem Doppeladler und gelbem Stern darüber
Andorra: Blau-Gelb-Rot (senkrecht) mit Wappenzeichnung
Argentinien: Blau-Weiß-Blau (waagerecht) mit aufgehender Sonne
Äthiopien: Grün-Gold-Rot (waagerecht) mit Wappen
Australien: Blau mit britischem Union Jack, großem Stern und Kreuz des Südens
Belgien: Schwarz-Gelb-Rot (senkrecht)
Birma: Rot mit blauem Rechteck oben links, darin ein weißes Zahnrad mit Sternen
Bolivien: Rot-Gelb-Grün (waagerecht)
Brasilien: Grün mit gelber Raute, die einen blauen Kreis umschließt (darin weiße Sterne und das Motto »Ordnung und Fortschritt«)
Bulgarien: Weiß-Grün-Rot (waagerecht) mit Wappen im weißen Feld am Flaggenstock
Bundesrepublik Deutschland: Schwarz-Rot-Gold (waagerecht)
Chile: Weiß-Rot (waagerecht) mit dunkelblauem Feld oben am Flaggenstock, im blauen Feld ein weißer fünfzackiger Stern
China: Rot mit 1 großen und 4 kleinen goldenen Sternen
Costa Rica: Blau-Weiß-Rot-Weiß-Blau (waagerecht)
Dänemark: Weißes Kreuz auf rotem Feld
DDR: Schwarz-Rot-Gold (waagerecht) mit Wappen
Dominikan. Rep.: Durch weißes Kreuz geviertteiltes Blau-Rot
Ecuador: Gelb (doppelte Breite) -Blau-Rot (waagerecht)
El Salvador: Blau-Weiß-Blau (waagerecht) mit dem Wappen im weißen Feld
Finnland: Blaues Kreuz auf weißem Feld
Frankreich: Blau-Weiß-Rot (senkrecht)
Ghana: Rot-Weiß-Grün (waagerecht) mit schwarzem fünfzackigem Stern im Weiß
Griechenland: Weißes Kreuz auf blauem Feld
Großbritannien: ›Union Jack‹ mit englischem St.-Georgs-Kreuz, schottischem St.-Andreas-Kreuz und irischem St.-Patricks-Kreuz
Guatemala: Blau-Weiß-Blau (senkrecht) mit Wappen im weißen Mittelstreifen
Haiti: Schwarz-Karmesinrot (senkrecht) mit Wappen in der Mitte
Honduras: Blau-Weiß-Blau (waagerecht) mit 5 blauen Sternen im weißen Mittelstreifen
Indien: Safrangelb-Weiß-Grün (waagerecht) mit einem blauen Rad in der Mitte des weißen Streifens
Indonesien: Rot-Weiß (waagerecht)
Irak: Rot-Weiß-Schwarz (waagerecht) mit 3 grünen fünfzackigen Sternen im Weiß
Iran: Grün-Weiß-Rot (waagerecht)
Irland: Grün-Weiß-Orange (senkrecht)
Island: Weiß umrandetes rotes Kreuz auf blauem Feld
Israel: Weiß mit 2 waagerechten blauen Streifen und dem blauen Davidstern in der Mitte
Italien: Grün-Weiß-Rot (senkrecht)
Japan: Rote strahlenlose Sonne auf weißem Feld
Jordanien: Schwarz-Weiß-Grün (waagerecht), am Flaggenstock ein rotes Dreieck mit einem weißen siebenzackigen Stern
Jugoslawien: Blau-Weiß-Rot (waagerecht) mit rotem fünfzackigem Stern in der Mitte
Kanada: Rotes Ahornblatt auf weißem Feld, links und rechts roter Streifen
Kolumbien: Gelb (doppelte Breite) -Blau-Rot (waagerecht)
Kuba: Blau-Weiß-Blau-Weiß-Blau (waagerecht), am Flaggenstock ein rotes Dreieck mit einem weißen fünfzackigen Stern
Libanon: Rot-Weiß-Rot (waagerecht) mit einer grünen Zeder auf dem weißen Streifen
Liberia: 11 abwechselnd rote und weiße Streifen (waagerecht), oben am Flaggenstock ein blaues Feld mit weißem fünfzackigem Stern
Libyen: grüne Fläche
Liechtenstein: Blau-Rot (waagerecht) mit goldener Krone im blauen Streifen
Luxemburg: Rot-Weiß-Blau (waagerecht)
Malaysia: 14 abwechselnd rote und weiße Streifen (waagerecht), oben am Flaggenstock ein blaues Feld mit gelbem Halbmond und Stern
Marokko: Grüner Stern (Pentagramm) auf rotem Feld
Mexiko: Grün-Weiß-Rot (senkrecht) mit Wappen auf dem weißen Streifen
Monaco: Rot-Weiß (waagerecht)
Mongolische Volksrepublik: Rot-Blau-Rot (senkrecht) mit gelben Symbolen im roten Streifen am Flaggenstock
Neuseeland: Rot mit brit. Union Jack links oben und weißem Kreuz des Südens
Niederlande: Rot-Weiß-Blau (waagerecht)
Nicaragua: Blau-Weiß-Blau (waagerecht) mit Wappen auf dem weißen Streifen
Norwegen: Weiß umrandetes blaues Kreuz auf rotem Grund
Österreich: Rot-Weiß-Rot (waagerecht)
Pakistan: Grün mit senkrechtem weißen Streifen am Flaggenstock, auf dem grünen Feld ein weißer Halbmond und fünfzackiger Stern

Paraguay: Rot-Weiß-Blau (waagerecht) mit Wappen im weißen Streifen
Peru: Rot-Weiß-Rot (senkrecht)
Philippinen: Blau-Rot (waagerecht), am Flaggenstock weißes Dreieck mit goldener achtstrahliger Sonne und 3 goldenen fünfzackigen Sternen
Polen: Weiß-Rot (waagerecht)
Portugal: Grün-Rot (senkrecht) mit Wappen auf der Trennungslinie
Republik Südafrika: Orange-Weiß-Blau (waagerecht) mit Emblem im Weiß
Rumänien: Blau-Gelb-Rot (senkrecht) mit Wappen im gelben Streifen
San Marino: Weiß-Blau (waagerecht)
Schweden: Gelbes Kreuz auf blauem Grund
Schweiz: Weißes Kreuz auf rotem Feld
Sowjetunion: Auf rotem Feld oben am Flaggenstock in Gold Hammer und Sichel, darüber fünfzackiger Stern mit goldenem Rand
Spanien: Rot-Gelb (doppelte Breite) -Rot (waagerecht)
Sudan: Rot-Weiß-Schwarz (waagerecht) mit grünem Dreieck am Flaggenstock
Syrien: Rot-Weiß-Schwarz (waagerecht) mit Goldwappen im Weiß
Thailand: Rot-Weiß-Blau-Weiß-Rot (waagerecht)
Tschechoslowakei: Weiß-Rot (waagerecht) mit blauem Dreieck am Flaggenstock
Tunesien: Auf rotem Feld in der Mitte weißer Kreis mit rotem Halbmond und rotem fünfzackigen Stern
Türkei: Weißer Halbmond und Stern auf rotem Grund
Ungarn: Rot-Weiß-Grün (waagerecht)
Uruguay: 9 abwechselnd weiße und blaue waagerechte Streifen, oben am Flaggenstock auf weißem Feld eine goldene aufgehende Sonne
USA: 7 rote und 6 weiße waagerechte Streifen, oben am Flaggenstock ein blaues Rechteck mit 50 weißen fünfzackigen Sternen, die in 9 waagerechten Reihen angeordnet sind (vgl. auch S. 176)
Vatikan: Gelb-Weiß (senkrecht) mit Wappen im weißen Streifen
Venezuela: Gelb-Blau-Rot (waagerecht) mit 7 weißen Sternen im blauen Streifen
Vietnam: Rot mit gelbem Fünfzackstern
Zaire: Grün mit gelbem Kreisfeld, darin eine Hand, die eine Fackel trägt

Fleckenentfernungs-Tips

Apfelwein: meist genügt Auskochen, sonst verdünnter Salmiakgeist
Bier: lauwarmes Wasser oder 1%iger Salmiakgeist, Überwischen mit Alkohol
Blaubeeren: in saure Milch legen, warm nachwaschen
Blut: angefeuchtete Weizenstärke auftragen, gut abbürsten und mit Seifenlauge auswaschen; nicht waschechte Stoffe mit Salzwasser betupfen und in lauwarmem Seifenwasser waschen
Bowle: warme Seifenlauge, Alkohol oder verdünnter Salmiakgeist
Butter: Seifenwasser, Salmiakgeist
Druckerschwärze: leichte Seifenlauge, Spiritus oder Tetrachlorkohlenstoff
Eigelb: lauwarme Seifenwasserlösung, dann 3%ige Wasserstoffsuperoxidlösung
Eis: lauwarmes Wasser
Eiweiß: kaltes Wasser mit etwas Salmiakgeist
Erdbeeren: verdünntes Chlorwasser oder Boraxlösung
Fett: warme Seifenlauge, Benzin oder Äther, Salmiakgeistlösung
Firnis: Benzin, Äther oder Terpentin, mit Seifenwasser nachbehandeln
Fleischbrühe: Seifenlauge, verdünnter Salmiakgeist oder Benzinoform
Fliegenschmutz: schwache lauwarme Seifenlauge mit etwas Salmiakgeist
Fruchtsaft: kochendes Wasser, Salmiakgeist oder Wasserstoffsuperoxid
Gras: Spiritus, dann auswaschen im Wasser oder verdünntem Salmiakgeist
Grünspan: Salmiakgeist oder Essig, mit Wasser nachspülen
Harn: Seifenwasser oder verdünnte Salmiakgeistlösung
Harz: mit Schwefelkohlenstoff oder Terpentin aufweichen, dann mit Äther ausputzen
Himbeeren: Zitronensaft oder Wasserstoffsuperoxidlösung
Honig: lauwarmes Wasser mit etwas Soda
Jod: Salmiakgeist oder Wasserstoffsuperoxid
Johannisbeeren: wie Himbeeren
Kaffee: mit Glyzerin betupfen und mit kaltem Wasser ohne Seife ausreiben; evtl. Tetrachlorkohlenstoff oder Benzin
Kakao: wie bei Kaffee
Kerzenwachs: abkratzen, zwischen Löschpapier bügeln, mit Seifenlauge nachwaschen
Kopierstift: mit erwärmtem Glyzerin einreiben, mit Seifenspiritus oder Zitronensaft betupfen, mit warmem Wasser nachspülen
Kugelschreiber: in reinem Alkohol durchschwenken

Lack: abkratzen, mit Terpentin oder Alkohol nachbehandeln
Lebertran: Alkohol, Seifenspiritus
Leim: lauwarmes Wasser
Likör: heißes Wasser mit Spirituszusatz oder Benzin
Maschinenöl: Salmiakgeist, mit lauwarmem Wasser nachspülen
Milch: kaltes Wasser, Seife, eventuell Salmiakgeist, bei Seide Benzin
Mostrich: Soda- oder lauwarmes Wasser
Nagellack: lauwarmes Wasser, Aceton
Nikotin: Salmiakgeist und Glyzerin, mit Spiritus nachreiben
Obst: in verdünnte Salmiaklösung legen, auswaschen oder mit Chlor bleichen
Öl: warme Seifenlauge, Benzin oder Terpentin, Äther
Ölfarbe: mit Terpentin aufweichen, mit Benzin oder Äther ausputzen
Parfüm: Tetrachlorkohlenstoff oder erwärmtes Glyzerin
Punsch: lauwarmes Wasser, Seifenspiritus oder Benzin
Rhabarber: Weingeist mit 5% Essigsäure
Rost: Zitronensaft oder Oxalsäure aufstreichen und kräftig auswaschen
Rotwein: mit Salz bestreuen, auswaschen und in Buttermilch legen; Weißwaren mit Hydrosulfit auskochen oder in Bleilauge bleichen
Ruß: angefeuchtetes Weißbrot, Seife oder Seifenspiritus
Säure: 10%ige Sodalösung oder verdünnter Salmiakgeist
Schimmel: in heißer Buttermilch weichen lassen und mit klarem Wasser nachspülen
Schmutz: Wasser und Seife, Salmiakgeist, bei Seide Benzin
Schokolade: lauwarmes Wasser
Schuhkrem: Terpentin, mit Seifenlauge nachbehandeln
Schweiß: Essig, Brennspiritus oder verdünnter Salmiakgeist
Sirup: lauwarmes Wasser oder Seifenspiritus
Stempelfarbe: Zitronensaft mit Salz
Tee: heißes Wasser mit Glyzerinzusatz
Teer: Terpentin oder ungesalzene Butter, mit Benzin nachbehandeln
Wasserfarbe: lauwarmes Wasser
Weißwein: lauwarmes Wasser oder Seifenlauge, eventuell Alkohol
Zitronensaft: verdünnter Salmiakgeist oder nur Wasser
Zucker: lauwarmes oder heißes Wasser

»Namhafte« Flughäfen aller Erdteile

Algier – Maison Blanche
Amsterdam – Schiphol
Antwerpen – Deurne
Athen – Ellenikon
Bangkok – Don Muang
Barcelona – Muntadas
Basel – Mülhausen
Basra – Margil
Beirut – Khaldeh
Belgrad – Zemun
Berlin/West – Tempelhof, – Tegel
Berlin/Ost – Schönefeld
Bern – Belp(moos)
Bilbao – Sondica
Bologna – Borgo Panigale
Bombay – Santa Cruz
Bordeaux – Mérignac
Boston – Logan
Bremen – Neulanderfeld
Brüssel – Melsbroek
Budapest – Ferihegy
Buenos Aires – Ezeira
Bukarest – Baneasa, – Otopeni
Caracas – La Guaira, – Maiquetia
Catania – Fontana Rossa
Chicago – Midway, – O'Hare
Damaskus – Mezze
Delhi – Palam
Detroit – Willow Run
Dresden – Klotzsche
Dublin – Collinstown
Düsseldorf – Lohausen
Florenz – Peretola
Frankfurt/Main – Rhein-Main
Genf – Cointrin
Glasgow – Abbotsinch
Göteborg – Torslanda
Hamburg – Fuhlsbüttel
Hannover – Langenhagen
Havana – José Martí
Helsinki – Malmi, – Sentula
Hongkong – Kai Tak
Innsbruck – Hotting
Irland – Shannon
Istanbul – Yesilköy
Johannesburg – Jan Smuts Airport
Kabul – Khaja Rawasch
Kairo – Al Maza

Kalkutta – Dum Dum
Klagenfurt – Annabichl
Köln – Köln/Bonn
Kopenhagen – Kastrup
Kristiansand – Kjevik
Linz – Hörsching
Lissabon – Portela de Sacavém
London – Gatwick, – Heathrow
Lugano – Agno
Lüttich – Bierset
Luxemburg – Sandweiler, – Findel
Lyon – Satolas
Madrid – Barajas
Mailand – Malpensa, – Linate
Manchester – Ringway
Manila – Nichols Field
Marseille – Marignane
Milwaukee – General Mitchell Field
Montevideo – Carrasco
Moskau – Domodedowo, – Bykowo, – Scheremetjewo, – Wnukowo
München – Riem
Neapel – Capodichino
Neufundland – Gander
New York – J.F. Kennedy Intern. Airport, – La Guardia
Nürnberg – Kraftshof
Oslo – Fornebu, – Gardermoen
Ostende – Middelkerke
Palermo – Bocca di Falco
Paris – Ch. de Gaulle, – Le Bourget, – Orly
Pittsburgh – Allegheny County
Posen – Lawica
Prag – Ruzyně
Pretoria – Jan Smuts International Airport
Réunion – Gillot
Rio de Janeiro – Galeao, – Santos Dumont
Rom – Ciampino, – Leonardo da Vinci
Saint Louis – Lambert Field
Santiago – Los Cerrillos
Saragossa – Sanjurjo
Sevilla – San Pablo
Singapur – Paya Lebar, – Changi
Sofia – Vrazdebna
Southampton – Eastleigh
Stavanger – Sola
Stockholm – Bromma, – Arlanda
Straßburg – Entzheim
Stuttgart – Echterdingen
Sydney – Kingsford Smith
Teheran – Mehrabad
Tokio – Haneda, – Narita
Toronto – Malton
Toulouse – Blagnac
Venedig – San Nicolo
Warschau – Okecie
Washington – National
Wien – Schwechat, – Tulln
Zürich – Kloten

Flüsse

Immer wieder tauchen Fragen nach der Länge von Flüssen auf. Man möchte z.B. wissen, ob dieser Fluß länger oder kürzer als jener sei. Für solche und ähnliche Fälle nennt die folgende Übersicht über 200 Flüsse (die bekanntesten aus Europa und die größten aus allen anderen Erdteilen) mit ihrer Länge in Kilometern:

Alle 289
Aller 263
Altmühl 220
Alz 87
Amazonas 6400
Amper 175
Amu-darja 2540
Amur 4354
Angara 1853
Angerapp 169
Angermanälv 450
Arkansas 2333
Arno 241
Bartsch 130
Bjelaja 1420
Bober 268
Bode 169
Brahmaputra 2900
Bug (Schwarzmeer-B.) 857
Bug (Weichsel-B.) 730
Colorado 2900
Columbia 2250
Dalälv 455
Darling 2450
Desna 1187
Dnjepr 2285
Dnjestr 1370
Don 1967
Donau 2850
Donez 1016
Drage 195
Drau 749
Dschuba 1500
Duero (Douro) 776
Düna (Westl. Dwina) 930
Dwina (Nördl.) 1293
Ebro 927
Eder 177
Eider 188
Elbe 1144
Elde 220
Ems 371
Enz 112
Etsch 415
Euphrat 2700
Fränkische Saale 135
Fulda 218
Gambia 740
Ganges 2700
Garonne 650
Glatzer Neiße 196
Glomma 587
Godawari 1445
Götaälv (-Klarälv) 720
Guadalquivir 579
Guadiana 830
Hase 130
Havel 341
Hoangho 4150
Hudson 492
Hunte 189
Ihna 129
Iller 147

Ilmenau 107
Indalsälv 420
Indigirka 1050
Indus 3190
Inn 510
Irawadi 2012
Irtysch 2969
Isar 295
Jagst 196
Jangtsekiang 5632
Jenissei 5391
Jordan 600
Kalixälv 430
Kama 2032
Katzbach 89
Kemijoki 494
Kinzig 131
Kisil-Irmak 1400
Kocher 180
Kolyma 1790
Kongo 4377
Kuanza 630
Kuban 941
Kubango 1800
Küddow 147
Kunene 830
Kura 1515
Lahn 245
La Plata (-Paraná) 4700
Lausitzer Neiße 256
Leba 95
Lech 285
Leda (-Jümme) 75
Leine 279
Lena 4264
Lenne 131
Lesum (-Wümme) 128
Limpopo 1600
Lippe 237
Loire 1020
Loisach 100
Luleälv 450
Maas 925
Mackenzie 3780
Magdalena 1350
Main 524
Malapane 130
Maritza 514
Maros 754
Mekong 4500
Memel 879
Menam 1500
Mississippi-Missouri 6051
Moldau 435
Morava 500
Mosel 545
Mulde 252
Murray (-Darling) 3490
Naab 98
Nahe 116
Narew 425
Neckar 371
Nelson-Saskatschewan 2575
Netze 370
Nidda 98
Niers 106
Niger 4160
Nil (-Kagera) 6671
Nogat 62
Ob 4016
Obra 80
Oder 860
Ogowe 1200
Ohio 1579
Oka 1478
Oranje 1860
Orinoko 2736
Paraguay 2200
Passarge 120
Peace-River 283
Peene 156
Persante 165
Petschora 1789
Po 676
Pregel 128
Pripjet 779
Pruth 632
Rega 190
Regen 184
Regnitz 68
Rhein 1320
Rhone 812
Rio Grande del Norte 2800
Rowuma 1100
Ruhr 235
Rur 120
Saale 427
Sacramento 400
Salween 2500
Salzach 220
Sambesi 2660
São Francisco 2897
Save 712
Schari 1400
Schelde 220
Schwarze Elster 188
Seine 776
Selenga 871
Senegal 1430
Severn 336
Shannon 368
Sieg 130
Sikiang 1450
Spree 398
St. Lorenz 3138
Stolpe 110
Syr-darja 2860
Tajo (Tejo) 910
Tarim 1200
Tauber 120
Terek 591
Theiß 977
Themse 346
Tiber 393
Tigris 1950
Tocantins 2640
Torneälv 570
Trave 118
Ücker 103
Umeaälv 380
Unstrut 188
Ural 2534
Uruguay 1650
Ussuri 854
Vechta 200
Waag 459
Warnow 128
Warthe 823
Weichsel 1059
Weide 110
Weiße Elster 247
Werra 293
Wertach 145
Weser (-Werra) 733
Wipper 115
Wjatka 1367
Wolga 3688
Wytschegda 1109
Yukon 3185

Längster Fluß Europas:	Wolga (3688 km)
Längster Fluß Asiens:	Jangtsekiang (5632 km)
Längster Fluß Afrikas:	Nil (6324 km)
Längster Fluß Nordamerikas:	Mississippi-Missouri (6051 km)
Längster Fluß Südamerikas:	Amazonas (6518 km)

Foto-Tips

Faustregel (für Filme 17° DIN):	Blende 8	1/50 Sek.
sonniges Wetter	1/50 Sek.	Blende 8
wolkiger Himmel	1/25 Sek.	Blende 5,6
bedeckter Himmel	1/10 Sek.	Blende 4
regnerisches Wetter	1/5 Sek.	Blende 2,8

Belichtungstabelle (für Filme 17° DIN):

volle Sonne	2,8	4	5,6	8	11	16	22		
leicht dunstig		2,8	4	5,6	8	11	16	22	
bedeckt – trübe			2,8	4	5,6	8	11	16	22
Wolken – Schnee – Strand – Hochgebirge				1/500	1/250	1/100	1/50	1/25	1/10
Fernsicht – offene Landschaft – heller Vordergrund			1/500	1/250	1/100	1/50	1/25	1/10	1/5
helle Architekturen – dunkler Vordergrund		1/500	1/250	1/100	1/50	1/25	1/10	1/5	1/2
helle Straßen und Plätze – Personen im Freien	1/500	1/250	1/100	1/50	1/25	1/10	1/5	1/2	1
dunkle Straßen, Plätze u. Bauwerke – Personen im Schatten	1/250	1/100	1/50	1/25	1/10	1/5	1/2	1	2
lichter Wald – Personen unter lichten Bäumen	1/100	1/50	1/25	1/10	1/5	1/2	1	2	4
dunkler Wald – Personen unter dichten Bäumen	1/50	1/25	1/10	1/5	1/2	1	2	4	8
Personen im hellen Zimmer	1/25	1/10	1/5	1/2	1	2	4	8	16
Personen im dunklen Zimmer	1/10	1/5	1/2	1	2	4	8	16	32
helle Innenräume	1/5	1/2	1	2	4	8	16	32	1
dunkle Innenräume	4	8	16	32	1	2	4	8	16
Fotomotiv	Sekunden				Minuten				

Fütterungszeiten für junge Hunde

Zeitraum	Anzahl der Fütterungen	erste Fütterung	letzte Fütterung
2. Lebensmonat	2	zusätzlich zur Muttermilch	
3. Lebensmonat	5	7.00 Uhr	19.00 Uhr
4., 5. Lebensmonat	2	8.00 Uhr	18.00 Uhr
6., 7. Lebensmonat	2	9.00 Uhr	17.00 Uhr
8.–12. Lebensmonat	2	9.00 Uhr	15.00 Uhr
nach einem Jahr	1	13.00 Uhr oder	18.00 Uhr
	untertags zusätzlich zwei Nebenfütterungen		

Fußball

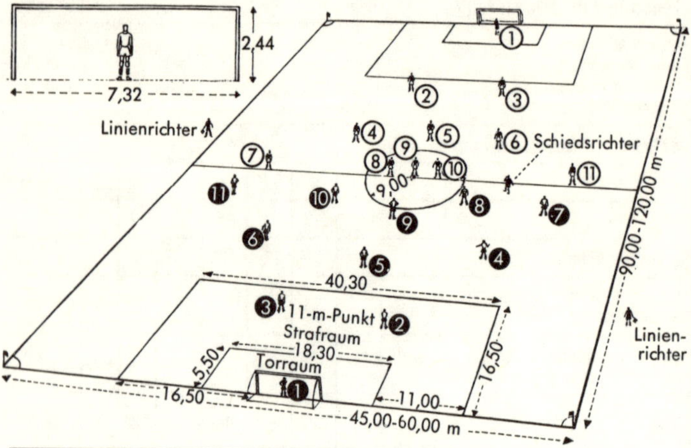

Fußball-Weltmeisterschaften

Jahr	Land	Weltmeister	Vizeweltmeister	Endspiel
1930	Uruguay	Uruguay	Argentinien	4:2
1934	Italien	Italien	Tschechoslowakei	2:1 n.V.
1938	Frankreich	Italien	Ungarn	4:2
1950	Brasilien	Uruguay	Brasilien	(Endrunde)
1954	Schweiz	Deutschland	Ungarn	3:2
1958	Schweden	Brasilien	Schweden	5:2
1962	Chile	Brasilien	Tschechoslowakei	3:1
1966	England	England	Deutschland	4:2 n.V.
1970	Mexiko	Brasilien	Italien	4:1
1974	Deutschland	Deutschland	Niederlande	2:1
1978	Argentinien	Argentinien	Niederlande	3:1 n.V.
1982	Spanien	Italien	Deutschland	3:1
1986	Mexiko	Argentinien	Deutschland	3:2
1990	Italien	Deutschland	Argentinien	1:0
1994	USA			

Gaunerzinken

An Türen, Hauswänden, Zäunen, Bäumen usw. findet man gelegentlich die sogenannten Gaunerzinken, jene Geheimzeichen, mit denen sich Bettler, Zigeuner u.a. »fahrende Gesellen« gegenseitig über Gefahren und günstige Möglichkeiten unterrichten.

 Gefährlich! Hände weg!	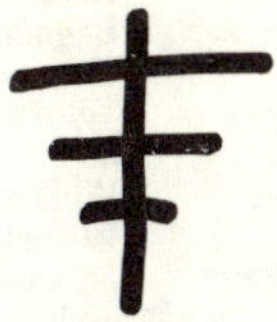 Hier wohnt Polizei!	 Grobe, unfreundliche Leute!
 Achtung, bissiger Hund!	 Prügel-Gefahr!	 Leute rufen Polizei!
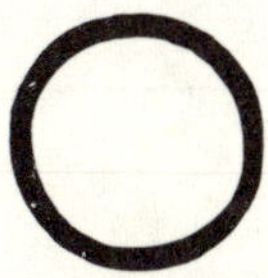 Hier gibt es nichts	 Für Arbeiten gibt es etwas	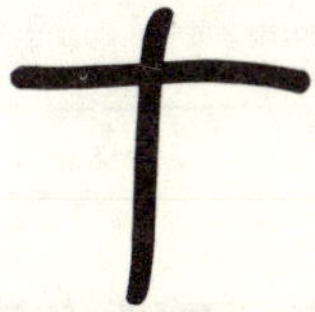 Fromm tun lohnt sich
 Ruhig aufdringlich werden	 Krank spielen lohnt sich	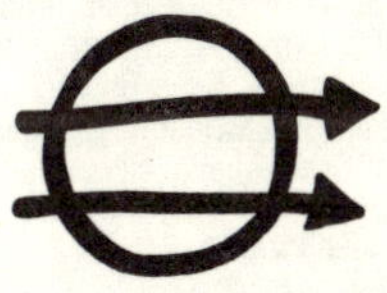 Abhauen!
 Hier gibt es Nachtlager	 Hier gibt es Essen	 Hier gibt es Geld

Germanische Götterwelt

Asen das Göttergeschlecht
Asgard Wohnort der Asen
Baldur Licht- und Frühlingsgott, Gott der Schönheit und Weisheit
Bragi Gott der Dichtkunst und Beredsamkeit, ein unter die Asen aufgenommener Skalde
Donar Sohn Wotans, der Donnergott mit dem Donnerhammer Mjölnir
Fenriswolf ein Ungeheuer, Bruder der Hel und der Midgardschlange
Forseti der Richter
Freya Schwester Freys, Göttin der Fruchtbarkeit und der Liebe, Schirmherrin des Ackers und der Feldfrüchte
Frey(r) Sohn des Nörd, Gott des Friedens und der Fruchtbarkeit
Frigg → Frija
Frija Gattin Wotans, Mutter der Götter und Menschen
Heimdall der weise Wächter des Himmels
Hel Göttin des Totenreiches, Tochter Lokis; auch Bezeichnung für die Unterwelt
Hödur der Blinde, der Baldur tötet
Idun Gattin Bragis, deren goldene Äpfel den Göttern die ewige Jugend erhalten
Loki Gott des Feuers, ein schlauer, hinterhältiger Unruhestifter, Vater des Fenriswolfs, der Midgardschlange und der Todesgöttin Hel
Niflheim wie Hel eine Bezeichnung für die Unterwelt
Nörd Gott der Schiffahrt, des Reichtums und der Fruchtbarkeit, Vater des Frey und der Freya
Nornen die 3 Schicksalsgöttinnen Urd (Vergangenheit, Schicksal), Werdandi (Gegenwart) und Skuld (Zukunft), die an der Weltesche Yggdrasil sitzen
Odin → Wotan
Ragnarökr der Weltuntergang
Thor → Donar
Tiu ursprünglich Himmelsgott, später nur noch Gott des Krieges
Uli Gott der Skiläufer, Bogenschütze
Walhall das Heldenparadies, wohin die Gefallenen von den →Walküren gebracht werden
Walküren Schildmädchen, die die gefallenen Helden (= Einherier) von dem Schlachtfeld nach Walhall holen, wo sie von →Wotan bewirtet werden, um beim Weltuntergang den Asen im letzten Kampf beizustehen
Widar Sohn Wotans, der dessen Tod am Fenriswolf rächt
Wotan der oberste der Götter; ursprünglich Sturmgott, dann Himmelsgott; dem griech.-röm. Zeus bzw. Jupiter gleichzusetzen
Yggdrasil die Weltesche, an der die Normen ihren Sitz haben
Ziu → Tiu

Geschwindigkeiten

Immer höhere Geschwindigkeiten bestimmen unser technisches Zeitalter. Man hört von schnellsten Flugzeugen, schnellsten Schiffen und Eisenbahnen und natürlich von schnellsten Autos, von denen wiederum das allerschnellste, der Raketenwagen ›Blue Flame‹ des Amerikaners Gary Gabelich, 1001,671 Stundenkilometer erreichte. Einen etwas ungewöhnlichen Geschwindigkeitsrekord hält ein junger Amerikaner. Er ging auf Händen und erreichte eine Geschwindigkeit von fast 2 m/sec.

Schneeflocke	0,2 m/sek	Rennpferd	25,0 m/sek
Fußgänger	1,2 m/sek	Radrennfahrer	35,0 m/sek
Fliege	1,6 m/sek	Skiläufer	35,0 m/sek
Reiter	1,7 m/sek	Schnellzug	44,0 m/sek
Radfahrer	5,5 m/sek	Schwalbe	60,0 m/sek
Biene	6,5 m/sek	Motorrad	80,0 m/sek
Regentropfen	11,0 m/sek	Schall	333,0 m/sek
Güterzug	12,5 m/sek	Infanteriegeschoß	800,0 m/sek
Personenzug	14,0 m/sek	Artilleriegeschoß	1,5 km/sek
Brieftaube	20,0 m/sek	Erdbebenwellen	3,6 km/sek
Motorboot	24,0 m/sek	Erde um die Sonne	29,6 km/sek

Die nebenstehende Seite zeigt Ihnen, wie Sie mit Hilfe einer Uhr die Geschwindigkeit eines Eisenbahnzuges feststellen können.

Geschwindigkeit eines Eisenbahnzuges

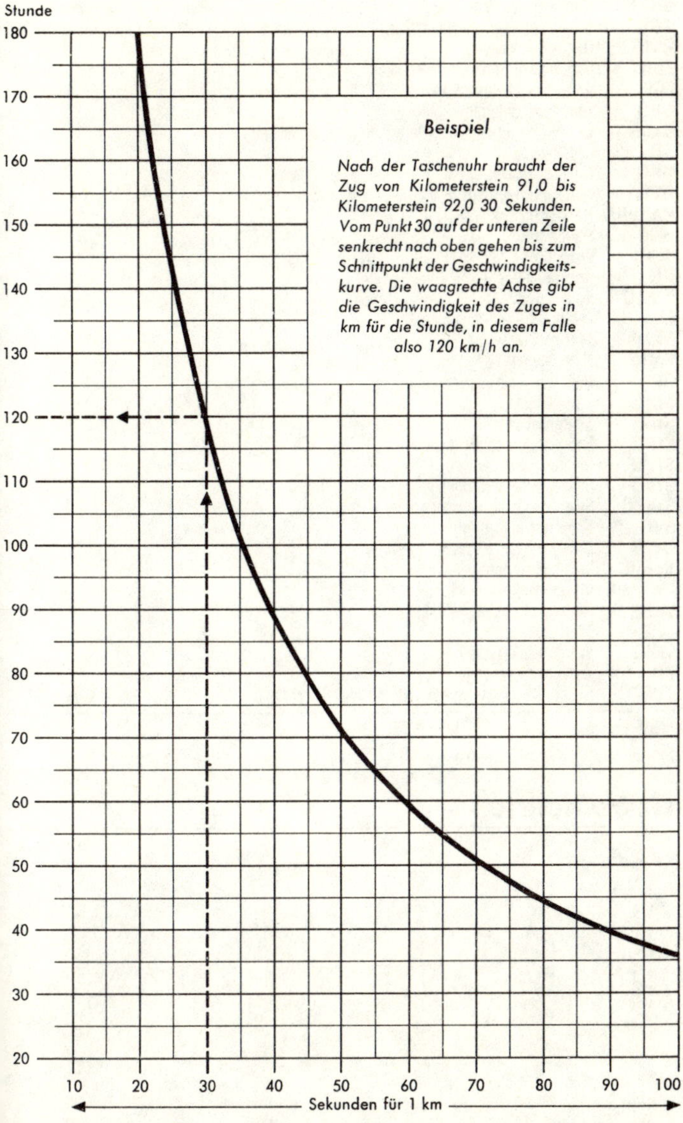

Gesetzliches entsetzlich abgekürzt

AbzG	Gesetz betr. Abzahlungsgeschäfte
AktG	Aktiengesetz
ArbGG	Arbeitsgerichtsgesetz
BGB	Bürgerliches Gesetzbuch
BGBl	Bundesgesetzblatt
BGH	Bundesgerichtshofentscheidung
BMG	Bundesmietengesetz
FGG	Ges. über freiwill. Gerichtsbarkeit
FGO	Finanzgerichtsordnung
GBO	Grundbuchordnung
GenG	Gesetz betr. Erwerbs- u. Wirtschaftsgenossenschaften
GG	Grundgesetz
GKG	Gerichtskostengesetz
GVG	Gerichtsverfassungsgesetz
HaftpflG	Haftpflichtgesetz
HGB	Handelsgesetzbuch
JGG	Jugendgerichtsgesetz
KO	Konkursordnung
KostO	Kostenordnung
LG	Landgerichtsentscheidung
MSchG	Mieterschutzgesetz
PatG	Patentgesetz
RG	Reichsgerichtsentscheidung
SchG	Scheckgesetz
StGB	Strafgesetzbuch
StPO	Strafprozeßordnung
StVG	Straßenverkehrsgesetz
StVO	Straßenverkehrsordnung
StVZO	Straßenverkehrszulassungs-Ordnung
SVG	Soldatenversorgungsgesetz
UWG	Gesetz gegen unlauteren Wettbewerb
VerglO	Vergleichsordnung
VerschG	Verschollenheitsgesetz
WBG	Wohnungsbewirtschaftungsgesetz
WG	Wechselgesetz
WZG	Warenzeichengesetz
ZPO	Zivilprozeßordnung
ZVG	Gesetz über Zwangsversteigerung und -verwaltung

Getreidearten

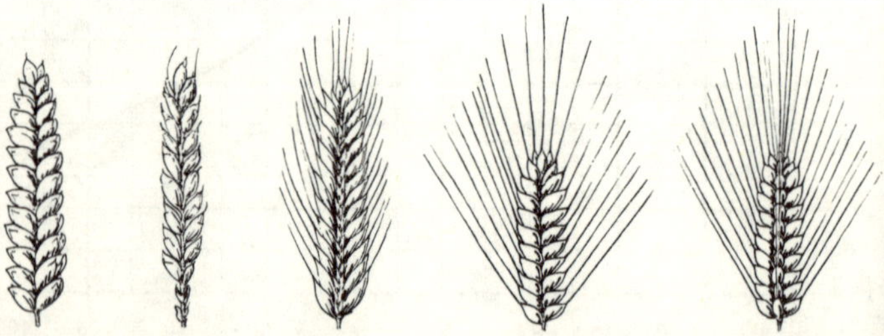

Weizen — Dinkel oder Spelz — Roggen — zweizeilige Gerste — vierzeilige Gerste

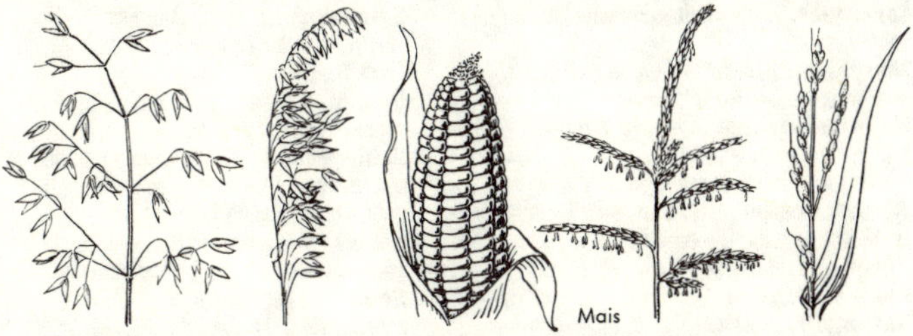

Gewichte

1 Apothekerpfund (Österr.) = 0,42001 kg
1 Berkowetz (Rußland) = 163,8 kg
1 Dekagramm (Dg) = 10 g
1 Dezigramm (dg) = 100 mg
1 Doppelzentner (dz) = 100 kg
1 Drachme (Antike) = 4,4 g
1 Drachme (Apothekergew.) = 3,6 g
1 Dram (USA, Großbrit.) = 1,77 g
1 Gramm (g) = 1000 mg
1 Gran (Apothekergew.) = 0,06 g
1 Hektogramm (hg) = 100 g
1 Hundredweight (USA, Großbr.) = 50,8 kg
1 Hyakume (Japan) = 375 g
1 Karat = vgl. Seite 90
1 Kilogramm (kg) = 1000 g
1 Kin (Japan) = 0,6 kg
1 Komme (Japan) = 3,75 kg
1 Libra (Antike) = 327 g
1 Libra (Spanien) = 460,1 g
1 Lot (Apothekergew.) = 50 g
1 Meterzentner = 100 kg
1 Momme (Japan) = 3,75 g
1 Oka (Griech.) = 1,284 kg
1 Ounce (USA, Großbrit.) = 28,35 g
1 Pfund = 500 g
1 Pfund (Apothekergew.) = 345,6 g
1 Pfund (Preußen) = 467,4 g
1 Pfund (Rußland) = 409,5 g
1 Pikul (China) = 60,479 kg
1 Pound (USA, Großbrit.) = 454 g
1 Pud (Rußland) = 16,38 kg
1 Quantar (Ägypt.) = 44,928 kg
1 Quent = 1,66 g
1 Quintal (Spanien) = 46,01 kg
1 Short ton (USA, Großbrit.) = 907,18 kg
1 Skrupel (Apothekergew.) = 1,2 g
1 Stein = 10 kg
1 Stone (USA, Großbrit.) = 6,35 kg
1 Tael (China) = 0,038 kg
1 Talanton (Griech.) = 150 kg
1 Talent (Antike) = 26,2 kg
1 Ton (USA, Großbrit.) = 1016 kg
1 Tonnalada (Spanien) = 920,2 kg
1 Tonne (t) = 1000 kg
1 Troy-Grain (USA, Großbrit.) = 64,8 mg
1 Troy-Pfund (USA, Großbrit.) = 373 g
1 Troy-Unze = 31,103 g
1 Unze (Apothekergew.) = fast 30 g
1 Unze (USA, Großbrit.) = 28,35 g
1 Yin (China) = 1,2 kg
1 Zentigramm (cg) = 10 mg
1 Zentner = 50 kg

Gifte und Gegenmittel

Alkohol: schwarzen Kaffee trinken, Salmiakgeist riechen
Arsen: Aktivkohle essen
Benzin: schwarzen Kaffee trinken
Blausäure: künstliche Atmung, frische Luft, Magenspülung mit Kaliumpermanganatlösung (1 g auf 1 l Wasser), schwarzer Kaffee
Blei: gelöstes Bitter- oder Glaubersalz, Milch, Öl
Chlor: an Salmiakgeist riechen, frische Luft
Essigessenz: Wasser oder Milch
Fischgift: Abführmittel, Aktivkohle, Alkohol
Insektengift: Stachel entfernen, Stich mit Salmiakgeist, Jodtinktur oder Seife bestreichen, kühle Umschläge
Karbolsäure: Aktivkohle, Milch, Öl, Eiweiß, Schleimsuppe
Kohlenoxid: frische Luft, künstliche Atmung, kalte Dusche
Laugen: verdünnter Essig, Lösung von Wein- oder Zitronensäure, dann Milch; keine Brechmittel!

Leuchtgas: frische Luft, künstliche Atmung, kalte Dusche
Morphium: Aktivkohle, künstliche Atmung, schwarzer Kaffee, Rotwein
Nikotin: Aktivkohle, künstliche Atmung, Kaffee, Tee, Weinbrand
Phosphor: mit 5 Teilen Wasser verdünntes Wasserstoffsuperoxid, Glauber- oder Bittersalz; keine Milch, keine Öle oder Fette!
Pilzgift: Abführmittel, Aktivkohle, schwarzer Kaffee, Alkohol
Rattengift: Brechmittel, Aktivkohle
Salmiakgeist: verdünnter Essig, Lösung von Wein- oder Zitronensäure, dann Milch; keine Brechmittel!
Säuren: viel Wasser, Milch, Öl, Schleimsuppe; keine Brechmittel!
Schlangengift: Biß abbinden und aussaugen (wenn keine Wunde im Mund!), mit Chlorkalklösung bestreichen
Schwefelwasserstoff: viel frische Luft, eventuell künstliche Sauerstoffatmung
Soda: wie bei Laugen
Zyankali: siehe Blausäure

Große Gletscher

	km²		km²
Vatna Jökull (Island)	8500	Tasman-Gletscher (Neuseeland)	138
Malaspina-Gletscher (Alaska)	3800	Gorner-Gletscher (Schweiz)	68
Jostedalsbrae (Norwegen)	1100	Pasterze (Österreich)	32
Fedtschenko-Gletscher (Transalai)	600	Gepatsch-Ferner (Österreich)	25
Aletsch-Gletscher (Schweiz)	169	Rhone-Gletscher (Schweiz)	22

Glückssteine

oder Monatssteine werden verschiedene Edelsteine genannt, die als glückbringende Amulette verwendet werden und nach altem Aberglauben ihre Wirkung nur in bestimmten Monaten entfalten.

Januar	Granat, Hyazinth	**Juli**	Rubin, Onyx
Februar	Amethyst	**August**	Sardonyx, Karneol
März	Jaspis	**September**	Saphir, Chrysolith
April	Saphir	**Oktober**	Opal, Beryll (Aquamarin)
Mai	Smaragd, Achat	**November**	Topas
Juni	Achat, Smaragd	**Dezember**	Türkis, Rubin

Kennen Sie Ihre Glückszahl?

Falls nicht, so sei hier verraten, wie man sie nach den uralten Regeln der Zahlenmagie errechnen kann. Dazu braucht man für die einzelnen Buchstaben des Alphabets bestimmte zugeordnete Zahlenwerte:

A = 1	H = 8	P = 17	TS = 18
Ä = 1	I = 10	PH = 17	TZ = 18
B = 2	J = 10	Q = 19	U = 6
C = 11	K = 11	R = 20	Ü = 6
CH = 8	L = 12	S = 21	V = 6
D = 4	M = 13	SCH = 18	W = 6
E = 5	N = 14	SH = 18	X = 15
F = 17	O = 16	T = 9	Y = 10
G = 3	Ö = 16	TH = 22	Z = 7

(Th in Günther = T (9) + H (8) = 17; Th in Theodor = 22)

Nun schreibe man unter jeden Buchstaben seines Namens die zugeordnete Zahl, z. B.

R	E	I	N	H	A	R	D		M	O	H	N
20	5	10	14	8	1	20	4		13	16	8	14

Bringt man alle zweistelligen Zahlen durch Addition der beiden Zahlen auf einstellige Zahlen (14 = 1 + 4 = 5), so ergibt sich die Zahlenreihe

2 5 1 5 8 1 2 4 4 7 8 5

Durch Addition der einzelnen Zahlen beider Namensteile ergeben sich die Zahlen 28 und 24, die wieder auf einstellige Zahlen gebracht werden müssen (28 = 2 + 8 = 10, 24 = 2 + 4 = 6). Die Addition von 10 + 6 ergibt 16, was wiederum auf eine einstellige Zahl gebracht werden muß (1 + 6) und für Herrn Reinhard Mohn, den Namensträger unseres Beispiels, die Glückszahl 7 ergibt.

80 grammatikalische Begriffe

Ablativ	6. Fall
Adjektiv	Eigenschaftswort
Adverb	Umstandswort
Akkusativ	Wenfall (4. Fall)
Aktiv(um)	Tätigkeitsform
Apposition	Zufügung
Attribut	Beifügung
Casus	Fall
Compositum	zusammengesetztes Wort
Dativ	Wemfall (3. Fall)
Deklination	Beugung des Substantivs, Adjektivs, Pronomens
Demonstrativpronomen	Hinweisendes Fürwort
Determinativpronomen	Bestimmendes Fürwort
Diphthong	Doppellaut
Distributiva	Einteilungszahlen
Finalsatz	Absichtssatz
Futur(um)	Zukunft
Genitiv	Wesfall (2. Fall)
Genus	Geschlecht/Form
Genus femininum	weibl. Geschlecht
Genus masculinum	männl. Geschlecht
Genus neutrum	sächl. Geschlecht
Imperativ	Befehlsform
Imperfekt	1. Vergangenheit
Indefinitivpronomen	Unbest. Fürwort
Indikativ	Wirklichkeitsform
Infinitiv	Nennform
Interjektion	Empfindungswort
Interrogativpronomen	fragendes Fürwort
Interrogativsatz	Fragesatz
intransitiv	nichtzielendes Verb
Kardinalia	Grundzahlen
Kausalsatz	Begründungssatz
Komparation	Steigerung
Komparativ	1. Steigerungsstufe
Konditionalsatz	Bedingungssatz
Konjugation	Beugung des Verbs
Konjunktion	Bindewort
Konjunktiv	Möglichkeitsform
Konsekutivsatz	Folgesatz
Konsonant	Mitlaut
Konzessivsatz	Einräumungssatz
Modus	Aussageform
Multiplikativa	Vervielfältigungszahlen
Nomen appellativum	Gattungsname
Nomen proprium	Eigenname
Nomina	Nennwörter
Nominativ	Werfall (1. Fall)
Numerale	Zahlwort
Numerus	Zahl
Objekt	Satzergänzung
Ordinalia	Ordnungszahlen
Partitiva	Teilungszahlen
Partizip	Mittelwort
Passiv(um)	Leideform
Perfekt	2. Vergangenheit
Personalpronomen	persönl. Fürwort
Plural	Mehrzahl
Pluraletantum	nur in der Mehrzahl übliches Wort
Plusquamperfekt	Vorvergangenheit
Positiv	Grundstufe
Possessivpronomen	besitzanzeigendes Fürwort
Prädikat	Satzaussage
Präposition	Verhältniswort
Präsens	Gegenwart
Pronomen	Fürwort
Reflexivpronomen	rückbezügl. Fürwort
Relativpronomen	zurückweisendes Fürwort
Simplex	einfaches Wort
Singular	Einzahl
Subjekt	Satzgegenstand
Substantiv	Hauptwort
Superlativ	2. Steigerungsstufe
Syntax	Satzlehre
Temporalsatz	Zeitsatz
Tempus	Zeit
transitiv	zielendes Verb
Verb	Zeitwort
Vokal	Selbstlaut
Vokativ	Ruffall (5. Fall)

Transitive und intransitive Verben bereiten immer wieder große Kopfschmerzen. Hier sei der Unterschied erklärt: Ein Verb ist transitiv, wenn davon ein Objekt im 4. Fall abhängig gemacht werden kann (z. B. schlagen, kaufen). In jedem anderen Fall ist es intransitiv (z. B. laufen). Nur die transitiven Verben bilden ein vollständiges, persönliches Passivum (er wird geschlagen), intransitive Verben dagegen nur ein unpersönliches Passivum in der 3. Person Singular (es wird gelaufen).

Griechische Götterwelt

Aiolos: Gott der Winde
Amphitrite: Beherrscherin des Meeres; Gattin des Poseidon
Aphrodite: Göttin der Liebe und der Schönheit; Gattin des Ares
Apollon: Gott des Lichtes, des Frühlings, der sittlichen Reinheit und Gemäßigkeit, der Musik, des Gesanges, der Dichtkunst und der Weissagung, Beschützer der Herden
Ares: Gott des Krieges, auch Gott des Feldes
Artemis: Göttin der Jagd, des Wachstums, der Geburt und der freien Natur; Zwillingsschwester des Apollon
Athene: Göttin der Weisheit, Schirmherrin von Kunst und Wissenschaft, Schützerin der kämpfenden Helden;
Demeter: Göttin des Ackerbaus
Dionysos: Gott des Weines und der triebhaften Naturkraft
Eos: Göttin der Morgenröte; Schwester von Helios und Selene
Erinnyen: Rachegöttinnen (Alekto, Megära, Tisiphone)
Ganymedes: Mundschenk der Götter
Hades: Gott der Unterwelt und des Erdsegens
Hebe: Göttin der ewigen Jugend, Mundschenkin im Olymp; Gattin des Herakles
Hekate: Göttin der Geister und Gespenster, Genossin der Erinnyen
Helios: Gott des Feuers und der Schmiedekunst
Hera: Göttin der Ehe und der Familie; Gattin und Schwester des Zeus
Herakles: unter die Götter aufgenommener Sagenheld, Gott der Athletik (des Sports)
Hermes: Gott der Fruchtbarkeit, der Herden und der Weiden, der Gymnastik und der Rede, Beschützer der Diebe und Kaufleute, Förderer von Handel und Verkehr, Götterbote und Begleiter der Toten in die Unterwelt
Hestia: Göttin des Herdes und Herdfeuers
Kybele: Göttermutter, Natur- und Kulturgöttin
Moiren: Schicksalsgöttinnen (Klotho, Lachesis, Atropos)
Nereus: Meergott und Vater der 50 Nereiden (= Meernymphen)
Okeanos: die Erde umfließender Weltstrom
Olymp: höchster Berg Griechenlands (2911 m), galt als Sitz der Götter
Pan: Wald- und Weidegott, Beschützer der Herden, der Hirten und der Jäger
Persephone: Gattin des Hades, Tochter der Demeter
Poseidon: Gott der Gewässer, vor allem des Meeres, Erreger der Erdbeben; Bruder des Zeus
Priapos: Gott der Fruchtbarkeit und der Geschlechtslust
Rhea → Kybele
Selene: Mondgöttin, Schwester des Helios und der Eos
Silenos: Quellgott, Erzieher und Begleiter des Dionysos
Zeus: oberster Gott, Gott des Himmels, des Lichtes und des Blitzes

Grundrechte

Die in Artikel 1–17 des Grundgesetzes für die Bundesrepublik Deutschland verankerten 17 Grundrechte betreffen:

1. Schutz der Menschenwürde
2. Freiheit der Person
3. Gleichheit vor dem Gesetz
4. Freiheit des Glaubens
5. Freie Meinungsäußerung
6. Schutz der Ehe und Familie
7. Recht auf Schule
8. Versammlungs-Freiheit
9. Vereinigungs-Freiheit
10. Brief-, Post-, Fernmeldegeheimnis
11. Recht der Freizügigkeit
12. Freiheit im Beruf
13. Unverletzlichkeit der Wohnung
14. Eigentumsrecht
15. Gemeineigentum
16. Staatsangehörigkeit, Asylrecht
17. Petitionsrecht

Handball

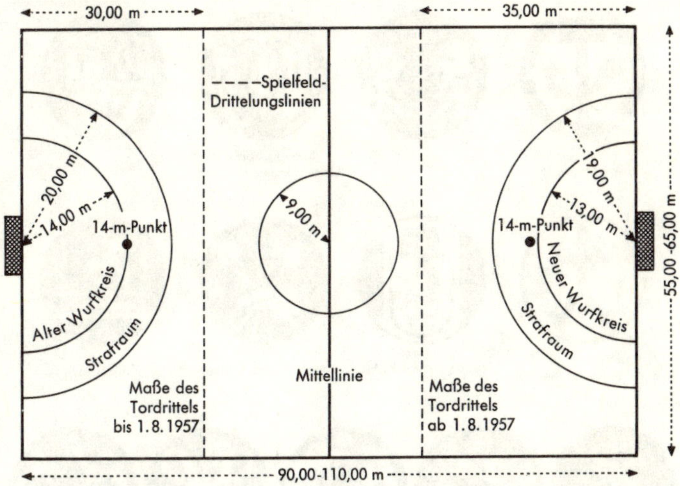

Handelssprachen

Ägypten: Französisch, Englisch
Arabische Staaten: Arabisch, Englisch
Argentinien: Spanisch
Australien: Englisch
Belgien: Französisch
Bolivien: Spanisch
Brasilien: Portugiesisch
Bulgarien: Bulgarisch
Chile: Spanisch
China: Chinesisch, Englisch
Dänemark: Dänisch, Englisch
Dominikanische Republik: Spanisch
Ecuador: Spanisch
Fidschi: Englisch
Finnland: Finnisch, Schwedisch
Frankreich: Französisch
Gabun: Französisch
Griechenland: Griechisch, Französisch
Grenada: Englisch
Großbritannien: Englisch
Guatemala: Spanisch
Haiti: Französisch
Indien: Indisch, Englisch
Indonesien: Holländisch, Englisch
Iran: Persisch, Englisch, Französisch
Island: Isländisch, Dänisch
Italien: Italienisch
Japan: Japanisch, Englisch
Kanada: Englisch, Französisch
Katar: Arabisch
Kolumbien: Spanisch
Kuba: Spanisch, Englisch
Libanon: Arabisch, Französisch
Liechtenstein: Deutsch
Luxemburg: Französisch, Deutsch
Madagaskar: Französisch
Mali: Französisch
Mexiko: Spanisch, Englisch
Nicaragua: Spanisch
Niederlande: Holländisch
Norwegen: Norwegisch
Oman: Arabisch
Österreich: Deutsch
Panama: Spanisch
Paraguay: Spanisch
Peru: Spanisch
Polen: Polnisch
Portugal: Portugiesisch, Französisch
Republik Südafrika: Englisch, Afrikaans
Rumänien: Rumänisch
Salvador: Spanisch
Schweden: Schwedisch, Englisch
Schweiz: Deutsch, Französisch
Sowjetunion: Russisch
Spanien: Spanisch
Syrien: Arabisch, Französisch
Türkei: Türkisch
Ungarn: Ungarisch, Deutsch

Handwerkszeichen I

Allg. Handwerkszeichen

Bäcker

Bandagisten und Orthopädiemechaniker

Baugewerbe

Bildhauer und Steinmetzen

Böttcher und Küfer

Brauer und Mälzer

Buchbinder

Büchsenmacher und Messerschmiede

Bürsten- und Pinselmacher

Dachdecker

Damenschneider

Drechsler

Elektro-Installateure

Färber

Fleischer

Friseure

Glaser

Glas- und Gebäudereiniger

Graveure und Gürtler

Herrenschneider

Installateure und Klempner

Juweliere, Gold- und Silberschmiede

Konditoren

Korbmacher

Kraftfahrzeug-Handwerk

Handwerkszeichen II

Kürschner, Hut- und Handschuhmacher

Maler

Mechaniker

Müller

Musikinstrumentenmacher

Optiker und Feinmechaniker

Pflasterer und Straßenbauer

Photographen

Putzmacher

Roßschlächter

Schilderhersteller und Lichtreklame-Handwerk

Schlosser

Schmiede

Schornsteinfeger

Schuhmacher

Seiler, Reepschläger und Segelmacher

Stellmacher und Karosseriebauer

Stukkateure und Gipser

Tapezierer, Sattler, Polsterer, Dekorateure

Tischler

Töpfer und Ofensetzer

Uhrmacher

Wäscherei- und Plätterei-Handwerk

Wäscheschneider, Weber und Sticker

Zahntechniker

Zimmerer

136 Hauptstädte

Afghanistan: Kabul
Ägypten: Kairo
Albanien: Tirana
Algerien: Algier
Andorra: Andorra la Vella
Argentinien: Buenos Aires
Äthiopien: Addis Abeba
Australien: Canberra
Bahrein: Manama
Bangla Desch: Dacca
Barbados: Bridgetown
Belgien: Brüssel
Benin: Porto Novo
Bhutan: Thimbu
Birma: Rangun
Bolivien: La Paz
Botswana: Gaborone
Brasilien: Brasilia
Bulgarien: Sofia
Bundesrepublik Deutschland: Bonn
Burkina Faso: Ouagadougou
Burundi: Bujumbara
Chile: Santiago
China, Republik: Taipeh
Chines. Volksrepublik: Peking
Cuba: Havanna
Dänemark: Kopenhagen
DDR: Ost-Berlin
Dominikanische Republik: Santo Domingo
Ecuador: Quito
El Salvador: San Salvador
Finnland: Helsinki
Frankreich: Paris
Gabun: Libreville
Gambia: Banjul
Ghana: Akkra
Griechenland: Athen
Großbritannien: London
Guatemala: Guatemala
Guinea: Malabo
Guinea-Bissau: Bissau
Guyana: Georgetown
Haiti: Port-au-Prince
Honduras: Tegucigalpa
Indien: Delhi
Indonesien: Djakarta
Irak: Bagdad
Iran: Teheran
Irland: Dublin
Island: Reykjavik
Israel: Jerusalem
Italien: Rom
Jamaika: Kingston
Japan: Tokio
Jordanien: Amman
Jugoslawien: Belgrad
Kambodscha: Phnom Penh
Kamerun: Jaunde
Kanada: Ottawa
Kenia: Nairobi
Kolumbien: Bogotá
Kongo: Brazzaville
Korea, Republik: Seoul
Koreanische Volksdem. Republik: Pjöngjang
Kuwait: Kuwait
Laos: Vientiane
Lesotho: Maseru
Libanon: Beirut
Liberia: Monrovia
Libyen: Tripolis
Liechtenstein: Vaduz
Luxemburg: Luxemburg
Madagaskar: Tananarive
Malawi: Lilongwe
Malaysia: Kuala Lumpur
Malediven: Malé
Mali: Bamako
Malta: Valetta
Marokko: Rabat
Mauretanien: Nouakschott
Mauritius: Port Louis
Mexiko: Ciudad de México
Moçambique: Maputo
Monaco: Monaco
Mongolische Volksrepublik: Ulan Ba
Nepal: Katmandu
Neuseeland: Wellington
Nicaragua: Managua
Niederlande: Amsterdam
Niger: Niamey
Nigerien: Lagos
Norwegen: Oslo
Oman: Maskat
Österreich: Wien
Pakistan: Islamabad
Paraguay: Asunción
Peru: Lima
Philippinen: Manila
Polen: Warschau
Portugal: Lissabon
Ruanda: Kigali
Rumänien: Bukarest
Sambia: Lusaka
Samoa: Apia
San Marino: San Marino
Saudi-Arabien: Er Rijad
Schweden: Stockholm
Schweiz: Bern
Senegal: Dakar
Sierra Leone: Freetown
Simbabwe: Harare
Somalia: Mogadischu
Sowjetunion: Moskau
Spanien: Madrid
Sri Lanka: Colombo
Südafrikanische Republik: Pretoria
Sudan: Khartum

Swasiland: Mbabane	**Uganda:** Kampala
Syrien: Damaskus	**Ungarn:** Budapest
Tansania: Dodoma	**Uruguay:** Montevideo
Thailand: Bangkok	**Venezuela:** Caracas
Togo: Lomé	**Vereinigte Staaten von Amerika:** Washington
Trinidad und Tobago: Port of Spain	**Vietnam:** Hanoi
Tschad: N'Djamena	**Zaire:** Kinshasa
Tschechoslowakei: Prag	**Zentralafrik. Republik:** Bangui
Tunesien: Tunis	**Zypern:** Nikosia
Türkei: Ankara	

Heilpflanzen

Name	Teil der Pflanze	hilft bei
Arnika	Blüten	Magen- u. Darmkrankheiten
Baldrian	Wurzeln	Schlaflosigkeit
Bibernelle	Wurzeln	Mandelentzündung
Enzian	Wurzeln	Magenbeschwerden
Fenchel	Früchte	Verdauungsstörungen
Gartensalbei	Blätter	Katarrh
Holunder	Blüten, Früchte	fieberhafte Erkältungen
Huflattich	Blütenköpfe, Blätter	Katarrh
Kamille	Blütenköpfe	Erkältungen
Knoblauch	Zwiebeln	Arterienverkalkung
Königskerze	Blüten	Magen- u. Darmkatarrh
Koriander	Früchte	Magen- u. Darmleiden
Kümmel	Früchte	Magen- u. Darmleiden
Löwenzahn	Wurzeln mit Kraut	Magen- u. Nierenbeschwerden
Melisse	Blätter	Krämpfe, Magenschwäche
Pfefferminze	Blätter	Leibschmerzen, Blähungen
Schafgarbe	Blätter, Blüten	Nieren- u. Blasenleiden
Thymian	Blätter, Blüten	Keuchhusten, Katarrh
Tollkirsche	Blätter	Asthma, Darmleiden
Wegwarte	Wurzeln	Magenkatarrh
Wermut	Kraut	Appetitlosigkeit
Wurmfarn	Wurzelstock	Eingeweidewürmern

Heitere Tage

sind nach der Definition der Wetterkundler solche Tage, an denen im Tagesdurchschnitt weniger als 2/10 des Himmels mit Wolken bedeckt sind. Die Zahl solcher Tage im Jahr beträgt z. B. in:

Berlin 34	Garmisch-P. 64	London 28	San Francisco 173
Breslau 38	Hamburg 31	Moskau 46	Stockholm 56
Chicago 122	Hannover 35	München 44	Stuttgart 40
Erfurt 37	Helgoland 25	Neustrelitz 54	Ulm 43
Essen 35	Köln 36	Nürnberg 43	Warschau 45
Frankfurt/Main 52	Landshut 54	Paris 51	Wien 52
Freiburg/Br. 47	Leipzig 41	Pforzheim 60	Würzburg 54

Herrscherhäuser

Albertiner: Zweig der Wettiner
Askanier: mitteldeutsches Fürstengeschlecht, das Markgrafen von Brandenburg, Herzöge von Sachsen und Herzöge von Anhalt stellte
Bernadotte: das schwedische Königshaus
Bourbonen: französ. Königsgeschlecht
Ernestiner: Zweig der Wettiner, herrschten in Sachsen-Weimar, Sachsen-Coburg-Gotha, Sachsen-Altenburg und Sachsen-Meiningen
Folkunger: Königsgeschlecht in Schweden (1250-1363) und Norwegen (1319-1387)
Habsburger: deutsches Kaisergeschlecht
Hohenstaufen: deutsches Kaisergeschlecht
Hohenzollern: deutsches Fürstengeschlecht
Kapetinger: französische Königsdynastie
Karolinger: fränkisches Königsgeschlecht
Lancaster: englisches Königshaus
Merowinger: fränkisches Königsgeschlecht
Nassau: deutsches Fürstengeschlecht
Oldenburger: deutsches Fürstengeschlecht
Piasten: polnisches Fürstengeschlecht
Przemysliden: böhmisches Königshaus
Radziwill: litauisch-preußisches Fürstengeschlecht
Romanow: russisches Kaiserhaus
Salier: fränkisches Kaisergeschlecht
Stuart: schottisch-englisches Königshaus
Tudor: englisches Königshaus
Wasa: schwedisches Königsgeschlecht
Welfen: deutsches Fürstengeschlecht
Wettiner: deutsches Fürstengeschlecht
Wittelsbacher: süddeutsches Fürstengeschlecht in der Pfalz und Bayern
Zähringer: süddeutsches Fürstengeschlecht

Himmelsrichtungen

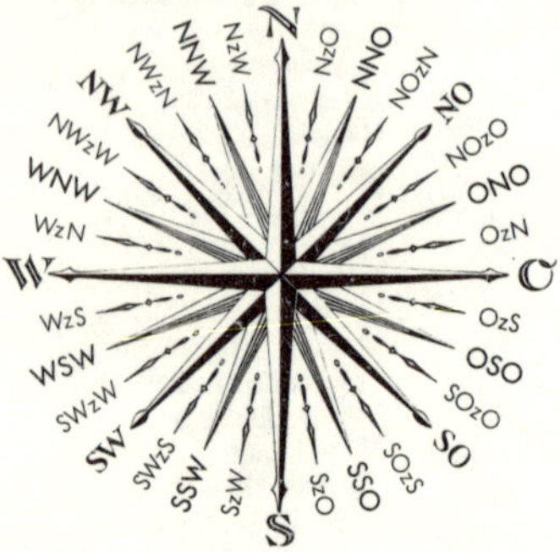

Die Abkürzungen sind zu lesen:

N	Nord
NzO	Nord zu Ost
NNO	Nordnordost
NOzN	Nordost zu Nord
NO	Nordost
NOzO	Nordost zu Ost
ONO	Ostnordost
OzN	Ost zu Nord
O	Ost

Symbole für Hochzeitstage

Jahrestag	Jahrestag	Jahrestag
1. Papier	9. Keramik	25. Silber
2. Baumwolle	10. Zinn	30. Perlen
3. Leder	11. Stahl	40. Rubin
4. Seide	12. Leinen	50. Gold
5. Holz	13. Spitze	60. Diamant
6. Zucker	14. Elfenbein	65. Eisen
7. Kupfer, Wolle	15. Kristall	67½ Stein
8. Bronze, Salz	20. Porzellan	70. Gnaden-H.

Hockey

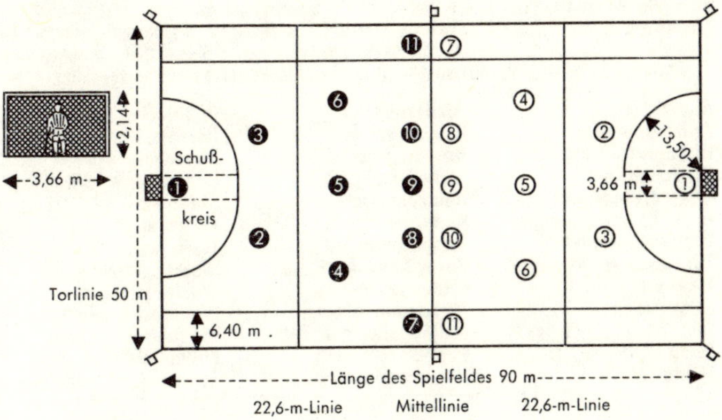

Hohl- oder Körpermaße

1 Ardeb (Ägypten) = 0,198 hl
1 Arroba (Spanien) = 12,56 l
1 Barrel (USA, Großbrit.) = 163,6 l
1 Bota (Spanien) = 480 l
1 Botschka (Rußland) = 492 l
1 Bushel (USA, Großbrit.) = 36,35 l
1 Cahiz (Spanien) = 666 l
1 Cantawa (Spanien) = 16 l
1 Cuartillo (Spanien) = 1,16 l
1 Cubic foot (USA, Großbrit.) = 28 316, 7 cm^3
1 Cubic inch (USA, Großbrit.) = 16,387 cm^3
1 Cubic yard (USA, Großbrit.) = 0,76 cm^3
1 Deziliter (dl) = 100 cm^3 = 1/10 l
1 Fanega (Spanien) = 55,49 l
1 Fuder (Wein) = 1000 l
1 Gallon (Großbrit.) = 4,544 l
1 Gallon (USA) = 3,785-4,621 l
1 Garnetz (Rußland) = 4,373 l
1 Hektoliter (hl) = 100 l
1 Imperial gallon (Großbrit.) = 4,55 l
1 Klafter = 3,339 m^3
1 Koku (Japan) = 180,39 l
1 Krügel = 0,5305 l
1 Kruschka (Rußland) = 1,23 l
1 Kubikdezimeter (dm^3) = 1000 cm^3 = 1 l
1 Kubikfuß (österr.) = 0,0315 m^3
1 Kubikfuß (preuß.) = 0,0309 m^3
1 Kubikmeter (m^3) = 1000 000 cm^3
1 Kubikzentimeter (cm^3) = 1000 mm^3
1 Liter (l) = 1 dm^3
1 Maß = 0,9-2 l
1 Maß (Österreich) = 1,4147 l
1 Metze = 1,9465-61,487 l
1 Metze (Bayern) = 37,06 l
1 Metze (Preußen) = 3,435 l
1 Metze (Sachsen) = 6,49 l
1 Ohm (Preußen) = 137,4 l
1 Ohm (Schweiz/Baden) = 150 l
1 Oxhoft (Wein) = 206,1 l
1 Pint (USA, Großbrit.) = 0,473-0,567 l
1 Pipa (Spanien) = 432 l
1 Quart (USA, Großbrit.) = 1,136 l
1 Quartier = 0,8897-0,9735 l
1 Quartier (Hamburg) = 0,9057 l
1 Raummeter = 1 m^3
1 Registertonne = 2,832 m^3
1 Scheffel (Bayern) = 222,36 l
1 Scheffel (Dänemark) = 17,39 l
1 Scheffel (Preußen) = 54,96 l
1 Scheffel (Sachsen) = 103,82 l
1 Schoppen = 0,42-0,5 l
1 Seidel = 0,3537 l
1 Spint (Bremen) = 4,63 l
1 Spint (Hamburg) = 6,87 l
1 Spint (Mecklenburg) = 2,41 l
1 Tonne = 2,12 m^3
1 Tschetwerik (Rußland) = 26,238 l
1 Tschi (China) = 103,1 l
1 Wedro (Rußland) = 12,3 l
1 Zentiliter (cl) = 10 cm^3 = 1/100 l

Die Härte der Hölzer

Nicht nur die Härte einer Holzart bestimmt ihren Verwendungszweck, sondern auch ihr spezifisches Gewicht. Am leichtesten ist Korkholz vom Baum »Aeschynomene hispida«, der auf Kuba wächst. Ein Kubikmeter von diesem Holz wiegt nur 44 Kilogramm. Am schwersten ist schwarzes Eisenholz, das immerhin 1490 Kilo pro Kubikmeter auf die Waage bringt.

Ahorn: hart
Apfelbaum: hart
Birke: ziemlich hart
Birnbaum: hart
Bleistiftzeder: sehr weich
Buchsbaum: sehr hart
Ebenholz: steinhart
Edelkastanie: ziemlich hart
Eibe: hart
Eiche: hart
Erle: weich
Esche: hart
Fichte: weich
Flieder: sehr hart
Hainbuche: hart
Haselnuß: hart
Hickory: sehr hart
Holunder: hart
Kiefer: weich
Kirschbaum: hart
Kornelkirsche: steinhart
Linde: sehr weich
Mahagoni: sehr hart
Nußbaum: ziemlich hart
Pappel: sehr weich
Pflaumenbaum: hart
Quebracho: steinhart
Robinie: hart
Rosenholz: sehr hart
Roßkastanie: weich
Rotbuche: hart
Tanne: weich
Teak: hart
Ulme: ziemlich hart
Weide: sehr weich
Weißbuche: sehr hart
Weißdorn: sehr hart
Zirbelkiefer: sehr weich
Zypresse: sehr hart

Internationaler Hotel-Telegrammschlüssel

1 Zimmer mit 1 Bett	Alba
1 Zimmer mit 1 Bett für 2 Personen	Aldua
1 Zimmer mit 2 Betten	Arab
1 Zimmer mit 3 Betten	Abec
2 Zimmer mit je 1 Bett	Belab
2 Zimmer mit 3 Betten	Birac
2 Zimmer mit je 2 Betten	Bonad
3 Zimmer mit je 1 Bett	Ciroc
3 Zimmer mit 4 Betten	Carid
3 Zimmer mit 5 Betten	Calde
3 Zimmer mit je 2 Betten	Caduf
4 Zimmer mit je 1 Bett	Danid
4 Zimmer mit je 2 Betten	Diroh
5 Zimmer mit je 1 Bett	Emble
5 Zimmer mit je 2 Betten	Ercaj
6 Zimmer mit je 1 Bett	Felaf
6 Zimmer mit je 2 Betten	Feral
Kinderbett	Kind
Salon	Sal
Zimmer mit Privatbad	Bat
Dienerzimmer	Serv
Zimmer mit schöner Aussicht	Belvu
Zimmer zur Rückfront	Inter
sehr ruhiges Zimmer	Tranq
beste Zimmerqualität	Best
gute Zimmerqualität	Bon
gewöhnl. Zimmerqualität	Plain
Aufenthalt 1 Nacht	Pass
Aufenthalt mehrere Tage	Stop
Einzelgarage	Box
Autounterkunft	Garag
Abholung vom Bahnhof	Train
Abholung vom Schiff	Quai
Abholung vom Flugplatz	Aero
Abholung vom Autobus, vom Flugplatz kommend	Aeroz
Abbestellung	Anul

Ankunft	morgens	nachmittags	abends	nachts
Sonntag	Pobab	Polyp	Rabal	Ranuv
Montag	Pocun	Pomel	Racex	Rapin
Dienstag	Podyl	Ponov	Radok	Raqaf
Mittwoch	Pogok	Popuf	Rafyg	Ratyz
Donnerstag	Pohix	Porik	Ragub	Ravup
Freitag	Pojaw	Posev	Rahiv	Rawow
Sonnabend	Pokuz	Povah	Rajod	Raxab
heute	Powys	Pozum	Ramyk	Razem

Hundealter – Menschenalter

Eine alte Faustregel besagt, daß man das Alter eines Hundes mit sieben malnehmen müsse, um herauszufinden, welchem menschlichem Lebensalter das jeweilige Hundealter zu vergleichen sei. Französische Forscher stellten genauere Vergleichsrechnungen auf (alle Angaben = Lebensjahre):

Hundealter =	Menschenalter	Hundealter =	Menschenalter
1/2	10	11	60
1	15	13	68
2	24	15	76
5	36	17	84
7	44	19	92
9	52	21	100

Hutformen

Griechische und römische Antike

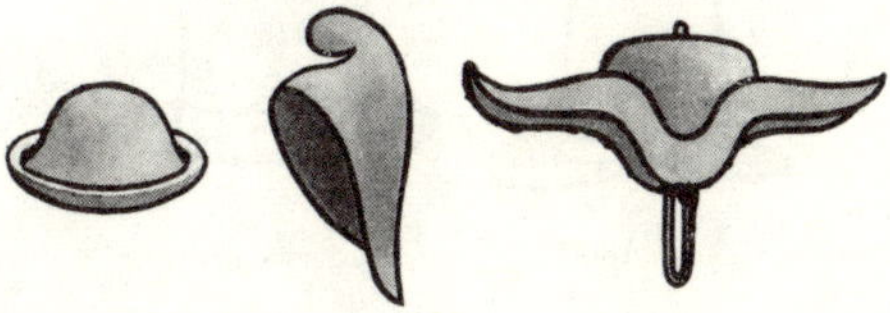

Pilos Phrygische Mütze Petasos

Mittelalter

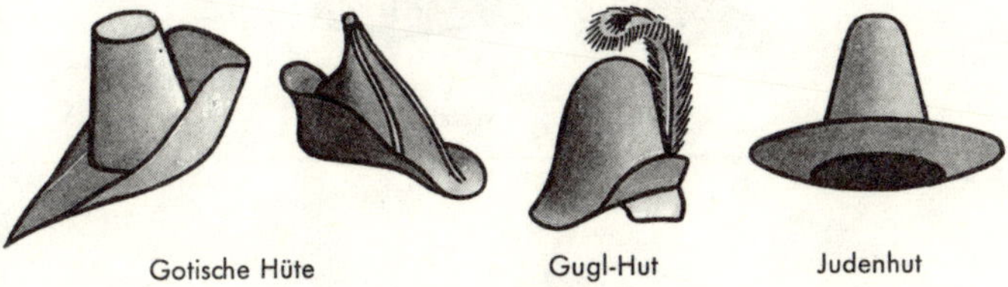

Gotische Hüte Gugl-Hut Judenhut

Renaissance

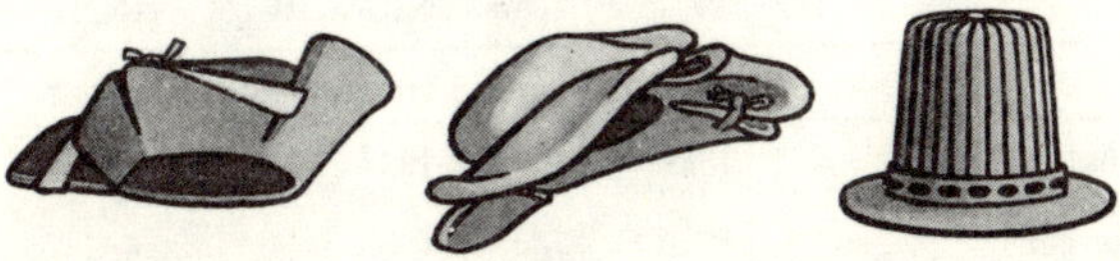

Hut mit hochgebundener Krempe Hut mit geschlitzter Krempe Spanischer Hut

17. Jahrhundert

Rubens-Hut

Schweden-Hut

18. Jahrhundert

Dreispitz

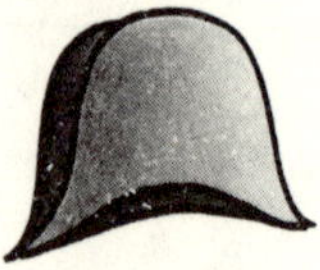

Zweispitz

19. Jahrhundert

um 1800

Biedermeier-Hut

20. Jahrhundert

Zylinder

Weicher Filzhut

Von der Idee zur Ausführung

Zwischen der ersten Formulierung einer neuen Idee und ihrer Verwirklichung vergehen Jahre oder auch Jahrzehnte. Die Tabelle nennt die Entwicklungsdauer einiger wichtiger Erzeugnisse.

Erzeugnis	Idee	Verwirklichung	dauerte . . . Jahre
Fernsehen	1884	1947	63
Fotografie	1782	1838	56
Kernenergie	1919	1965	46
Helikopter	1904	1941	37
Radar	1904	1939	35

Erzeugnis	Idee	Verwirklichung	dauerte ... Jahre
Herzschrittmacher	1928	1960	32
Antibiotika	1910	1940	30
Reißverschluß	1883	1913	30
Radio	1890	1914	24
Pulverkaffee	1934	1956	22
Telegraf	1820	1838	18
Minutenreis	1931	1949	18
Transistor	1940	1956	16
Xerokopie	1935	1950	15
Tiefkühlkost	1908	1923	15
Nylon	1927	1939	12
Kugelschreiber	1938	1945	7
Videorecorder	1950	1956	6
Langspielplatte	1945	1948	3
Filterzigarette	1953	1955	2

Kleines Immobilien-Lexikon

Amortisation, Abtragung einer Schuld
Anliegerbeiträge, von den Gemeinden erhobene Abgaben zu den Kosten der Erschließung eines Grundstücks
Annuität, gleichbleibender an den Gläubiger eines Darlehens zu zahlender Betrag (Zinsen und Tilgung)
Auflassung, Einigung vor dem Notar, daß das Eigentum an einem Grundstück vom Verkäufer auf den Erwerber übergehen soll
Baugrenze, im Bebauungsplan festgesetzte Linie, die mit Gebäuden oder Gebäudeteilen nicht überschritten werden darf
Bauträger, Bauherr, der ein Gebäude im eigenen Namen und für eigene Rechnung errichtet, um es im Ganzen oder in Teilen zu verkaufen
Bauwich, der gesetzlich vorgeschriebene seitliche Mindestabstand eines Gebäudes von der Grenze der Nachbargrundstücke
Beurkundung, Niederschrift von Erklärungen in Gegenwart und unter Mitwirkung eines Notars
Bezugsfertigkeit, baulicher Zustand eines Gebäudes, in dem der Bezug der Räume zugemutet werden kann
Disagio, Unterschiedsbetrag zwischen dem Nennwert und dem niedrigeren Auszahlungsbetrag z.B. einer Hypothek
Dienstbarkeit, dingliches Recht an einem Grundstück auf beschränkte unmittelbare Nutzung (z.B. Wegerecht, Wasserentnahmerecht)
Eigentum, das volle Verfügungsrecht an einem Grundstück
Erbbaurecht, dinglich gesichertes zeitlich befristetes Recht an einem Grundstück, auf oder unter der Oberfläche ein Bauwerk zu errichten
Ertragswert, der Wert, der sich aufgrund der Rentabilität einer Liegenschaft errechnet
Flurstück, Teil der Erdoberfläche, der von einem in sich geschlossenen Linienzug abgegrenzt und im Kataster unter besonderer Nummer aufgeführt wird
Grundbuch, bei den Amtsgerichten geführtes Register, in dem die Rechtsverhältnisse an Grundstücken festgelegt sind
Grunddienstbarkeit, Nutzungsrecht oder Nutzungsbeschränkung an einem Grundstück zugunsten des jeweiligen Eigentümers eines anderen Grundstücks
Grundschuld, dingliche Sicherheit für eine Forderung, für die das Grundstück haftet
Hypothek, dingliche Sicherung einer persönlichen Forderung an einem Grundstück
Immobilie, Oberbegriff für Grundstücke und grundstücksgleiche Rechte
Kataster, Verzeichnis aller Grundstücke; es wird bei den Katasterämtern geführt
Löschungsbewilligung, die Genehmigung des Berechtigten zur Löschung eines im Grundbuch eingetragenen Rechtes
Nießbrauch, unvererbliches und nicht übertragbares dingliches Recht, aus einem Grundstück oder einer Sache in ihrer Gesamtheit Nutzungen zu ziehen
Sachwert, der Wert einer Immobilie, der sich aus dem Bodenwert und dem Zeitwert des Gebäudes zusammensetzt
Tilgungsstreckung, Verlängerung der Laufzeit eines Kredits um die Zeit, die zur Tilgung eines Zusatzdarlehens zum Ausgleich des Disagios gebraucht wird
Verkehrswert, der im normalen Geschäftsverkehr auf dem Grundstücksmarkt zu erzielende Preis

Impfplan für Kinder und Jugendliche

Lebensalter	Impfung gegen	Personenkreis
1. Lebenswoche	Tuberkulose	Neugeborene bei erhöhter Tuberkulose-Ansteckungsgefahr
ab 3. Lebensmonat	Diphtherie-Tetanus, 2 x im Abstand von mindestens 6 Wochen	alle Säuglinge und Kleinkinder
	oder Diphtherie-Keuchhusten-Tetanus, 3 x im Abstand von 4 Wochen	Säuglinge in Gemeinschaftseinrichtungen, bei erhöhter Keuchhustengefahr
	Kinderlähmung, 2 x Schluckimpfung im Abstand von mindestens 6 Wochen, ggf. in Kombination mit den obigen Impfungen	alle Säuglinge und Kleinkinder
2. Lebensjahr (ab 15. Lebensmonat)	Masern-Mumps-Röteln (Dreifachlebendimpfstoff)	alle Kleinkinder und Kinder
	Kinderlähmung (3. Schluckimpfung)	alle Kleinkinder und Kinder
	Diphtherie-Tetanus (3. Impfung)	alle Kleinkinder und Kinder
	oder Diphtherie-Keuchhusten-Tetanus (4. Impfung)	
6./7. Lebensjahr	Nachholimpfungen (bisher versäumte Impfungen außer gegen Keuchhusten)	alle Kinder
	Diphtherie (Auffrischimpfung)	alle Kinder
10. Lebensjahr	Kinderlähmung, Tetanus (Auffrischimpfungen)	alle Kinder
11.–15. Lebensjahr	Röteln (Lebendimpfstoff)	alle Mädchen, auch wenn im Kleinkindesalter schon gegen Röteln geimpft

Inseln

Die größte Insel der Welt ist Grönland. Einen Superlativ ganz anderer Art hält eine kleine Insel im Südpazifik innerhalb der Britischen Salomonen. 1970 entstanden, ist das 30 Meter hohe Eiland die jüngste der Welt.

Die über 10000 km^2 umfassenden größten Inseln der Erde sind (Fläche in km^2):

Baffinland	512183	Hawaii	10399	Nowaja-Semlja (N.)	48200
Banka	11937	Hokkaido	88741	Nowaja-Semlja (S.)	33200
Banks-Land	66498	Hondo	229952	Palawan	11780
Borneo	737018	Irland	82459	Sachalin	76790
Celebes	179416	Island	102819	Samar	13074
Ceram	17150	Jamaika	11402	Sardinien	23818
Ceylon	65585	Java	126650	Schikoku	18765
Cuba	144449	Kiuschiu	42063	Sizilien	25462
Devon	55959	Luzon	104647	Spitzbergen (NO.)	15000
Djilolo	17998	Madagaskar	598706	Spitzbergen (W.)	39500
Ellesmere-Land	200445	Mindanao	94594	Sumatra	424979
Feuerland	48000	Megros	12698	Sumba	11080
Flores	15175	Neufundland	112269	Sumbawa	13280
Formosa	35961	Neuguinea	771900	Tasmanien	63015
Grönland	2175600	Neukaledonien	16117	Timor	33615
Großbritannien	219805	Neupommern	37799	Vancouver	32124
Hainan	35562	Neuseeland (N.)	114295	Victoria-Insel	208080
Haiti	77218	Neuseeland (S.)	150525	Viti-Levu	10382

Jagd- und Schonzeiten

	Jagdzeit	Schonzeit
Auer-, Birk- und Rackelhähne	1. 5.–31. 5.	1. 6.–30. 4.
Bekassine	16. 7.–31. 12.	1. 1.–15. 7.
Dachs	1. 7.–15. 1.	16. 1.–30. 6.
Dam- und Sikawild (männl.)	1. 9.–31. 1.	1. 2.–31. 8.
Dam- und Sikawild (weibl.)	1. 8.–31. 1.	1. 2.–31. 7.
Edel-, Steinmarder, Otter	1. 12.–31. 1.	1. 2.–30. 11.
Elchwild (männl.)	1. 9.–15. 10.	16. 10.–31. 8.
Elchwild (weibl.)	1. 10.–31. 10.	1. 11.–31. 9.
Fasanen	16. 10.–15. 1.	16. 1.–15. 10.
Gamswild	1. 8.–15. 12.	16. 12.–31. 7.
Hase	16. 10.–15. 1.	16. 1.–15. 10.
Haselhähne	1. 9.–31. 10.	1. 11.–31. 8.
Muffelwild	1. 8.–31. 1.	1. 2.–31. 7.
Murmeltier	1. 9.–30. 9.	1. 10.–31. 8.
Rebhuhn	1. 9.–30.11.	1. 12.–31. 8.
Rehwild (männl.)	16. 5.–15. 10.	16. 10.–15. 5.
Rehwild (weibl.)	1. 9.–31. 1.	1. 2.–31. 8.
Ringeltaube	1. 7.–30. 4.	1. 5.–30. 6.
Robben	16. 7.–28. 2.	1. 3.–15. 7.
Rotwild (männl.)	1. 8.–31. 1.	1. 2.–31. 7.
Rotwild (weibl.)	1. 8.–31. 1.	1. 2.–30. 7.
Schwarzwild	16. 6.–31. 1.	1. 2.–15. 6.
Trapphähne	1. 4.–30. 4.	1. 5.–31. 3.
Wildenten	1. 8.–25. 1.	26. 1.–31. 7.
Wildgänse	1. 8.–25. 1.	26. 1.–31. 7.

Jahreszeiten

Nördliche Halbkugel	astronomische Jahreszeiten	meteorologische Jahreszeiten	Südliche Halbkugel
Frühling	21. 3.–22. 6.	März–Mai	Herbst
Sommer	22. 6.–23. 9.	Juni–August	Winter
Herbst	23. 9.–22. 12.	Sept.–November	Frühling
Winter	22. 12.–21. 3.	Dez.–Februar	Sommer

Jazz-Abkürzungen

(Verwendung vor allem bei Besetzungsangaben auf Schallplattenetiketten und Musicassetten-Inhaltsverzeichnissen.)

arr	Arrangeur
as	Altsaxophon
b	Baß (Streichbaß)
bar. bs	Baritonsaxophon
bjo	Banjo
bss	Baßsaxophon
cello	Cello
c	Kornett
cl	Klarinette
dm	Schlagzeug (Drums)
fh	Waldhorn
ft	Flöte
g	Gitarre
l	Leiter eines Ensembles (Leader)
M 33	Mikrosaphir (33 Umdr.)
M 45	Mikrosaphir (45 Umdr.)
p	Piano
s	Saxophon
tb	Posaune (Trombone)
tp	Trompete
ts	Tenorsaxophon
tu	Tuba, Sousaphon
vo, voc	Gesang (Vocal)
vb, vib	Vibraphon
v	Violine
vtb	Ventilposaune
wb	Waschbrett (Washboard)
xyl	Xylophon

Immerwährender Kalender

Tagermittlung der Daten von 1801 bis 2000

Jahreszahlen (*Schaltjahre)		Januar	Februar	März	April	Mai	Juni	Juli	August	September	Oktober	November	Dezember
		Monate											
1801 1829 1857 1885	1925 1953 1981	4	0	0	3	5	1	3	6	2	4	0	2
1802 1830 1858 1886	1926 1954 1982	5	1	1	4	6	2	4	0	3	5	1	3
1803 1831 1859 1887	1927 1955 1983	6	2	2	5	0	3	5	1	4	6	2	4
*1804 1832 1860 1888	1928 1956 1984	0	3	4	0	2	5	0	3	6	1	4	6
1805 1833 1861 1889	1901 1929 1957 1985	2	5	5	1	3	6	1	4	0	2	5	0
1806 1834 1862 1890	1902 1930 1958 1986	3	6	6	2	4	0	2	5	1	3	6	1
1807 1835 1863 1891	1903 1931 1959 1987	4	0	0	3	5	1	3	6	2	4	0	2
*1808 1836 1864 1892	1904 1932 1960 1988	5	1	2	5	0	3	5	1	4	6	2	4
1809 1837 1865 1893	1905 1933 1961 1989	0	3	3	6	1	4	6	2	5	0	3	5
1810 1838 1866 1894	1906 1934 1962 1990	1	4	4	0	2	5	0	3	6	1	4	6
1811 1839 1867 1895	1907 1935 1963 1991	2	5	5	1	3	6	1	4	0	2	5	0
*1812 1840 1868 1896	1908 1936 1964 1992	3	6	0	3	5	1	3	6	2	4	0	2
1813 1841 1869 1897	1909 1937 1965 1993	5	1	1	4	6	2	4	0	3	5	1	3
1814 1842 1870 1898	1910 1938 1966 1994	6	2	2	5	0	3	5	1	4	6	2	4
1815 1843 1871 1899	1911 1939 1967 1995	0	3	3	6	1	4	6	2	5	0	3	5
*1816 1844 1872	1912 1940 1968 1996	1	4	5	1	3	6	1	4	0	2	5	0
1817 1845 1873	1913 1941 1969 1997	3	6	6	2	4	0	2	5	1	3	6	1
1818 1846 1874	1914 1942 1970 1998	4	0	0	3	5	1	3	6	2	4	0	2
1819 1847 1875	1915 1943 1971 1999	5	1	1	4	6	2	4	0	3	5	1	3
*1820 1848 1876	1916 1844 1972 2000	6	2	3	6	1	4	6	2	5	0	3	5
1821 1849 1877 1900	1917 1945 1973	1	4	4	0	2	5	0	3	6	1	4	6
1822 1850 1878	1918 1946 1974	2	5	5	1	3	6	1	4	0	2	5	0
1823 1851 1879	1919 1947 1975	3	6	6	2	4	0	2	5	1	3	6	1
*1824 1852 1880	1920 1948 1976	4	0	1	4	6	2	4	0	3	5	1	3
1825 1853 1881	1921 1949 1977	6	2	2	5	0	3	5	1	4	6	2	4
1826 1854 1882	1922 1950 1978	0	3	3	6	1	4	6	2	5	0	3	5
1827 1855 1883	1923 1951 1979	1	4	4	0	2	5	0	3	6	1	4	6
*1828 1856 1884	1924 1952 1980	2	5	6	2	4	0	2	5	1	3	6	1

Tage

1	8	15	22	29	36	Sonntag
2	9	16	23	30	37	Montag
3	10	17	24	31		Dienstag
4	11	18	25	32		Mittwoch
5	12	19	26	33		Donnerstag
6	13	20	27	34		Freitag
7	14	21	28	35		Sonnabend

Erklärung

Auf welchen Tag fiel der 1. Mai 1900? Auf einen Dienstag.

Man geht von der in Tafel »Jahreszahlen« aufgesuchten Zahl 1900 nach rechts bis zu der in Tafel »Monate« unter Mai stehenden Ziffer. Zu dieser (2) wird die Zahl des Monatstages (1) gezählt (= 3). In Tafel »Tage« steht neben 3 Dienstag. Ebenso: 10. Juli 1803? 5 und 10 = 15: Sonntag; oder 23. Okt. 1918? 2 und 23 = 25: Mittwoch.

Kanäle

	verbindet	Länge	Länge (km)	Schleusenzahl	eröffnet
Alfons-XIII.-K.	Sevilla–Golf von Cadiz		85,0	–	1926
Amsterdam-Rhein-K.	Amsterdam–Rhein		72,0	2	1952
Brügger See-K.	Brügge–Nordsee		10,0	–	1907
Brüsseler See-K.	Brüssel–Nordsee		32,0	4	1922
Dortmund-Ems-K.	Dortmund–Emden		269	20	1899
Elbe-Trave-K.	Lauenburg–Lübeck		67,5	7	1900
Finow-K.	Havel–Oder		31,9	14	1926
Havel-Hohenzollern-K.	Paretz-Niederneuendorf		39,4	1	1952
Hohenzollern-K.	Hohensaaten–Berlin		100,7	7	1914
Houston-K.	Golf von Mexiko–Houston		91,2	–	1940
Kanal von Korinth	Ionisches Meer–Ägäisches Meer		6,3	–	1893
Klodnitz-K.	Oder–Gleitwitz		41,2	6	1939
Küsten-K.	Dörpen–Oldenburg i. O.		69,6	2	1935
Manchester-K.	Irische See–Manchester		64,0	5	1894
Mittelland-K.	Bergeshövede–Rothensee		325	4	1938
Moskau-Wolga-K.	Moskau–Wolga		128	11	1937
Neckar-K.	Mannheim–Plochingen		202	26	1935
Nieuwe Waterweg	Nordsee–Nieuwe Maas		33	–	1872
Nord-Ostsee-K.	Brunsbüttel–Kiel/Holtenau		98,7	2	1895
Nordsee-K.	Amsterdam–Nordsee		24,8	4	1876
Oder-Spree-K.	Fürstenberg–Dahme		85	5	1891
Panama-K.	Atlantik–Pazifik		81,6	6	1914
Rhein-Herne-K.	Duisburg–Datteln		45,8	8	1914
Suez-K.	Mittelmeer–Rotes Meer		160,0	–	1869
Teltow-K.	Potsdam–Berlin/Grünau		38,6	1	1907
Weißmeer-K.	Onegasee–Weißes Meer		227,0	19	1933
Welland-K.	Eriesee–Ontariosee		45,0	7	1931
Wolga-Don-K.	Schwarzes Meer–Kaspisches Meer		101	13	1952

Eine durchgehende Binnenschiffahrtsverbindung zwischen der Nordsee und dem Schwarzen Meer soll der Rhein-Main-Donau-Großschiffahrtsweg herstellen, dessen Fertigstellung für etwa 2000 geplant ist. Der Wasserweg besteht teils aus schiffbaren, teils aus schiffbar gemachten Flüssen und teils aus Kanalverbindungen; er wird 13 Staaten durchlaufen und rund 3.500 km lang sein. Zwischen Nürnberg und Regensburg wird der Kanal die kontinentale Wasserscheide (rund 400 m Höhe über dem Meeresspiegel) überqueren.

Karat

als Goldgewicht: Angabe des Gehaltes an Feingold in Legierungen, z.B.

24 Karat = 1000‰ Gold (= 100% Gold)
20 Karat = 833‰ Gold (= 83% Gold, Rest Silber und Kupfer)
14 Karat = 585‰ Gold (= 58% Gold, Rest Silber und Kupfer)
8 Karat = 333‰ Gold (= 33% Gold, Rest Silber und Kupfer)
6 Karat = 250‰ Gold (= 25% Gold, Rest Silber und Kupfer)

als Edelsteingewicht:

1 Karat = 200 Milligramm (metrisches K.) = 0,2 Gramm
Umrechnung von Gramm auf Karat durch Multiplikation mit 5
Umrechnung von Karat auf Gramm durch Division durch 5

Von der »Kunst« des Kartenlegens

	Herz	Karo
As	Alle Unternehmungen gelingen	Streit, Trauer, Verlust
König	Ältere Person ist günstig	Ältere Person hemmt ungewollt
Dame	Treue Gattin	Freundin ist zweideutig
Bube	Treuer Gatte	Freund ist zweideutig
10	Glück in der Liebe	Liebe ohne Erfolg
9	Vorsicht mit dem Glück	Klatsch
8	Glückliche Reise	Trennung von der Braut
7	Gute Neuigkeiten	Gesellschaft ist zweifelhaft

	Pik	Kreuz
As	Ortsveränderung bevorstehend	Krankheit, Tod
König	Guter Freund	Pfarrer oder Gerichtsvollzieher nahen
Dame	Freundin gut aber schwatzhaft	Feindin
Bube	Freund gut aber schwatzhaft	Feind
10	Reiche Heirat (rechts), Bruch mit Braut (links)	Pleite
9	Ausstehende große Ehre	Verachtung droht
8	Versöhnung mit Feinden	Verlust des Vermögens
7	Lustige Gesellschaft	Schlechte Nachrichten

Käsesorten

Auf den bunten Etiketten der verschiedenen Käsesorten finden sich auch vielversprechende Angaben über den auf die Trockensubstanz bezogenen Fettgehalt. Und zwar muß haben:

		Fett			Fett
Magerkäse	weniger als	10%	**Fettkäse**	mindestens	40%
Viertelfettkäse	mindestens	10%	**Vollfettkäse**	"	45%
Halbfettkäse	"	20%	**Rahmkäse**	"	50%
Dreiviertelfettkäse	"	30%	**Doppelrahmkäse**	"	60%

Kernkraftwerk-Schema

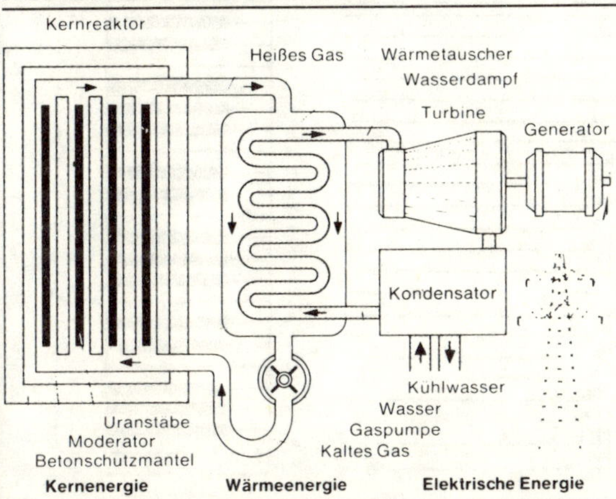

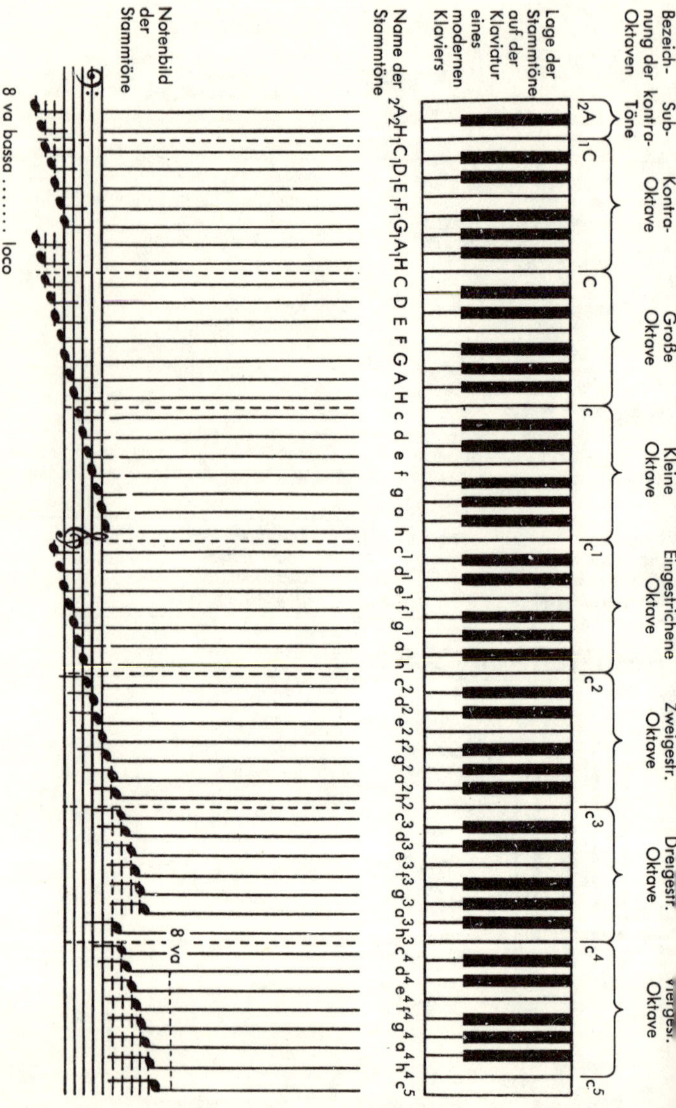
Bezeichnung der Oktaven
Sub-kontra-Töne
Kontra-Oktave
Große Oktave
Kleine Oktave
Eingestrichene Oktave
Zweigestr. Oktave
Dreigestr. Oktave
Oktave
2A 1C C c c1 c2 c3 c4 c5
Lage der Stammtöne auf der Klaviatur eines modernen Klaviers
Name der Stammtöne
2A 2H 1C 1D 1E 1F 1G 1A 1H C D E F G A H c d e f g a h c1 d1 e1 f1 g1 a1 h1 c2 d2 e2 f2 g2 a2 h2 c3 d3 e3 f3 g3 a3 h3 c4 d4 e4 f4 g4 a4 h4 c5
Notenbild der Stammtöne
8 va bassa .... loco
8 va

Kirchensonntage

1.–4. Advent
Sonntag nach Weihnachten
Sonntag nach Neujahr
2–6 Sonntage nach Epiphanias
Septuagesima
Sexagesima
Estomihi
Invokavit
Reminiscere
Okuli
Lätare
Judika
Palmarum
Ostersonntag
Quasimodogeniti
Miserikordias Domini
Jubilate
Kantate
Rogate
Exaudi
Pfingstsonntag
Trinitatis
21–27 Sonntage nach Trinitatis
Totensonntag

Klimatische Verhältnisse

(an 70 Orten der Erde)

Ort	Höhe über NN in m	Breitenlage	Mittlere(r) Jahres- Temperatur der Luft in C	Mittlere(r) Jahres- Niederschlag in mm
Aden	10	13° N	28,2°	40
Ankara	850	40° N	11,4°	240
Archangelsk	6	64,5° N	0,1°	470
Athen	107	38° N	17,4°	410
Bagdad	39	33° N	22,2°	160
Belgrad	138	45° N	11,3°	620
Bergen	17	60° N	7,1°	2140
Berlin	57	52,5° N	8,4°	590
Bombay	11	19° N	26,2°	1790
Brüssel	100	51° N	9,8°	800
Buenos Aires	25	34,5° S	16,1°	960
Bukarest	84	44° N	10,6°	590
Caracas	1042	10,5° N	19,6°	810
Chicago	205	42° N	10,0°	830
Delhi	219	28,5° N	25,1°	680
Djakarta	8	6° S	25,9°	1810
Fairbanks	150	65° N	- 3,2°	290
Genf	406	46° N	9,5°	890
Glasgow	55	56° N	8,4°	1050
Hamburg	29	54° N	8,5°	740
Hongkong	33	22° N	22,2°	2230
Honolulu	17	21° N	23,3°	700
Istanbul	18	41° N	13,8°	730
Jerusalem	758	32° N	17,4°	410
Kairo	41	30° N	21,7°	20
Kalkutta	7	22,5° N	25,5°	1570
Kapstadt	10	34° S	16,8°	640
Kiew	183	50,5° N	6,9°	590
Kinshasa	360	4° S	25,2°	1400
La Paz	3658	16,5° S	9,3°	560
Leningrad	6	60° N	4,1°	520
Lissabon	102	39° N	15,5°	760
London	45	51,5° N	9,8°	620
Los Angeles	103	34° N	16,7°	390
Madras	7	13° N	28,1°	1290
Madrid	655	40° N	13,6°	440

Ort	Höhe über NN in m	Breitenlage	Mittlere(r) Jahres- Temperatur der Luft in C	Mittlere(r) Jahres- Niederschlag in mm
Mailand	147	45,5° N	12,9°	1050
Manila	14	14,5° N	26,6°	2040
Melbourne	35	38° S	14,7°	650
Mexiko City	2282	19,5° N	15,6°	580
Montreal	57	45,5° N	5,8°	1030
Moskau	167	56° N	3,6°	610
München	531	48° N	7,5°	900
New Orleans	16	30° N	20,3°	1460
New York	96	41° N	11,1°	1090
Omsk	88	55° N	0,0°	310
Paris	49	49° N	10,1°	580
Peking	38	40° N	11,8°	630
Prag	202	50° N	9,2°	490
Pretoria	1430	26° S	17,5°	660
Quito	2850	0° S	12,6°	1120
Rio de Janeiro	60	23° S	23,2°	1100
Rom	50	42° N	15,3°	920
Saigon	11	11° N	27,1°	2010
San Francisco	47	38° N	12,8°	560
Santiago de Chile	520	33,5° S	13,9°	350
Schanghai	7	31° N	15,1°	1130
Singapur	5	1° N	26,3°	2420
Stockholm	44	59° N	5,7°	550
Sydney	44	34° S	17,3°	1200
Taschkent	479	41° N	13,2°	350
Teheran	1220	36° N	16,1°	250
Tokio	6	36° N	14,0°	1610
Tripolis	10	33° N	19,8°	400
Warschau	121	52° N	7,6°	540
Washington	34	39° N	12,6°	1070
Werchojansk	122	67,5° N	−16,1°	130
Wien	202	48° N	9,2°	660
Winnipeg	232	50° N	1,7°	520
Wladiwostok	29	43° N	4,6°	540

Knoten

Weberknoten

Weberknoten (gekreuzt)

Seilverkürzung

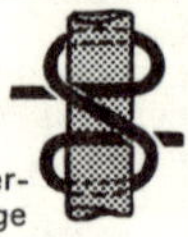
Achterschlinge

Zimmermannsknoten

Rettungsschlinge

laufende Schlinge

halber Schlag

zwei halbe Schläge

einfache Schlinge

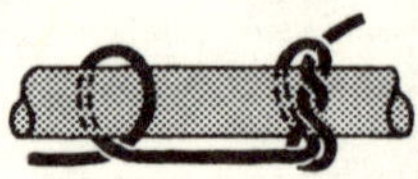
Webereinstich

Der Gordische Knoten kann hier leider nicht abgebildet werden, da niemand weiß, wie er ausgesehen hat. Aber welche Bewandtnis es damit hat, soll berichtet werden. Gordios hieß der sagenhafte Begründer der phrygischen Dynastie. Im Zeustempel von Gordion, der Hauptstadt Phrygiens, verknüpfte er das Joch seines geweihten Ochsenwagens mit der Deichsel durch einen Knoten, eben jenen berühmten Gordischen Knoten, den nach einer Weissagung nur der künftige Beherrscher Asiens sollte lösen können. Diese Weissagung erfüllte sich, als Alexander der Große den Knoten mit seinem Schwert durchschlug.

Konstitutionstypen

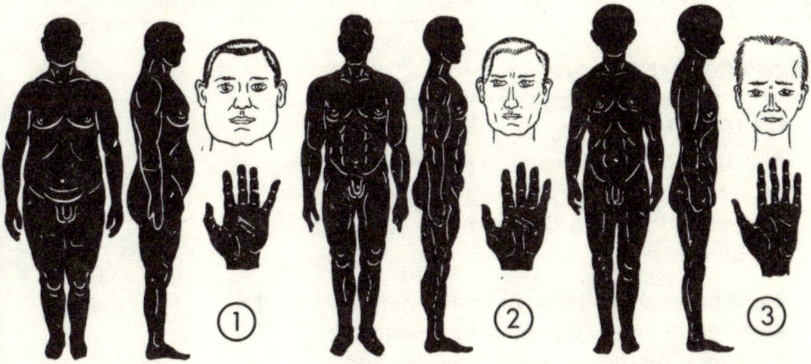

Pykniker **Athletiker** **Astheniker**

Die 114 Suren des Korans

1. Einleitung
2. Die Kuh
3. Die Familie Amrans
4. Die Weiber
5. Der Tisch
6. Das Vieh
7. Die Zwischenmauer
8. Die Beute
9. Die Buße
10. Jonas
11. Hud
12. Joseph
13. Der Donner
14. Abraham
15. Al'Hedscher
16. Die Bienen
17. Die Nachtreise
18. Die Höhle
19. Maria
20. TH (Ta-Ha)
21. Die Propheten
22. Die Wallfahrt
23. Die Gläubigen
24. Das Licht
25. Al'Furkan
26. Die Dichter
27. Die Ameise
28. Die Geschichte
29. Die Spinne
30. Die Römer
31. Lokman
32. Die Anbetung
33. Die Verschworenen
34. Saba
35. Die Engel
36. Jas
37. Die sich Ordnenden
38. Die Wahrheit
39. Die Scharen
40. Der Gläubige
41. Die deutlich Erklärten
42. Die Beratschlagung
43. Der Goldprunk
44. Der Rauch
45. Das Knien
46. Al'Ahkaf
47. Der Krieg
48. Der Sieg
49. Die innern Zimmer
50. K (Kaf)
51. Die Zerstreuenden
52. Der Berg
53. Der Stern
54. Der Mond
55. Der Allbarmherzige
56. Der Unvermeidliche
57. Das Eisen
58. Die Streitende
59. Die Auswanderung
60. Die Geprüfte
61. Die Schlachtordnung
62. Die Versammlung
63. Die Heuchler
64. Der gegenseitige Betrug
65. Die Ehescheidung
66. Das Verbot
67. Das Reich
68. Die Feder
69. Der Unfehlbare
70. Die Stufen
71. Noah
72. Die Dschinnen
73. Die Verhüllte
74. Der Bedeckte
75. Die Auferstehung

76. Der Mensch
77. Die, so gesendet sind
78. Die Verkündigung
79. Die Entreißenden
80. Er runzelte die Stirn
81. Die Zusammenfaltung
82. Die Zerspaltung
83. Die unrichtig Messenden
84. Die Zerreißung
85. Die Türme
86. Der Nachtstern
87. Der Allerhöchste
88. Der Bedeckende
89. Die Morgendämmerung
90. Die Landschaft
91. Die Sonne
92. Die Nacht
93. Der helle Tag
94. Die Aufschließung
95. Die Feige
96. Das geronnene Blut
97. Al'Kadar
98. Der deutliche Beweis
99. Das Erdbeben
100. Die schnelleilenden Rosse
101. Der Klopfende
102. Das Bestreben, sich zu ver- [mehren
103. Der Nachmittag
104. Der Verleumder
105. Der Elefant
106. Die Koraischiten
107. Die Zuflucht
108. Al'Chautsar
109. Die Ungläubigen
110. Die Hilfe
111. Abu Laheb
112. Das Bekenntnis der Einheit [Gottes
113. Die Morgenröte
114. Die Menschen

Korrekturzeichen

Hauptregel:

Alle Satzfehler werden durch Korrekturzeichen angemerkt und dann auf dem Rande des Abzuges rechts neben den gleichen Korrekturzeichen berichtigt.

1. Ein falscher Buchstabe wird d|rchgestrichen; kommen in einer Zei|e mehrere Fehl⌈r vor, s⌊ werden sie d|rch verschiedene Zeichen unterschieden; in teil~~baren~~ falschen Wörtern werden die falschen Buchstaben, falsch gesetzte Wörter werden ~~stark~~ durchgestrichen. Die richtigen Buchstaben und Wörter sind deutlich auf den Rand zu schreiben. | ü |l ⌈e ⌊o |ü ⊢⊣ weise ⊢⊣ ganz

2. Ist in einem Wort ein Buchsta|be zu viel, oder sind Wörter doppelt gesetzt ~~Wörter doppelt gesetzt~~ (Hochzeit), so werden sie durchgestrichen; auf dem Rande deutet ein neben den Strich geschriebenes ₰ (= *deleatur*) an, daß der Buchstabe oder die Wörter herauszunehmen (zu tilgen) sind. | ₰ ⊢⊣ ₰

3. Fehlt ein Buchstabe, so wird der dem fehlenden vor|gehende oder folgen⌈ Buchstabe durchgestrichen und am Rand unter Hinzufügung des fehlenden wiederholt. |an ⌈de

4. Lädierte B|chstaben werden durchgestrichen und am Rand einfach, Buchstaben aus |nderer Schrift (Zwiebelfisch) doppelt unterstrichen. Verschmutzte Buchstaben und zu stark erscheinende Stellen werden umringelt. Dieses Zeichen wird am Rande wiederholt. |ü |a ◯ ◯
Neu zu setzende Zeilen mit beschädigten Stellen erhalten einen waagerechten Strich. ———

5. Aufdem Kopfe oderquer stehende Buchstaben werden wie falsche Buchstaben angezeichnet. | K ⌈er

6. Sind zwei nebeneinanderstehende Buchstaben, die in der Schrift als Ligatur zu setzen wären, einzeln gesetzt, so werden sie durchgestrichen und auf dem Rande durch eine Klammer unter den betreffenden Buchstaben bezeichnet. Fälschlich gesetzte Ligaturen (z. B. Auflage) werden im Satze durchgestrichen und auf dem Rand mit einem die Buchstaben trennenden Strich wiederholt. ft | f|l

7. Verstellte Buchstaben werden am Rand richtig angegeben, bei Wörtern umgestellten durch ⌴⌐ angedeutet, wie sie im Satze stehen sollen; auf dem Rande wird das Zeichen wiederholt; sind in einer Zeile mehrere Reihenfolge in falscher Wörter gesetzt, dann bezeichnen über die Wörter geschriebene Ziffern die richtige Reihenfolge. sta | 1 2 3 4

8. Fehlt ein Wort, so deutet ein Strich betreffende Stelle und das neben den Strich auf den Rand geschriebene Wort die Auslassung an. Größere Auslassungen (Leichen) schreibt der Korrektor nicht auf die Korrektur, sondern er bezeichnet sie durch einen Strich / und schreibt auf den Rand neben den Strich einen Hinweis auf das Manuskript. |die | |s. Ms.

9. Ein fehlendeZwischenraum wird im Satz und auf dem Rande mit bezeichnet, ebenso ein in einem s p a t i o n i e r t e n (gesperrten) Wort fehlendes Spatium. Die zu weiten Räume werden bei ungleichmäßigausgeschlossenenZeilen vom Korrektor durch, die zu engen durch bezeichnet und diese Zeichen am Rande wiederholt. Wenn Zwischen räume ganz zu beseitigen sind, so wird dies durch angemerkt.

10. Sollen Wörter oder Zeilen aus einer <u>anderen</u> Schrift gesetzt werden, so sind sie im Satze zu unterstreichen; am Rande wird die <u>betreffende</u> Schriftart angegeben. ___ halbfett | ___ kursiv

11. Die Sperrung oder Aufhebung einer <u>Sperrung</u> wird – wie bei dem Verlangen einer <u>a n d e r e n</u> Schrift – durch Unterstreichen angezeigt. ___ sperren | ___ nicht sperren

12. Nicht Linie haltende Stellen werden durch parallele Striche angezeichnet.

13. Im Satze gestiegener Ausschluß, der als Spieß erscheint, wird am Rande durch ein doppeltes # angezeichnet; dasselbe Zeichen wird auch angewendet, wenn Durchschuß und Quadrate als Spieße erscheinen.

14. Hat der Setzer einen Ausgang übersehen, so bezeichnet eine Zickzacklinie im Satze, daß die Zeile eine Ausgangszeile sein und der neue Satz mit einem Einzuge beginnen soll.

15. Muß ein Absatz „angehängt" werden, so deutet dies eine vom Ausgang bis zum Einzug gezogene Linie an.

16. Fehlender oder zu erweiternder Einzug wird am Rande durch bezeichnet.

17. Ein Einzug an unrechter Stelle erhält dies Zeichen.

18. waagerechten Randstrichen versehen und in — 2
der richtigen Reihenfolge numeriert. — 3
Verstellte (versteckte) Zeilen werden mit — 1

19. Fehlt ein Durchschuß, so zeigt dies ein Strich zwischen den Zeilen an, der auf den Rand hinausgeht und hier zu einem zwischen die Zeilen weisenden spitzen Winkel verlängert wird. Ist ein Durchschuß zu viel eingelegt, so wird dies ebenfalls durch einen Strich zwischen den Zeilen angedeutet; die angehängte Klammer deutet das Zusammenziehen der Zeilen an.

20. Kann der Setzer undeutlich geschriebene Wörter oder Buchstaben nicht entziffern, so stellt er einige Buchstaben, die der Wortlänge ungefähr entsprechen, als „Blockaden" auf den Kopf, um auf die unleserliche Stelle hinzuweisen, oder der Korrektor – wenn auch dieser die Stelle nicht lesen kann – verlangt eine Blockade ( ).

Kosmischer Kalender

Unser Kosmos entstand, so nimmt die Wissenschaft heute an, vor 15 Milliarden Jahren durch einen »Urknall«, das Auseinanderbersten von unendlich verdichteter Materie. Unsere Tabelle projiziert der besseren Vorstellbarkeit halber den Zeitraum vom Urknall bis heute auf den Zeitabschnitt eines einzigen Jahres.

1. Januar Urknall
1. Mai Entstehung der Milchstraße
14. September Entstehung der Erde
25. September Entstehung des Lebens auf der Erde
9. Oktober Zeit der ältesten Fossilien, Bakterien, Algen
15. November erste Zellen mit Zellkern
1. Dezember Entwicklung der Sauerstoff-atmosphäre
16. Dezember erste Würmer
17. Dezember wirbellose Tiere
18. Dezember ozeanisches Plankton, Trilobiten
19. Dezember erste Fische und Wirbeltiere
20. Dezember Pflanzen erobern das Land
21. Dezember erste Insekten, Tiere erobern das Land
23. Dezember erste Bäume und Reptilien
24. Dezember erste Dinosaurier
26. Dezember erste Säugetiere
27. Dezember erste Vögel
28. Dezember erste Blumen, Dinosaurier sterben aus
29. Dezember erste Primaten
30. Dezember erste Hominiden, Riesensäugetiere

31. Dezember
13.30 Vormenschen
22.30 erste Menschen
23.00 Steinwerkzeuge
23.56 Beginn der letzten Eiszeit
23.59 Höhlenmalerei in Europa
23.59 : 20 Erfindung des Ackerbaus
23.59 : 51 Erfindung des Alphabets
23.59 : 55 Geburt Buddhas, Athen des Perikles
23.59 : 56 Römisches Reich, Geburt Christi
23.59 : 58 Byzantinisches Reich, Kreuzzüge
23.59 : 59 Entdeckungsreisen aus Europa, experimentelle Methoden in der Wissenschaft

1. Sekunde des Neujahrtages
Entwicklung von Wissenschaft und Technologie, Entstehung einer globalen Kultur

So werden Krawatten gebunden

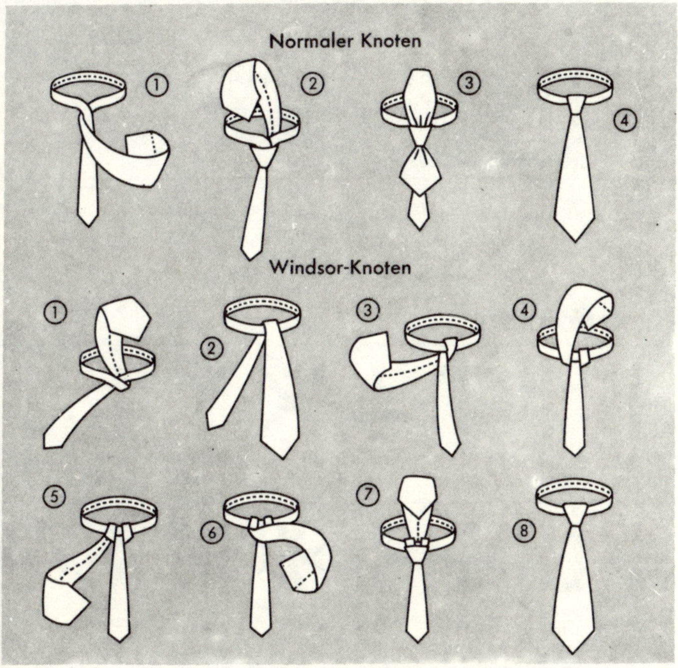

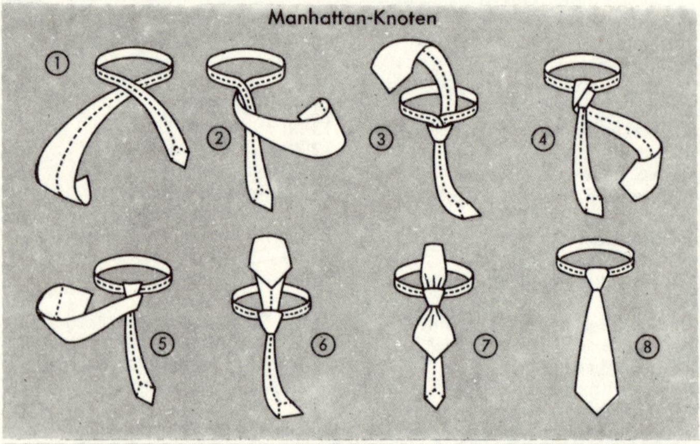

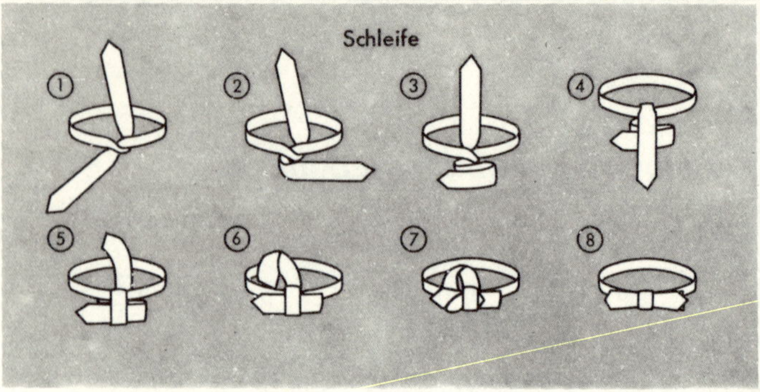

Kreuzformen

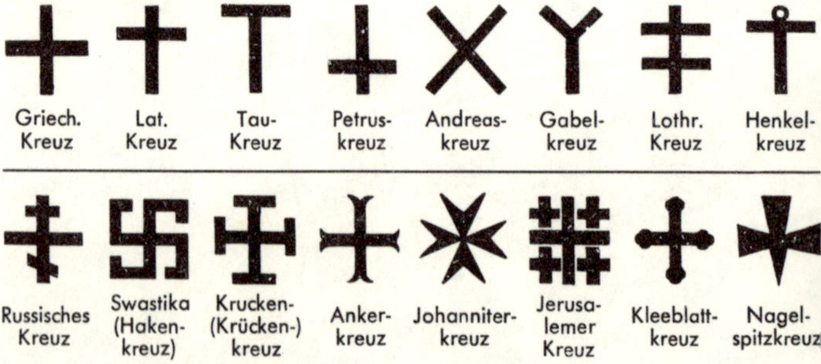

Kriege

1194–1184	v. Chr.	Trojanischer Krieg
499– 479	„	1.–3. Perserkrieg
431– 404	„	Peloponnesischer Krieg
264– 241	„	1. Punischer Krieg
218– 201	„	2. Punischer Krieg
149– 146	„	3. Punischer Krieg
61– 58	„	Gallischer Krieg
1096–1099	n. Chr.	1. Kreuzzug
1147–1149	„	2. Kreuzzug
1189–1192	„	3. Kreuzzug
1202–1204	„	4. Kreuzzug
1217–1219	„	5. Kreuzzug
1228–1229	„	6. Kreuzzug
1248–1254	„	7. Kreuzzug
1270	„	8. Kreuzzug
1337–1453	„	Hundertjähriger Krieg
1419–1436	„	Hussitenkriege
1459–1485	„	Rosenkriege
1524–1526	„	Deutscher Bauernkrieg
1546–1547	„	Schmalkaldischer Krieg
1562–1563	„	1. Hugenottenkrieg
1563–1570	„	Nordischer siebenjähriger Krieg
1567–1570	„	2./3. Hugenottenkrieg
1618–1648	„	Dreißigjähriger Krieg
1700–1721	„	Nordischer Krieg
1701–1714	n. Chr.	Span. Erbfolgekrieg
1740–1742	„	1. Schlesischer Krieg
1741–1748	„	Österreichischer Erbfolgekrieg
1744–1745	„	2. Schlesischer Krieg
1756–1763	„	Siebenjähriger Krieg
1775–1783	„	Nordamerikanischer Unabhängigkeitskrieg
1813–1815	„	Befreiungskriege
1840–1842	„	Opiumkrieg
1848–1850	„	Deutsch-Dänischer Krg.
1853–1856	„	Krimkrieg
1861–1865	„	Sezessionskrieg
1870–1871	„	Deutsch-Französischer Krieg
1899–1902	„	Burenkrieg
1904–1905	„	Russisch-Japanischer Krieg
1914–1918	„	1. Weltkrieg
1936–1939	„	Spanischer Bürgerkrieg
1939–1945	„	2. Weltkrieg
1950–1951	„	Koreakrieg
5.–10. 6. 67	„	Israelfeldzug
1964–1973	„	Vietnamkrieg
6.–22. 10. 73	„	Jom-Kippur-Krieg
2. 4.–14. 6. 82	„	Falklandkrieg
1980–1988	„	Golfkrieg Iran–Irak

Kristalle

Kristallsysteme

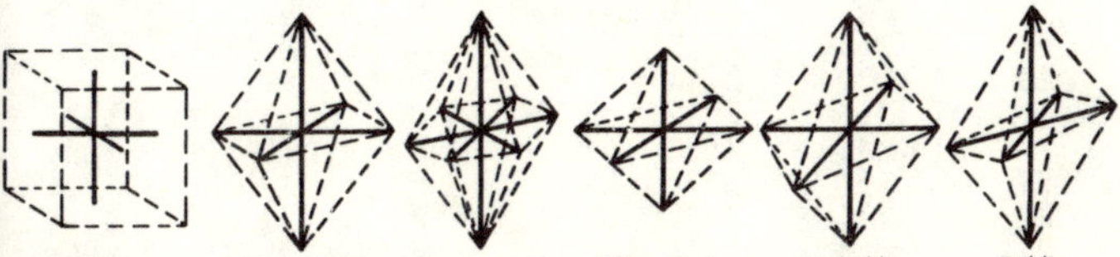

Regulär — Tetragonal — Hexagonal — Rhombisch — Monoklin — Triklin

Kristallformen

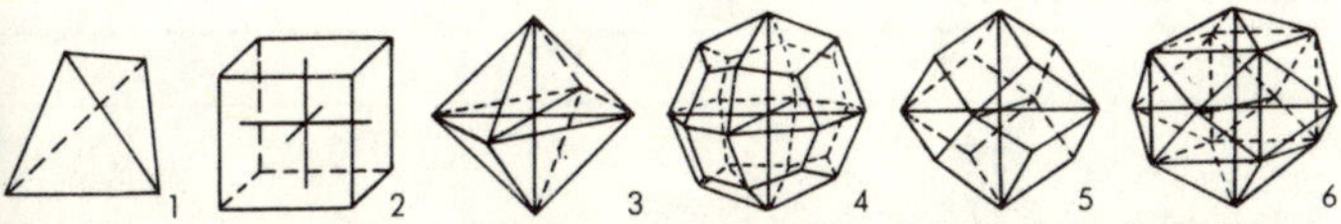

1 Tetraeder (Fahlerz) — 2 Hexaeder (Würfel) (Steinsalz) — 3 Oktaeder (Magnetit) — 4 Ikositetraeder (Leuzit) — 5 Rhombendodekaeder (Granat) — 6 Pyramidenwürfel (Flußspat)

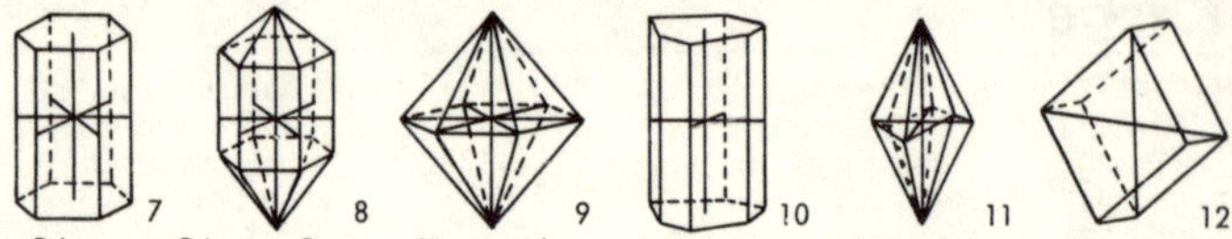

7 Prisma (Nephelin) · 8 Prisma + Protopyramide (Quarz) · 9 Bipyramide · 10 ditrigonales Prisma · 11 Skalenoeder (Kalkspat) · 12 Rhomboeder (Eisenglanz)

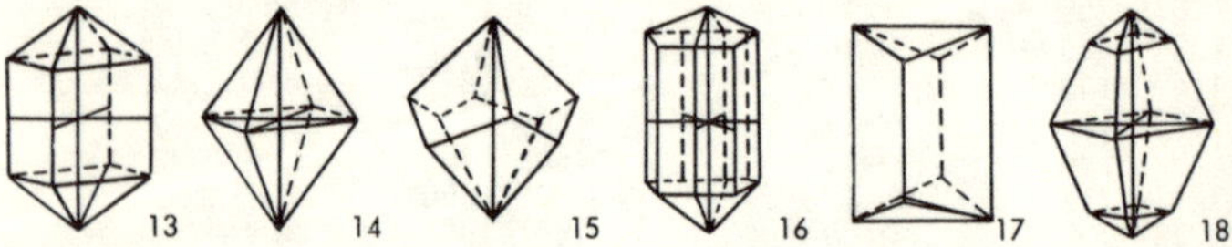

13 Prisma + Pyramide (Zirkon) · 14 Bipyramide · 15 Trapezoeder · 16 Prisma + Pyramide (Topas) · 17 Prisma, Makrodoma (Lièvrit) · 18 Pyramidenkombination (Schwefel)

1-6 Kubisch = Regulär   7-12 Hexagonal   13-15 Tetragonal   16-18 Rhombisch

Kubikzahlen und Kubikwurzeln

N	N^3	$\sqrt[3]{N}$	N	N^3	$\sqrt[3]{N}$
1	1	1,0	26	17576	2,936
2	8	1,26	27	19683	3,0
3	27	1,442	28	21952	3,037
4	64	1,587	29	24389	3,072
5	125	1,71	30	27000	3,107
6	216	1,817	31	29791	3,141
7	343	1,913	32	32768	3,175
8	512	2,0	33	35937	3,208
9	729	2,08	34	39304	3,24
10	1000	2,154	35	42875	3,271
11	1331	2,224	36	46656	3,302
12	1728	2,289	37	50536	3,332
13	2197	2,351	38	54872	3,362
14	2744	2,41	39	59319	3,391
15	3375	2,466	40	64000	3,42
16	4096	2,52	41	68921	3,448
17	4918	2,57	42	74088	3,476
18	5832	2,621	43	79507	3,503
19	6859	2,688	44	85184	3,53
20	8000	2,714	45	91125	3,557
21	9461	2,759	46	97336	3,583
22	10648	2,802	47	103823	3,609
23	12167	2,844	48	110592	3,634
24	13824	2,885	49	117649	3,659
25	15625	2,924	50	125000	3,684

Küchenmaße

1 Eßlöffel	gestrichen	gehäuft	1 Eßlöffel	gestrichen	gehäuft
Mehl	12 g	25 g	Grütze	15 g	25 g
Semmelmehl	12 g	25 g	Zucker	15 g	30 g
Gries, Graupen	15 g	30 g	Reis	15 g	25 g
Haferflocken	10 g	20 g	Salz	12 g	25 g

Heimat der Kulturpflanzen

Ananas	Mittelamerika	**Matebaum**	Südamerika
Apfel	Vorderasien	**Maulbeerbaum**	China
Apfelsine	China, Indien	**Mohn**	China
Aprikose	China	**Möhre**	Vorderasien
Banane	Ostindien	**Nelken**	Molukken
Baumwolle	Indien, Mexiko, Peru	**Ölbaum**	Mittelmeerraum
Birne	Vorderasien	**Ölpalme**	Afrika
Bohne	Mittelamerika	**Pfeffer**	Malabarküste
Dattelpalme	Mesopotamien	**Pfirsich**	China, Persien
Erbse	Mittelmeergebiet	**Pflaume**	Vorderasien
Feige	Vorderasien	**Quitte**	Vorderasien
Flachs	Vorderasien	**Reis**	Südostasien
Gerste	Südwestasien, Äthiopien	**Rhabarber**	China
Gurke	China	**Roggen**	Vorderasien
Hanf	China	**Sisalagave**	Mexiko
Hirse	Indien	**Sojabohne**	China
Kaffee	Äthiopien, Südarabien	**Sonnenblume**	Bolivien, Peru
Kakao	Mittel- u. Südamerika	**Spinat**	Vorderasien, Turkestan
Kartoffel	Bolivien, Peru, Chile	**Tabak**	Mittelamerika
Kautschuk	Brasilien	**Tee**	Assam
Kirsche	Kaukasus	**Tomate**	Mittelamerika
Kohl	Mittelmeerraum	**Vanille**	Mittel- u. Südamerika
Kokospalme	Südostasien	**Walnuß**	Vorderasien
Kürbis	Mittelamerika	**Weinrebe**	Mittelmeerraum, Vorderasien
Linse	Vorderasien	**Weizen**	Südwestasien, Äthiopien
Lupine	Mittelmeerraum	**Zimt**	Ceylon
Luzerne	Vorderasien	**Zitrone**	China, Indien
Mais	Mittelamerika, Peru	**Zuckerrohr**	Südasien
Mandel	Vorderasien	**Zuckerrübe**	Mittelmeerraum

Längenmaße

1 Äquatorgrad = 111,306 km
1 Arschin (Rußland) = 0,7112 m
1 Astronom. Einheit = 149,5 Mill. km
1 Braza (Spanien) = 1672 m
1 Dekameter (Dm) = 10 m
1 Dezimeter (dm) = 10 cm
1 Ell (USA, Großbrit.) = 1,143 m
1 Elle = 0,5473-0,833 m
1 Elle (Bayern) = 0,833 m
1 Elle (Preußen) = 0,6669 m
1 Elle (Sachsen) = 0,566 m
1 Etmal = vom Schiff in 24 Std. zurückgelegte Strecke
1 Faden (Deutschland) = 1,85 m
1 Faden (England) = 231 m
1 Faust = 0,1054 m
1 Foot (USA, Großbrit.) = 30,47 cm
1 Fuß = 0,25-0,314 m
1 Fuß (Bayern) = 0,2918 m
1 Fuß (Hamburg) = 0,2866 m
1 Fuß (Paris) = 0,325 m
1 Fuß (Preußen) = 0,314 m
1 Fuß (Sachsen) = 0,283 m
1 Hektometer (hm) = 100 m
1 Inch (USA, Großbrit.) = 2,54 cm
1 Jo (Japan) = 3,033 m
1 Kabellänge = 185,2 m
1 Kabellänge (engl.) = 231,87 m
1 Ken (Japan) = 1,818 m
1 Kilometer (km) = 1000 m
1 Klafter = 2-2,5 m
1 Klafter (Preußen) = 2,092 m
1 Klafter (Sachsen) = 2 m
1 Knoten = 1 Seemeile je Stunde
1 Lachter = 2,09 m
1 Legua (Spanien) = 5 555,25 m
1 Lichtjahr = 9,463 Billionen km
1 Lieue (Frankreich) = 4,45 km
1 Linie (Preußen) = 2,18 mm
1 Meile (geogr.) = rund 7 500 m
1 Meile (Österr.) = 7,5859 km
1 Meile (Preußen) = 7 532,485 m
1 Meile (römisch) = 1479 m
1 Meridiangrad ≙ 111,1206 km
1 Meter (m) = 100 cm
1 Mikron = 1000 Millimikron
1 Mile (USA, Großbrit.) = 1609,3 m
1 Millimeter (mm) = 1000 Mikron

1 Palmo (Spanien) = 20,9 cm	1 Sun (Japan) = 3,033 cm
1 Parsec = 3,257 Lichtjahre	1 Toesa (span.) = 1,676 m
1 Pie (Spanien) = 27,86 cm	1 Tschang (China) = 3,58 m
1 Pulgada (Spanien) = 2,62 cm	1 Tschi (China) = 35,8 cm
1 Rute = 2,918-5,326 m	1 Tsun (China) = 3,58 cm
1 Rute (Bayern) = 2,918 m	1 Vara (Spanien) = 83,59 cm
1 Rute (Hamburg) = 4,585 m	1 Werst (Rußland) = 1066,8 m
1 Rute (Preußen) = 3,716 m	1 Yard (USA, Großbrit.) = 0,914 m
1 Rute (Sachsen) = 4,531 m	1 Yin (China) = 24,5 m
1 Saschen (Rußland) = 2,1336 m	1 Zentimeter (cm) = 10 mm
1 Schaku (Japan) = 30,33 cm	1 Zoll = 2-3 cm
1 Seemeile (deutsch) = 1852 m	1 Zoll (Baden) = 3 cm
1 Seemeile (engl.) = 1855 m	1 Zoll (Bayern) = 2,43 cm
1 Stadion (attisch) = 184,18 m	1 Zoll (Oldenburg) = 2,13 cm
1 Stadion (neugriech.) = 1 km	1 Zoll (Preußen) = 2,61 cm
1 Stadion (olymp.) = 192,27 m	1 Zoll (Sachsen) = 2,36 cm
1 Statute Mile = 1,6093 km	

Lateinische Redensarten und Zitate

ab ovo	von Anfang an
ad acta	zu den Akten
ad absurdum	(führen) widerlegen
ad infinitum	unendlich
alea iacta est	Der Würfel ist gefallen
a posteriori	erfahrungsgemäß
a priori	von vornherein
audiatur et altera pars	auch die andere Partei muß gehört werden
bona fide	in gutem Glauben
carpe diem	Nutze den Tag
casus belli	Kriegsgrund
circulus vitiosus	Trugschluß
conditio sine qua non	unerläßliche Bedingung
corpus delicti	Beweisstück
cum grano salis	unter Berücksichtigung der Umstände
de facto	tatsächlich
de jure	von Rechts wegen
de mortuis nil nisi bene	über die Toten soll man nur gut reden
eo ipso	von selbst
errare humanum est	Irren ist menschlich
festina lente	Eile mit Weile
hoc signo vinces	in diesem Zeichen wirst du siegen
honoris causa	ehrenhalber
incognito	unerkannt
in dubio	im Zweifelsfall
in flagranti	auf frischer Tat
in medias res	mitten hinein
in memoriam	zum Gedächtnis
in spe	zukünftig
in vino veritas	im Weine liegt die Wahrheit
manus manum lavat	eine Hand wäscht die andere
multum non multa	vieles, nicht vielerlei
mundus vult decipi	die Welt will betrogen sein
nervus rerum	Kern der Sache
nolens volens	ob man will oder nicht
noli me tangere	rühre mich nicht an
nomen est omen	der Name ist schon eine Vorbedeutung
non olet pecunia	Geld riecht nicht
non plus ultra	unübertroffen

per aspera ad astra	auf rauhen Wegen zu den Sternen
per pedes	zu Fuß
post festum	nach dem Fest
pro et contra	für und wider
qui tacet consentire videtur	wer schweigt, scheint zuzustimmen
quod erat demonstrandum	was zu beweisen war
semper idem	immer dasselbe
spiritus rector	Anstifter
status quo	jetziger Zustand
status quo ante	früherer Zustand
summa summarum	alles in allem
suum cuique	jedem das Seine
terminus technicus	Fachausdruck
ultima ratio	äußerstes Mittel
veni, vidi, vici	ich kam, ich sah, ich siegte
Veto!	Ich erhebe Einspruch
vivere militare est	leben heißt kämpfen
vox populi	Stimme des Volkes

Hier noch ein paar Zitate über Zitate:
»So ein paar grundgelehrte Zitate zieren den ganzen Menschen«
Heine
»Durch viele Zitate vermehrt man seinen Anspruch auf Gelehrsamkeit, vermindert den auf Originalität«
Schopenhauer

Lautstärken

Intensität von Schallwellen in Dezibel

Hörschwelle des menschlichen Ohres	15	Sägewerk	100
Flüstern, Blätterrauschen	25	Kugelmühle	110
Büroraum mit drei Personen	55	Weberei (200 Webstühle)	110
Gewitterdonner	65	Schwere Stanzmaschine	110
Schreibmaschine	70	Kesselschmiede	120
Drehbank	80	Preßluftbohrer	125
Rotationsdruckmaschine	95	Flugzeug, wenige Meter entfernt	130
Niethammer	97	Flugmotorenprüfstand	140

Lebensdauer von Pflanzen und Tieren

(in Jahren)

Adler 80–100
Alligator 80–100
Alpenrose 85–90
Alpenveilchen 60
Ameise 10–15
Amsel 15–20
Apfelbaum 200
Arve 1200
Bärlapp 5–7
Berberitze 25
Bergahorn 500
Birke 120
Birnbaum 300
Blutegel 25-30
Buchfink 25
Buchsbaum 150
Edelkastanie 700
Efeu 300–450
Elefant 150–200
Elster 25
Ente 20–30
Falke 100–160
Feuersalamander 10–12
Fichte 1000
Fischadler 100
Flußkrebs 20
Flußmuschel 10–15
Gans 20–30
Geier 110–120
Geißblatt 40
Gemse 25
Glockenheide 10
Hainbuche 150
Haselnuß 120
Hecht 100–120
Heidekraut 40–45
Heidelbeere 25
Hering 15–20
Hirsch 20–30

Holunder 100
Huhn 20–30
Hund 15–30
Kamel 40–50
Kanarienvogel 20–25
Kaninchen 5-7
Karpfen 100–120
Katze 10–20
Kirschbaum 400
Kornelkirsche 300
Krähe 110–120
Kranich 45
Kreuzdorn 100
Krodkodil 50 (-100?)
Kröte 30–40
Kuckuck 40
Lärche 600
Laubfrosch 20–25
Laufkäfer 6–8
Löwe 30–35
Magnolie 100
Maultier 40–45
Menschenaffen 30–35
Myrte 150–160
Nachtigall 10
Nacktschnecke 2–3
Nashorn 40–45
Ölbaum 700–800
Papagei 60–100
Pelikan 55
Perlmuschel 80–100
Pferd 40–50
Platane 1300
Rabe 60–100
Ratte 3–4
Regenwurm 10
Reh 15–20
Riesenschildkröte 200–400
Rind 30–35
Rotbuche 900–1000
Schaf 20
Schlehe 50
Scholle 60–70
Schwan 100 (-300?)
Schwarzerle 120
Schwarzkiefer 500–600
Seerose 50–70
Seidelbast 25
Silbermöwe 40–45
Silberpappel 500
Silberweide 150
Silberwurz 100
Sommereiche 1200
Sommerlinde 1000
Spinne 1–2
Spitzahorn 600
Stechpalme 120
Storch 70
Strauß 40
Tanne 800
Uhu 70
Ulme 500
Vogelbeerbaum 80
Wacholder 500
Wal 150
Walnußbaum 400
Weinstock 130
Weißdorn 400
Wels 100–120
Wintereiche 700
Winterlinde 600
Zitterpappel 150

Lederarten

Art	Farbe	woraus?
Antilope	alle Farbtöne	Antilopen- und Gazellenhäute
Boxkalb	alle Farbtöne (gefärbt)	Kalbfelle
Brandsohlenleder	braun	Rinderhäute
Chevreau	alle Farbtöne	Ziegenfelle
Chromsohlleder	graugrün	Rinderhäute
Elkleder	alle Farbtöne	Rinder- und Elchhäute
Fahlleder	meist naturbraun	meist Rinderhäute
Futterleder	meist naturfarben	Kalb-, Schaf-, Ziegenfelle
Geschirrleder	schwarz oder braun	Rinder- und Schweinshäute
Glacéleder	alle Farbtöne (gefärbt)	Zickel- und Lammfelle
Hornback	braun	Rückenpanzer bei Krokodilhäuten
Juchtenleder	meist schwarz	Rinder- und Schweinshäute
Nappa	alle Farbtöne (gefärbt)	Schaf-, Ziegenfelle
Nabukleder	alle Farbtöne (gefärbt)	Kalbfelle
Rahmenleder	braun	Rinderhälse
Rindbox	schwarz oder farbig	Rinderhäute
Roßbox	schwarz oder farbig	Roßhälse
Saffian	alle Farbtöne (gefärbt)	Ziegenleder
Schweißleder	·	Schaf-, Ziegenleder
Skiver	alle Farbtöne	Schaf-, Lamm- oder Ziegenhäute
Sohlleder	braungrau	Rinderhäute
Sportbox	schwarz oder braun	Rinderhäute
Vacheleder	·	Rinderhäute
Vachetten	naturfarben oder gefärbt	Rinderhäute
Velourleder	·	Kalb-, Ziegenfelle, Schweinshäute
Waterproof	·	Rinderhäute
Wildleder	·	Wild-, bes. Rehfelle

30 Legierungen

Als Legierung bezeichnet man ein durch Zusammenschmelzen mehrerer Metalle entstandenes Metallgemisch, das auch kleinere Mengen von Nichtmetallen enthalten kann, z. B. Silizium oder Kohlenstoff. Durch diesen Vorgang des Legierens werden die Eigenschaften der Ausgangsmetalle oft wesentlich verbessert bzw. den gewüschten Erfordernissen angepaßt.

Bleibronze Kupfer + Blei
Britannia-Metall Zinn + Antimon + Kupfer + Zink
Bronze Kupfer + Zink + Zinn + Blei
Chronin Nickel + Chrom
Duralumin Aluminium + Kupfer + Magnesium + Mangan + Silizium
Durana-Metall Kupfer + Zink
Elektron Magnesium + Aluminium + Zink + Mangan + Silizium
Germaniabronze Zink + Zinn + Kupfer + Blei + Aluminium
Goldamalgam Quecksilber + Gold
Hartblei Blei + Antimon
Hydronalium Aluminium + Magnesium + Mangan
Invar Eisen + Nickel
Konstantan Kupfer + Nickel
Lötzinn Blei + Zinn
Mattgold Kupfer + Zinn
Messing Kupfer + Zink + Blei
Monel-Metall Nickel + Kupfer + Eisen + Mangan
Neusilber Kupfer + Zink + Nickel
Nickelin Kupfer + Nickel + Zink
Packfong Nickel + Kupfer + Zink
Platinit Nickel + Eisen
Plessit Nickel + Eisen
Schrot Blei + Arsen + Antimon
Silberlot Kupfer + Zink + Silber
Silumin Aluminium + Silizium
Stellit Kobalt + Chrom + Wolfram + Eisen + Kohlenstoff
Tombak Kupfer + Zink
Tulasilber Silber + Kupfer + Schwefel + Salmiak
Weißgold Gold + Nickel + Kupfer + Zink + Mangan + Kadmium
Widia Wolfram + Kobalt + Kohlenstoff + Titan

Linsen

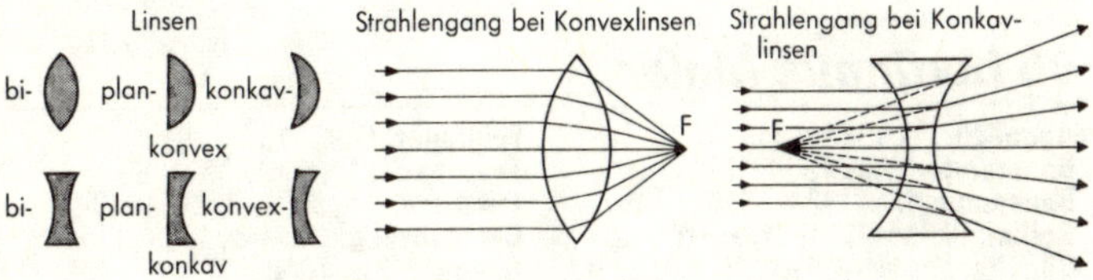

Luftverkehrsgesellschaften

Die wichtigsten Luftverkehrsgesellschaften der Welt, geordnet nach den Zweibuchstaben-Abkürzungen, die Sie auf Flugplan und Ticket finden. In Klammern die im allgemeinen Sprachgebrauch üblichen Kurzbezeichnungen.

AC Air Canada, Kanada
AF Air France, Frankreich (AF)
AI Air India International, Indien (AII)
AR Aerolineas Argentinas, Argentinien (ARG)
AT Royal Air Maroc, Marokko
AV Aerovias Nacionales de Columbia, Kolumbien (AVIANCA)
AY Aero O/Y-Finair, Finnland (FINAIR)
AZ Aerolinee Italiane Internazionali (ALITALIA)
BA British Airways, Großbritannien
CP Canadian Pacific Air Lines, Kanada (CPAL)
EI Aer Lingus Teoranta, Irland (ALT)
ET Ethiopian Airlines S.C., Äthiopien (EAL)
FA Eastern Airlines Inc., USA (EAL)
FI Icelandair, Island
GA P.T. Garuda Indonesien Airways, Indonesien

IB Spanische Luftverkehrsgesellschaft, Spanien (IBERIA)
IW Air Bahama, Bahamas
JL Japan Airlines, Japan (JAL)
JU Jugoslovenski Aero Transport, Jugoslawien (JAT)
KE Korean Airlines, Republik Korea
KL Koningklijke Luchtvaart Maatschappij, Niederlande (KLM)
KM Air Malta Co. Ltd., Malta
KU Kuweit-Airways Corporation, Kuweit
LA Linea Aera Nacional, Chile (LAN)
LH Deutsche Lufthansa AG, Bundesrepublik Deutschland (DLH)
LL Icelandic/Loftleidir, Island
LO Polskie Linie Lotnicze, Polen (LOT)
LY El Al Israel Airlines Ltd., Israel (EL AL)
LZ Bulgaria Civil Air Transport, Bulgarien (TABSO)
MA Magyar Légiközlekdési Vállalat, Ungarn (MALEV)
MD Madair, Madagaskar
ME Middle East Airlines, Großbritannien (MEA)
MS Egyptair, Ägypten
NA National Airlines, USA
OA Olympic Airways S.A., Griechenland
OS Austrian Airlines, Österreich (AUA)
PA Pan American World Airways Inc., USA (PANAM)
PK Pakistan International Airlines, Pakistan (PIA)
QF Qantas Empire Airlines, Australien (QANTAS)
RB Syrien Air, Syrien
RG Varig Empresa de Viaçao Aerea Rio Grandense, Brasilien (VARIG)
RJ Royal Jordanien Airline, Jordanien (ALIA)
RO Transporturi Aériene Romine, Rumänien (TAROM)
SA South African Airways, Südafrika (SAA)
SK Scandinavian Airlines System, Dänemark, Norwegen, Schweden (SAS)
SN Société Anonyme Belge d'Eploitation de la Navigation Aérienne, Belgien(SABENA)
SQ Singapur Airlines, Singapur (SIA)
SR Schweizerische Luftverkehr AG, Schweiz (SWISSAIR)
SU Sowjetische Luftverkehrsgesellschaft, UdSSR (AEROFLOT)
TK Turk Hava Yollari A.O., Türkei (THY)
TP Transportes Aereos Portugueses, Portugal (TAP)
TU Tunis Air, Tunesien (TAR)
TW Trans World Airlines, USA (TWA)

95 berühmte Maler

Angelico, Fra 1387–1455
Baumeister, Willi 1889–1955
Beckmann, Max 1884–1950
Bellini, Giovanni 1430 (?)–1516
Böcklin, Arnold 1827–1901
Botticelli, Sandro 1444–1510
Braque, Georges 1881–1963
Bruegel, Pieter d. Ä. 1525 (?)–1569
Cézanne, Paul 1839–1906
Chagall, Marc 1889–1985
Chirico, Giorgio de 1888–1978
Chodowiecki, Danjel 1726–1801
Cranach, Lucas d. Ä. 1472–1553
Cranach, Lucas d. J. 1515–1586
Dali, Salvador 1904–
Daumier, Honoré 1808–1879
Defregger, Franz von 1835–1921
Degas, Edgar 1834–1917
Delacroix, Eugène 1798–1863
Dix, Otto 1891–1969
Dürer, Albrecht 1471–1528
Dyck, Anthonis van 1599–1641
Ernst, Max 1891–1976
Eyck, Hubert van 1370 (?)–1426
Eyck, Jan van 1390 (?)–1441
Feininger, Lyonel 1871–1956
Feuerbach, Anselm 1829–1880
Friedrich, Caspar Dav. 1774–1840
Gainsborough, Thomas 1727–1788
Gauguin, Paul 1848–1903
Giotto di Bondone 1266–1337
Gogh, Vincent van 1853–1890
Goya, Francisco J. de 1746–1828
Greco, El 1541–1614
Grünewald, Matthias 1460–1528
Hals, Frans 1580–1666
Hodler, Ferdinand 1853–1918
Hofer, Karl 1878–1955
Hogarth, William 1697–1764
Holbein, Hans d. Ä. 1465–1524
Holbein, Hans d. J. 1497–1543
Ingres, Jean A. D. 1780–1867
Kandinsky, Wassily 1866–1914
Klee, Paul 1879–1940
Kokoschka, Oskar 1886–1980
Kollwitz, Käthe 1867–1945
Kubin, Alfred 1877–1959
Léger, Fernand 1881–1955
Leibl, Wilhelm 1844–1900
Leistikow, Walter 1865–1908

Lenbach, Franz von 1836–1904
Leonardo da Vinci, 1452–1519
Liebermann, Max 1847–1935
Mack, Heinz 1931–
Manet, Edouard 1832–1883
Marc, Franz 1880–1916
Marées, Hans von 1837–1887
Masereel, Frans 1889–1972
Matisse, Henri 1869–1954
Memling, Hans 1433–1494
Menzel, Adolf von 1815–1905
Michelangelo 1475–1564
Monet, Claude 1840–1926
Munch, Edvard 1863–1914
Murillo, Bartolomé 1618–1682
Nolde, Emil 1867–1956
Pechstein, Max 1881–1955
Perugino, Pietro 1450–1523
Picasso, Pablo 1881–1973
Raffael 1483–1520
Rauschenberg, Robert 1925–
Rembrandt 1606–1669
Renoir, Auguste 1841–1919
Repin, Ilja 1844–1930
Richter, Ludwig 1803–1884
Rubens, Peter Paul 1577–1640
Ruisdael, Jakob van 1628–1682
Ruisdael, Salomon van 1600–1670
Runge, Philipp Otto 1777–1810
Schmidt-Rottluff, Karl 1884–1976
Schongauer, Martin 1450–1491
Schwind, Moritz von 1804–1871
Slevogt, Max 1868–1932
Spitzweg, Carl 1808–1885
Thoma, Hans 1839–1924
Tintoretto 1518–1594
Tischbein, Joh. Friedr. Aug. 1750–1812
Tischbein, Joh. Heinr. d. Ä. 1722–1789
Tischbein, Joh. Heinr. Wilh. 1751–1829
Tizian 1476–1576
Toulouse-Lautrec, Henri de 1864–1901
Utrillo, Maurice 1883–1955
Velasquez, Diego R. 1599–1660
Vermeer van Delft, Jan 1632–1675
Whistler, James 1834–1903

Maßstäbe auf Karten

Maßstab	1 cm auf der Karte = ... in der Natur	Maßstab	1 cm auf der Karte = ... in der Natur
1 : 5 000	50 m	1 : 750 000	7,5 km
1 : 10 000	100 „	1 : 1 000 000	10 „
1 : 20 000	200 „	1 : 2 500 000	25 „
1 : 25 000	250 „	1 : 5 000 000	50 „
1 : 50 000	500 „	1 : 10 000 000	100 „
1 : 100 000	1 km	1 : 20 000 000	200 „
1 : 200 000	2 „	1 : 30 000 000	300 „
1 : 250 000	2,5 „	1 : 40 000 000	400 „
1 : 300 000	3 „	1 : 50 000 000	500 „
1 : 500 000	5 „	1 : 100 000 000	1000 „

Mathematische Zeichen

Zeichen	Sprechweise und Erläuterung	Zeichen	Sprechweise und Erläuterung
%	vom Hundert (Prozent)	$\approx$	angenährt, nahezu gleich
‰	vom Tausend (Promille)	$<$	kleiner als, z. B. $< a$
/	je (pro); Beispiel: kg/m, kg je m	$>$	größer als, z. B. > 0
+	plus, und (Additionszeichen und Kennzeichen posit. Zahlen)	∞	unendlich
		π	(pi) Ludolfsche Zahl = 3,14159
-	minus, weniger (Subtraktionszeichen und Kennzeichen negat. Zahlen)	$\sqrt{\ }$ $\sqrt[3]{\ }$	Wurzel (dritte Wurzel) aus, z. B. $\sqrt{8}$
		a^x	a hoch x; xte Potenz von a
$\times$	mal, z. B. 3×4, $3 \cdot 4$	$^a\log$	Logarithmus zur Basis a
: / -	geteilt durch, t. B. 3:4, 3/4, $\frac{3}{4}$	lg	gewöhnl. (dekadischer) Logarithmus ($^{10}\log$)
=	gleich		
$\equiv$	identisch gleich	ln	natürlicher Logarithmus
$\neq$	nicht gleich, ungleich	Σ	(Sigma) Summenzeichen

f (x)	Funktion von x	$\perp$	rechtwinklig zu, senkrecht auf
$\int$	Integralzeichen	$\triangle$	Dreieck
$\rightarrow$	gegen, nähert sicht, strebt nach	$\cong$	kongruent
lim	Limes, Grenzwert	$\triangleq$	entspricht
$i = \sqrt{-1}$	imaginäre Einheit	$\sim$	ähnlich, proportional
°	Grad (= 60')	$\sphericalangle$	Winkel
'	Minute (= 60")	$\overline{AB}$	Strecke A B
"	Sekunde	$\overset{\frown}{AB}$	Bogen A B
∥	parallel		

Medizinische Fachgebiete

Anästhesiologie Lehre von der Betäubung
Anatomie Lehre vom normalen Körperbau
Bakteriologie Lehre von den Krankheitserregern
Balneologie Bäderheilkunde
Bioklimatologie Klimaheilkunde
Chirurgie Behandlung durch Operationen und andere Eingriffe
Dermatologie Lehre von den Hautkrankheiten
Embryologie Entwicklungsgeschichte der Leibesfrucht
Epidemiologie Seuchenlehre
Geriatrie Lehre von den Krankheiten des Greisenalters
Gynäkologie Frauenheilkunde
Hämatologie Lehre vom Blut und den Blutkrankheiten
Histologie Lehre vom feineren Bau der Körpergewebe
Hygiene Gesundheitslehre
Immunologie Lehre von der Immunität (Impfungen)
Interne Medizin Innere Medizin
Laryngologie Lehre von den Kehlkopf-Krankheiten
Meteorobiologie Lehre von der Wirkung des Wetters auf Lebewesen
Neurologie Lehre von den Erkrankungen der Nerven
Opthalmologie Lehre von den Augenkrankheiten
Orthopädie Lehre von den Körperverbildungen und ihrer Behandlung
Otologie Lehre von den Ohrenkrankh.
Pädiatrie Kinderheilkunde
Pathologie Lehre von den krankhaften Körperveränderungen
Pharmakologie Arzneimittellehre
Physiologie Lehre von den Lebensvorgängen
Psychiatrie Irrenheilkunde
Psychotherapie Seelenheilkunde
Radiologie Strahlenheilkunde
Rhinologie Lehre von den Nasenkrankheiten
Röntgenologie Lehre von den Röntgenstrahlen
Serologie Lehre von den Eigenschaften des Blutserums
Toxikologie Lehre von den Giften
Tumorologie Lehre von den Geschwülsten
Urologie Lehre von den Erkrankungen der Harnorgane
Venerologie Lehre von den Geschlechtskrankheiten

Meeresgrößen

	Fläche (Mio km²)	Inhalt (Mio km³)	größte Tiefe (m)
Amerikan. Mittelmeer	4,319	9,6	6269
Atlantischer Ozean	106,5	354,7	9219
Bering-Meer	2,268	3,2	3939
Europ. Mittelmeer	2,966	4,2	4404
Hudson-Meer	1,232	0,2	622
Indischer Ozean	74,9	291,9	7455
Irische See	0,103	0,01	265
Japanisches Meer	1,008	1,4	3258
Nördl. Eismeer	14,090	17,0	3850

Nordsee	0,575	0,05	617
Ochotskisches Meer	1,528	1,3	3370
Ostchinesisches Meer	1,249	0,2	2377
Ostsee	0,397	0,02	427
Pazifischer Ozean	179,7	723,7	11022
Persischer Golf	0,239	0,01	150
Rotes Meer	0,438	0,2	2359

Meerestiefen

Name	Lage	Tiefe
Albatros-Tiefe	Romanche-Kessel	7610 m
Challenger-Tiefe	Mariannen-Graben	10899 m
Emden-Tiefe	Philippinen-Graben	10400 m
Galathea-Tiefe	Philippinen-Graben	10540 m
Johnson-Tiefe	Philippinen-Graben	10497 m
Meteor-Tiefe	Südantillen-Graben	8264 m
Milwaukee-Tiefe	Antillen-Graben	9219 m
Penguin-Tiefe	Tonga-Graben	10882 m
Ramapo-Tiefe	Bonin-Graben	10340 m
Vitiaz-Tiefe I	Marianen-Graben	11022 m

Mehrstimmigkeit

	1	2	3	4
Gesangsstimmen	Solo	Duett	Terzett	Quartett
Instrumente	Solo	Duo	Trio	Quartett
	5	6	7	8
Gesangsstimmen	Quintett	Sextett	Septett	Oktett
Instrumente	Quintett	Sextett	Septett	Oktett

Grundbegriffe der Mengenlehre

Beziehungen zwischen Mengen

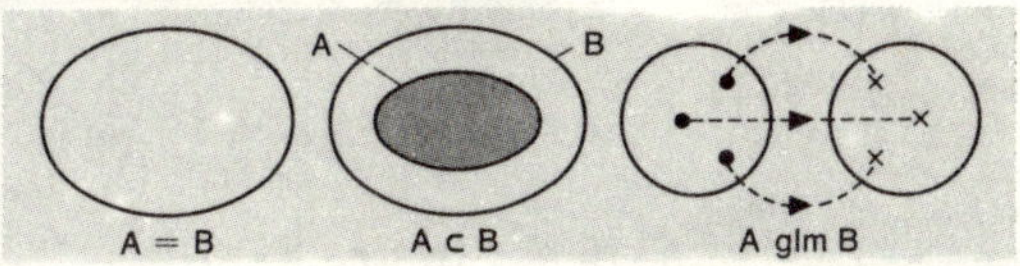

Art	Zeichen	Bedeutung (Kriterium)
Gleichheit	$A = B$	A und B enthalten dieselben Elemente
Teilmenge Echte Teilmenge	$A \subseteq B$ $A \subset B$	Jedes Element von A ist auch Element von B Jedes Element von A ist auch Element von B, aber nicht umgekehrt
Gleichmächtigkeit	A glm B auch $A \sim B$	Es gibt eine eineindeutige Abbildung von A auf B

Verknüpfungen von Mengen

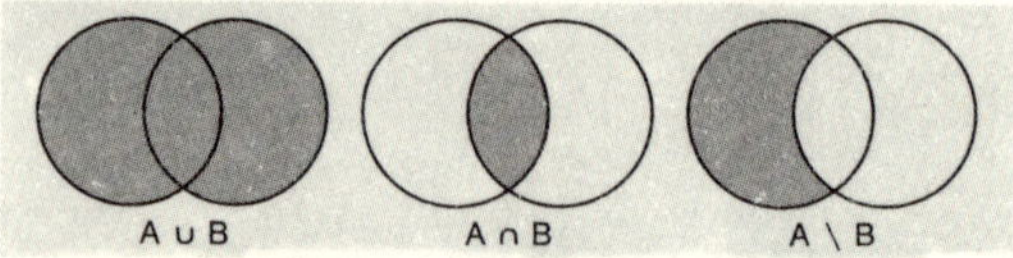

Art	Zeichen	Bedeutung
Vereinigungsmenge	A ∪ B	Menge aller Elemente, die mindestens einer der beiden Mengen A oder B angehören
Schnittmenge	A ∩ B	Menge aller Elemente, die zugleich zu A und zu B gehören
Restmenge	A \ B (›A ohne B‹)	Menge aller Elemente aus A, die nicht in B enthalten sind
Paarmenge	A x B (›A kreuz B‹)	Menge aller geordneten Paare (x, y), deren erste Komponente x in A, und deren zweite Komponente y in B enthalten ist

Die 100 einflußreichsten Menschen

Welche Persönlichkeiten der Geschichte waren für die Entwicklung der Menschheit am bedeutsamsten? Über 50 »Menschen, die die Welt veränderten«, berichtete ein 1977 in Deutschland erschienenes Buch. Die nach seiner Meinung einflußreichsten 100 Menschen reihte 1978 der Amerikaner Michael Hart in seine Rangordnung ein:

1. **Mohammed** (570–632), Begründer des Islam, Einiger der Araber
2. **Isaac Newton** (1642–1727), Begründer der modernen Physik
3. **Jesus Christus** (7 v. Chr.–30), Begründer der christlichen Religion
4. **Gautama Buddha**)563–483 v. Chr.), Begründer des Buddhismus
5. **Konfuzius** (551–479 v. Chr.), chinesischer Moral- und Staatsphilosoph
6. **Paulus** (4 v. Chr.–64), größter christlicher Missionar
7. **Ts'ai Lun** (um 50–114), chinesischer Erfinder des Papiers
8. **Johannes Gutenberg** (vor 1400 bis 1468), erfand den Buchdruck mit beweglichen Lettern
9. **Christoph Columbus** (1451–1506), wichtigster Entdecker Amerikas
10. **Albert Einstein** (1879–1955), größter Naturwissenschaftler des 20. Jahrhunderts (Relativitätstheorie)
11. **Karl Marx** (1818–1883), Theoretiker des Kommunismus (mit Friedrich Engels)
12. **Louis Pasteur** (1822–1895), Begründer der Mikrobiologie, führte Schutzimpfungen ein
13. **Galileo Galilei** (1564–1642), Begründer der Fernrohrastronomie
14. **Aristoteles** (384–322 v. Chr.), führte die Logik in die westliche Philosophie ein
15. **Lenin** (1870–1924), setzte die bolschewistische Macht in Rußland durch
16. **Moses** (um 1300 v. Chr.), kanonisierte den jüdischen Monotheismus, führte die Juden aus Ägypten
17. **Charles Darwin** (1809–1882), Schöpfer der modernen Evolutionstheorie
18. **Shih Huang Ti** (260–209 v. Chr.), erzwang den ersten chinesischen Einheitsstaat
19. **Augustus** (63 v. Chr.–14), bedeutender Herrscher des Römischen Imperiums
20. **Mao Tse-tung** (1893–1976), Begründer des chinesischen Kommunismus
21. **Dschingis Chan** (um 1167–1227), Begründer des Mongolenreichs
22. **Euklid** (um 365–300 v. Chr.), Begründer der Geometrie
23. **Martin Luther** (1483–1546), protestantischer Reformator
24. **Nikolaus Kopernikus** (1473 bis 1543), Begründer der modernen Astronomie

25. **James Watt** (1736–1819), Erfinder der Dampfmaschine
26. **Konstantin der Große** (nach 280 bis 337), erster christlicher Kaiser des Römischen Reiches
27. **George Washington** (1732–1799), führte die USA zur Unabhängigkeit; erster US-Präsident
28. **Michael Faraday** (1791–1867), Entdecker des Elektromagnetismus, der Prinzipien von Motor und Generator
29. **James C. Maxwell** (1831–1879), entdeckte Gesetzmäßigkeiten des Elektromagnetismus
30. **Brüder Wright,** Orville (1871 bis 1948) und Wilbur (1867–1912), bauten das erste Motorflugzeug
31. **Antoine Lavoisier** (1743–1794), Begründer der modernen Chemie (Elementaranalyse)
32. **Sigmund Freud** (1856–1939), Begründer der Psychoanalyse
33. **Alexander der Große** (356–323 v. Chr.), verbreitete die griechische Kultur im Orient
34. **Napoleon I.** (1769–1821), schuf den Code Napoleon, Vorbild vieler moderner Gesetzbücher
35. **Adolf Hitler** (1889–1945), entfesselte den Zweiten Weltkrieg
36. **William Shakespeare** (1563 bis 1616), bedeutendster Dramatiker der Weltliteratur
37. **Adam Smith** (1723–1790), Begründer der klassischen Nationalökonomie
38. **Thomas A. Edison** (1847–1931), erfolgreichster Erfinder (u. a. Glühbirne, Elektrizitätswerk, Schallaufzeichnung)
39. **Antoni van Leeuwenhoek** (1632 bis 1723), entdeckte die Mikroben
40. **Platon** (427–347 v. Chr.), seine Erkenntnislehre beeinflußte die westliche Philosophie
41. **Guglielmo Marconi** (1847–1937), Erfinder der drahtlosen Telegraphie
42. **Ludwig van Beethoven** (1770 bis 1827), sein Werk erschloß der Musik neue Dimensionen
43. **Werner Heisenberg** (1901–1976), Schöpfer der Quantenmechanik
44. **Alexander G. Bell** (1847–1922), Erfinder des Fernsprechers
45. **Alexander Fleming** (1881–1955), entdeckte das Penicillin
46. **Simon Bolivar** (1783–1830), befreite Lateinamerika
47. **Oliver Cromwell** (1599–1658), unter seiner Herrschaft wurde England Republik
48. **John Locke** (1632–1704), Begründer der Philosophie der Aufklärung
49. **Michelangelo** (1475–1564), Renaissancebildhauer, Maler und Architekt
50. **Urban II.** (um 1035–1099), Papst, rief zu den Kreuzzügen auf
51. **Omar I.** (580–644), Kalif, Organisator des islamischen Reiches
52. **Ashoka** (etwa 273–236 v. Chr.), verbreitete den Buddhismus in Indien
53. **Augustinus** (354–430), Kirchenlehrer
54. **Max Planck** (1858–1947), formulierte die Quantentheorie
55. **Johann Calvin** (1509–1564), Begründer des Calvinismus
56. **William T. G. Morton** (1819 bis 1868), führte die Äthernarkose in die Medizin ein
57. **William Harvey** (1578–1657), entdeckte den Blutkreislauf
58. **Henri Becquerel** (1852–1908) entdeckte die Radioaktivität
59. **Gregor Mendel** (1822–1884), begründete die Vererbungslehre
60. **Joseph Lister** (1827–1912), entwickelte die antiseptische Wundbehandlung
61. **Nikolaus Otto** (1832–1891), baute den ersten Viertaktmotor
62. **Louis Daguerre** (1787–1851), schuf das erste brauchbare fotografische Verfahren
63. **Josef Stalin** (1879–1953), regierte die UdSSR mit brutaler Unterdrückung
64. **René Descartes** (1596–1650), Verfechter des Rationalismus
65. **Julius Cäsar** (100–44 v. Chr.), führte den Julianischen Kalender ein und eroberte Gallien
66. **Francisco Pizarro** (um 1478 bis 1541), eroberte das Inkareich
67. **Hernan Cortes** (1485–1547), eroberte das Aztekenreich
68. **Isabella I.** (1451–1504), einigte Spanien und finanzierte Columbus
69. **Wilhelm der Eroberer** (um 1027 bis 1087), eroberte England
70. **Thomas Jefferson** (1743–1826), formulierte die Unabhängigkeitserklärung der USA
71. **Jean Jacques Rousseau** (1712 bis 1778), Wegbereiter der Französischen Revolution
72. **Edward Jenner** (1749–1823), entwickelte die Pockenschutzimpfung
73. **Wilhelm Röntgen** (1845–1923), entdeckte die nach ihm benannten Röntgenstrahlen

74. **Johann Sebastian Bach** (1685 bis 1750), seine Kompositionen legten das Fundament der neueren Musik
75. **Lao Tse** (480–390 v. Chr.), Verkünder des Taoismus
76. **Enrico Fermi** (1901–1954), entwarf den ersten Kernreaktor
77. **Thomas Malthus** (1766–1834), erster Bevölkerungswissenschaftler
78. **Francis Bacon** (1561–1626), Begründer des englischen Empirismus, Lordkanzler
79. **Voltaire** (1694–1778), bedeutendster Vertreter der europäischen Aufklärung
80. **John F. Kennedy** (1917–1963), startete das Apollo-Raumfahrtprogramm (Mondlandung)
81. **Gregory Pincus** (1903–1967), entwickelte das erste hormonale Empfängnisverhütungsmittel (die »Pille«)
82. **Sui Wen Ti** (541–604), erreichte die Wiedervereinigung Chinas
83. **Mani** (216–276), persischer Begründer des Manichäismus
84. **Vasco da Gama** (1469–1524), fand den Seeweg nach Indien
85. **Karl der Große** (742–814), Gründer des mittelalterlichen Heiligen Römischen Reiches
86. **Kyros der Große** (um 590 bis 529 v. Chr.), Gründer des altpersischen Weltreiches
87. **Leonhard Euler** (1707–1783), fand die Verbindung zwischen Mathematik und Physik
88. **Niccolò Machiavelli** (1469–1527), Staatsphilosoph der Renaissance
89. **Zarathustra** (628–553 v. Chr.), persischer Religionsstifter
90. **Menes** (um 3100 v. Chr.), vereinigte Ägyptens Süd- und Nordreich
91. **Peter der Große** (1672–1725), öffnete Rußland dem Westen
92. **Meng Tzu** (372–289 v. Chr.), chinesischer Verfechter einer aufgeklärten Herrschaft
93. **John Dalton** (1766–1844), Begründer der modernen Atomtheorie
94. **Homer** (um 800 v. Chr.), wurde durch »Ilias« und »Odyssee« unsterblich
95. **Elisabeth I.** (1533–1603), machte Großbritannien zur Weltmacht
96. **Justinian I.** (487–565), kodifizierte das Römische Recht
97. **Johannes Kepler** (1571–1630), fand die Gesetze der Planetenbahnen
98. **Pablo Picasso** (1881–1973), Schöpfer der modernen Malerei
99. **Mahawira** (um 477 v. Chr.), Stifter des indischen Dschainismus
100. **Niels Bohr** (1885–1962), entwickelte das erste Atommodell

Menschenrechte

Nach der vom Europa-Rat verabschiedeten »Europäischen Konvention zur Wahrung der Menschenrechte und Grundfreiheiten« werden ohne Unterschied des Geschlechts, der Rasse, Farbe, Sprache und Religion folgende Rechte garantiert:

1. Recht auf Leben
2. Schutz gegen Folter, erniedrigende oder unmenschliche Behandlung
3. Schutz gegen Sklaverei und Knechtschaft
4. Recht auf ordentliches richterliches Gehör
5. Schutz gegen rückwirkende Geltung von Gesetzen
6. Schutz des privaten Familienlebens, des Heimes und des Briefwechsels
7. Recht auf Gedanken-, Gewissens- und Religionsfreiheit
8. Recht auf freie Meinungsäußerung und Pressefreiheit
9. Recht auf Versammlungs- und Vereinigungsfreiheit
10. gewerkschaftliches Koalitionsrecht
11. Recht auf Eheschließung
12. Recht auf Achtung des Eigentums
13. Erziehungsrecht und Erziehungsfreiheit
14. Recht auf freie Wahlen und Geheimabstimmung

Seit 1961 hat die Organisation »Amnesty International« den Kampf um die Verwirklichung dieser Menschenrechte und um das Los aus weltanschaulich-religiösen oder politischen Gründen Festgenommener aufgenommen. Für ihre erfolgreichen Bemühungen erhielt die Organisation 1977 den Friedensnobelpreis.

Die Menschheit in Zahlen

Die folgenden Zahlen zeigen das Anwachsen der Menschheit seit 12 000 Jahren:

um	10000	v. Chr.	2 500 000
um	5000	„	20 000 000
um	3000	„	80 000 000
um	1000	„	100 000 000
um	0		200 000 000
um	1650	n. Chr.	550 000 000
um	1750	„	730 000 000
um	1800	„	900 000 000
um	1850	„	1 075 000 000
um	1900	„	1 600 000 000
um	1950	„	2 410 000 000
um	1960	„	3 000 000 000
um	1987	„	5 000 000 000
um	2000	„	8 000 000 000

55% der heutigen Menschheit können lesen und schreiben, 45% nicht!

55% wohnen in festen Gebäuden und sind mehr oder weniger bekleidet, 30% wohnen in Hütten und tragen nur Gürtel oder Lendenschurz, 15% haben kein festes Obdach und sind nackt!

40% essen mit Messer und Gabel, 30% essen mit Stäbchen, 30% essen mit den Fingern!

35% sind Christen, 65% sind Nichtchristen!

1650

545 Millionen

1750

730 Millionen

1850

1075 Millionen

1950

2410 Millionen

Menschliche Knochen

Das menschliche Skelett besteht aus nicht mehr und nicht weniger als 210 einzelnen Knochen. Die folgende Übersicht zeigt Ihnen, wie die Knochen verteilt sind:

33 im Schädel
28 in den Fingern
28 in den Zehen
26 in der Wirbelsäule
25 im Brustkorb
16 Handwurzelknochen
14 Fußwurzelknochen
10 Mittelhandknochen
10 Mittelfußknochen
6 im Unterschenkel
4 im Schultergürtel
4 in den Unterarmen
2 in den Oberarmen
2 in den Oberschenkeln
2 in der Hüfte

Mischlinge

Cafuso Indianer/Neger
Casco Mulatte/Mulatte
Chino Neger/Indianer
Cubra Mulatte/Neger
Eurasier Weißer/Inder
Griffe Neger/Mulattin
Halfcast Eurasier
Liplap Weißer/Javanin
Mameluco Weißer/Quarteronin
Mango Sambo/Neger
Mestigo Chinese/Malaie
Mestize Weißer/Indianer
Mulatte Weißer/Neger
Peranakan Chinese/Malaie
Quarterone Terzerone/Weißer
Sambo Mulatte/Neger
Terzerone Mulatte 1. Grades/Weißer
Zambo Indianer/Neger

Alte deutsche Monatsnamen

Januar	Hartung, Schneemond
Februar	Homung
März	Lenzing, Lenzmond
April	Ostermond
Mai	Wonnemond
Juni	Brachmond, Brachet
Juli	Heumond, Heuert
August	Erntemond, Ernting
September	Herbstmond, Scheiding
Oktober	Weinmond, Gilbhard
November	Nebelmond, Nebelung
Dezember	Christmond, Julmond

Mondfinsternis

Mondfinsternisse treten nur bei Vollmond auf, da Sonne, Mond und Erde in einer Linie stehen müssen. Wenn der Mond durch den Schattenkegel der Erdkugel läuft, erfolgt keine Reflexion des Sonnenlichts mehr, und der Erdtrabant scheint vom Himmel verschwunden zu sein. Entgegen der landläufigen Meinung treten Mondfinsternisse viel seltener auf als Sonnenfinsternisse. Das hängt damit zusammen, daß eine Sonnenfinsternis nur in einem 100 Kilometer breiten Korridor sichtbar ist, eine Mondfinsternis dagegen auf einer Erdhälfte.

1960 (13. 3., 5. 9.)
1961 (26. 8.)
1963 (30. 12.)
1964 (25. 6., 19. 12.)
1967 (24. 4., 18. 10.)
1968 (13. 4., 6. 10.)
1971 (10. 2., 6. 8.)
1972 (30. 1.)
1974 (29. 11.)
1975 (25. 5., 18. 11.)
1978 (24. 3., 16. 9.)
1979 (6. 9.)
1982 (9. 1., 6. 7., 30. 12.)
1985 (4. 5., 28. 10.)
1986 (24. 4., 17. 10.)
1989 (20. 2., 17. 8.)
1990 (9. 2.)
1992 (9. 12.)
1993 (4. 6., 29. 11.)
1996 (4. 4., 27. 9.)
1997 (16. 9.)
2000 (21. 1., 16. 7.)

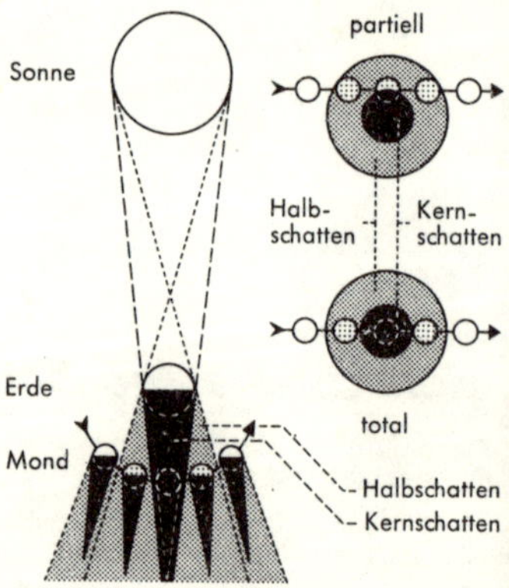

Morsealphabet

Buchstabe	Zeichen	Merkwörter*)	Buchstabe	Zeichen	Merkwörter*)
a	· –	Arno – Atom	o	– – –	Ökonom
ä	· – · –	Äsop ist tot	ö	– – – ·	Ökonomie
b	– · · ·	Borvaselin –	p	· – – ·	Per Motorrad
		Bohnensuppe	q	– – · –	Quohnsdorf bei Forst
c	– · – ·	Coburg-Gotha	r	· – ·	Revolver
ch	– – – –	Chloroformtopf	s	· · ·	Sabine – Sausewind
d	– · ·	Doria – Drogerie	t	–	Tod
e	·	Ernst – Eis	u	· · –	Uniform
f	· · – ·	Friedrichroda	ü	· · – –	Überkonto
g	– – ·	Gomorrha	v	· · · –	Verbrennungstod –
h	· · · ·	Herrenzimmer –			Ventilator
		Hausbesitzer	w	· – –	Weltnordpol –
i	· ·	Ida			Windmotor
j	· – – –	Jawohl Odol	x	– · · –	Xolabaphon
k	– · –	Kolberg Ost-	y	– · – –	York Yellowstone –
		Klosterhof			Yorker Kohlkopf
l	· – · ·	Leonidas	z	– – · ·	Zoroaster – Zorndorfer
m	– –	Motor			Schlacht
n	– ·	Nora			

Zahlen:

1 · – – – –	6 – · · · ·	Punkt · – · – · –	Doppelpunkt – – – · · ·
2 · · – – –	7 – – · · ·	Komma – – · · – –	Klammer – · – – · –
3 · · · – –	8 – – – · ·	Strichpunkt – · – · – ·	Anfangszeichen – · – · –
4 · · · · –	9 – – – – ·	Fragezeichen · · – – · ·	Warten · – · · ·
5 · · · · ·	0 – – – – –	Bindestrich – · · · · –	Irrung · · · · · · ·
		Bruchstrich – · · – ·	Verstanden · · · – ·

*) Jede Silbe mit dem Buchstaben »O«bedeutet Strich

Berühmte Museen

Name	Ort	Art der Sammlungen
Britisches Museum	London	kunst-, kulturgeschichtlich
Deutsches Museum	München	naturwissensch.-technisch
Eremitage	Leningrad	Kunst
Germanisches Museum	Nürnberg	kulturgeschichtlich
Glyptothek	München	Skulpturen
Grünes Gewölbe	Dresden	kunstgewerbliche Arbeiten
Louvre	Paris	Kunst
Museum of Modern Art	New York	moderne Kunst
Nationalgalerie	Berlin	Kunst
Nationalgalerie	London	Gemälde
Nationalmuseum	Neapel	Kunst
Palazzo Pitti	Florenz	Kunst
Pinakothek	München	Gemälde
Prado-Museum	Madrid	Gemälde
Rijksmuseum	Amsterdam	Gemälde u. a.
Tate-Galerie	London	Kunst
Tretjakow-Galerie	Moskau	Kunst
Uffizien	Florenz	Gemälde und Skulpturen

Die 9 Musen

Name	Symbol	Aufgabenbereich
Erato	Saiteninstrument	Liebeserklärung
Euterpe	Flöte	Lyrik
Kalliope	Schreibtafel	epische Dichtung, Rhetorik, Philosophie
Klio	Schriftrolle	Geschichtswissenschaft
Melpomene	tragische Maske	Tragödie
Polyhymnia	–	Gesang
Terpsichore	Saiteninstrument	Tanz
Thalia	komische Maske	Komödie
Urania	Himmelsglobus	Sternkunde

Musikalische Tempo- und Ausdrucksbezeichnungen

accelerando (ital.) allmählich schneller werdend
adagio (ital.) ruhig, sanft, langsam (zwischen largo und andante)
affettuoso (ital.) leidenschaftlich
agitato (ital.) erregt
a la breve (ital.) im 2/2-Takt
a la marcia (ital.) marschmäßig
allargando (ital.) breiter werdend
allegretto (ital.) heiter (zwischen andante und allegro)
allegro (ital.) schnell, lebhaft
amabile (ital.) lieblich, liebenswürdig
andante (ital.) schreitend, mäßig bewegt (zwischen adagio und allegro)
animato (ital.) beseelt
appassionato (ital.) leidenschaftlich
arioso (ital.) sangbar
arpeggio (ital.) das harfenähnliche schnelle Hintereinandererklingen der Töne eines Akkordes auf Tasten- oder Saiteninstrumenten
assai (ital.) genug, sehr
a tempo (ital.) im ursprüngl. Zeitmaß
a vista (ital.) vom Blatt
bis (ital.) zweimal
calando (ital.) langsamer, leiser werdend
cantabile (ital.) gesangvoll, gesanglich
coll'arco (ital.) mit dem Bogen
col legno (ital.) mit dem Holz, nicht mit den Haaren des Bogens zu spielen
con brio (ital.) feurig
crescendo (ital.) lauter werdend, anschwellend
da capo (ital.) »von Anfang an«, wiederholen
descrescendo (ital.) abnehmend, schwächer werdend
diminuendo (ital.) schwächer werdend
dolce (ital.) zart, sanft
eroico (ital.) heroisch
espressivo (ital.) ausdrucksvoll
forte (ital.) stark, laut
fortissimo (ital.) sehr laut
fugato (ital.) nach der Art der Fuge
funebre (ital.) traurig
furioso (ital.) leidenschaftlich, rasend
giocoso (ital.) scherzhaft
glissando (ital.) gleitend (bei Saiten- oder Tasteninstrumenten)
grave (ital.) schwer
istesso tempo (ital.) im gleichen Zeitmaß
larghetto (ital.) weniger breit (als largo)
largo (ital.) breit, feierlich
legato (ital.) gebunden
lento (ital.) langsam
lugubre (ital.) finster, traurig
maestoso (ital.) majestätisch
marcato (ital.) deutlich, betont
martellando (ital.) hämmernd
mezza voce (ital.) mit mittlerer, halber Stimme
mezzo (ital.) mittel, halb
mezzoforte (ital.) halbstark, mittelstark
moderato (ital.) gemäßigt
molto (ital.) sehr
mosso (ital.) bewegt
non (lat., ital.) nicht
ostinato (ital.) beharrlich, hartnäckig
parlando (ital.) im Sprechgesang
piano (ital.) leise
pianissimo (ital.) sehr leise
piccolo (ital.) klein
piu (ital.) mehr (piu lento = langsamer)
pizzicato (ital.) Zupfen der Saiten mit den Fingern
poco (ital.) ein wenig
portato (ital.) getragen
presto (ital.) schnell; prestissimo, sehr schnell
prima vista (ital.) vom Blatt
rallentando (ital.) langsamer werdend
religioso (ital.) andächtig

rinforcando (ital.) stark werdend
ritardando (ital.) langsamer werdend
ritenuto (ital.) zurückhaltend
secco (ital.) trocken
sereno (ital.) heiter
serio, serioso (ital.) ernst, ernsthaft
sforzato (ital.) verstärkt, übermäßig
smorzando (ital.) ersterbend, verhauchend
solemnis (lat.) festlich
sostenuto (ital.) getragen
sotto voce (ital.) mit gedämpfter Stimme, halblaut
staccato (ital.) gestoßen, mit deutlicher Trennung der einzelnen Töne
stringendo (ital.) schneller werdend
tenuto (ital.) ausgehalten
tranquillo (ital.) ruhig
troppo (ital.) zu sehr
tutti (ital.) alle
unisono (ital.) einstimmig
vibrato (ital.) bebend
vivace (ital.) lebhaft

Berühmte Musiker

Abendroth, Hermann 1883–1956
Abraham, Paul 1892–1960
Albert, Eugen d' 1864–1932
Armstrong, Louis 1900–1971
Bach, Joh. Sebastian 1685–1750
Bartók, Béla 1881–1945
Beethoven, Ludwig van 1770–1827
Bellini, Vincenzo 1801–1835
Benatzky, Ralph 1884–1957
Berg, Alban 1885–1935
Berlioz, Hector 1803–1869
Bizet, Georges 1838–1875
Blacher, Boris 1903–1975
Boccherini, Luigi 1743–1805
Borodin, Alexander 1833–1887
Brahms, Johannes 1833–1897
Britten, Benjamin 1913– 1976
Bruch, Max 1838–1920
Bruckner, Anton 1824–1896
Busoni, Ferruccio 1866–1924
Buxtehude, Dietrich 1637–1707
Cherubini, Luigi 1760–1842
Chopin, Frédéric 1810–1849
Cornelius, Peter 1824–1874
Debussy, Claude 1862–1918
Donizetti, Gaetano 1797–1848
Dostal, Nico 1895–1981
Dukas, Paul 1765–1835
Dvořák, Anton 1841–1904
Egk, Werner 1901–1983
Einem, Gottfried von 1918–
Ellington, Duke 1899–1974
Fall, Leo 1873–1925
Falla, Manuel de 1876–1946
Flotow, Friedrich von 1812–1883
Furtwängler, Wilhelm 1886–1954
Gershwin, George 1898–1937
Gilbert, Jean 1879–1942
Glinka, Michael 1804–1857
Gluck, Chr. Willibald 1714–1787
Gounod, Charles 1818–1893
Grieg, Edvard 1843–1907
Händel, Georg Friedrich 1685–1759
Haydn, Franz Joseph 1732–1809
Henze, Hans Werner 1926–
Heuberger, Richard 1850–1914
Hindemith, Paul 1895–1963
Honegger, Arthur 1892–1955
Humperdinck, Engelbert 1854–1921
Kálmán, Emmerich 1882–1953
Khatschaturian, Aram 1903–1978
Kreutzer, Konradin 1780–1849
Künneke, Eduard 1885–1953
Lanner, Joseph 1801–1843
Lasso, Orlando di 1532–1594
Lehár, Franz 1870–1948
Leoncavallo, Ruggiero 1858–1919
Lincke, Paul 1866–1946
Liszt, Franz 1811–1886
Lortzing, Albert 1801–1851
Mackeben, Theo 1897–1953
Mahler, Gustav 1860–1911
Marschner, Heinrich 1795–1861
Mascagni, Pietro 1863–1945
Mendelssohn-Bartholdy, Felix 1809–1847
Meyerbeer, Giacomo 1791–1864
Millöcker, Karl 1842–1899
Mozart, Wolfgang Amadeus 1756–1791
Mussorgski, Modest 1839–1881
Nicolai, Otto 1810–1849
Offenbach, Jaques 1819–1880
Orff, Carl 1895–1982
Paganini, Niccolo 1782–1840
Palestrina, Giovanni P. da 1524 (?)–1594
Pfitzner, Hans 1869–1949
Prokofiew, Sergej 1891–1953
Puccini, Giacomo 1858–1924
Ravel, Maurice 1875–1937
Raymond, Fred 1900–1954
Reger, Max 1873–1916
Respighi, Ottorino 1879–1936
Rezniček, Emil, Nik. v. 1860–1945
Rimskij-Korssakow, Nik. 1844–1908
Rossini, Gioacchino Ant. 1792–1868
Schönberg, Arnold 1874–1951
Schostakowitsch, Dimitri 1906–1975
Schroeder, Friedrich 1910–1972
Schubert, Franz 1797–1828

Schultze, Norbert 1911–
Schumann, Robert 1810–1856
Schütz, Heinrich 1585–1672
Sibelius, Jean 1865–1957
Sinding, Christian 1856–1941
Smetana, Friedrich 1824–1884
Stolz, Robert 1880–1975
Straus, Oscar 1870–1954
Strauß (Vater), Johann 1804–1849
Strauß (Sohn), Johann 1825–1899
Strauss, Richard 1864–1949
Strawinskij, Igor 1882–1971
Suppé, Franz von 1819–1895
Telemann, Georg Philipp 1681–1767
Toscanini, Arturo 1867–1957
Tschaikowsky, Peter 1840–1893
Verdi, Guiseppe 1813–1901
Vivaldi, Antonio 1680 (?)–1743
Wagner, Richard 1813–1883
Weber, Karl Maria von 1786–1826
Weill, Kurt 1900–1950
Wolf, Hugo 1860–1903
Wolf-Ferrari, Ermanno 1876–1948
Zeller, Karl 1842–1898
Ziehrer, Carl Michael 1843–1922

Nährstoffe: Eiweiß | Fett | Kohlenhydrate | Asche, Faserstoffe | Wasser

Vitamin-Gehalt:
- • keiner
- ○ mäßiger
- ◒ mittlerer
- ● starker

Joule in 100 g: im Träger enthalten / für den Menschen verwendbar

Eiweißträger

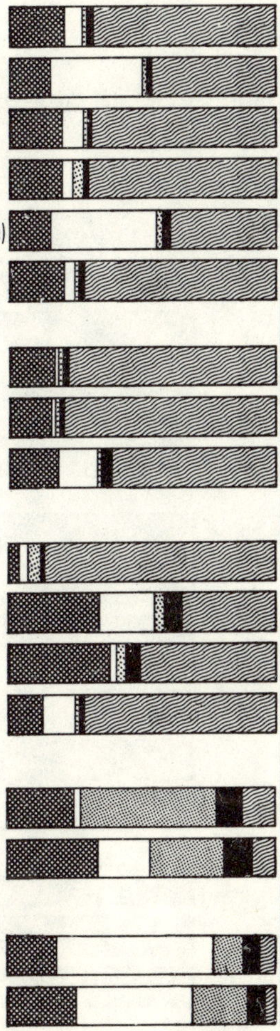

	A	B	C	D	im Träger enthalten	für den Menschen verwendbar
Kalbfleisch (mittelfett)	○	○	○	•	624	599
Schweinefleisch (fett)	○	●	○	•	1629	1541
Rindfleisch (mittelfett)	○	○	○	•	653	624
Leber (frisch) v. Rind o. Kalb	●	◒	●	○	544	523
Blut- u. Leberwurst (baste)	○ ◒	○ ○	○ ○	• ○	1851	1746
Huhn	•	◒	○	•	523	498
Schellfisch	○	○	•	•	297	293
Kabeljau	•	○	•	•	285	276
Hering (mar.)	○	○	•	●	909	846
Kuhmilch (3,1% Fett)	○	○	○	○	260	247
3/4-Fettkäse (Edamer)	○	○	○	○	1428	1390
Magerkäse	○	○	○	○	783	745
Hühnereier	◒	◒	•	◒	695	657
Linsen, Erbsen, Feldbohnen	○	◒	○	•	1377	1063
Sojabohnen	○	●	●	•	1792	1026
Walnüsse, Haselnüsse	○	◒	◒	•	2772	2420
Erdnüsse (ohne Schalen)	○	◒	◒	•	2286	2123

Nährstoffe, Nährwert und Vitamine II

Nährstoffe: Eiweiß | Fett | Kohlenhydrate | Asche, Faserstoffe | Wasser

Vitamin-Gehalt: • keiner ○ mäßiger ◐ mittlerer ● starker

Joule in 100 g: im Träger enthalten / für den Menschen verwendbar

Fette u. Fettträger

Nahrungsmittel	Nährstoffe	A	B	C	D	Joule im Träger enthalten	Joule für den Menschen verwendbar
Schmalz, Talg, Pflanzenfette u. -öle; Lebertran	Wasserfreie Fette	○ / ●	• / •	○ / ○	• / ●	3869	3638
Butter; Pflanzenbutter, Margarine	Wasserhaltige Fette u. Fettträger	● / •	• / •	○ / •	◐ / •	3312	3144

Kohlenhydratträger

Nahrungsmittel	Nährstoffe	A	B	C	D	Joule im Träger enthalten	Joule für den Menschen verwendbar
Weizenmehl, Weißmehl	Stärketräger	○	○	•	•	1503	1394
Weißbrot (fein), Brötchen	Stärketräger	•	○	•	•	1130	1084
Roggenbrot (65% Mehl)	Stärketräger	•	◐	•	•	921	862
Kartoffeln (ohne Schale)	Stärketräger	•	○	●	•	402	385
Reis (poliert), Weizengrieß, Teigwaren	Stärketräger	•	○	•	•	1495	1419
Zucker	Zucker u. Zuckerträger	•	•	•	•	1717	1679
Honig	Zucker u. Zuckerträger	•	•	◐	•	1398	1369
Trockenobst (Äpfel, Aprik., Zwetschgen)	Zucker u. Zuckerträger	○	○	○	•	1092	1038

Vitamin- u. Mineralstoffträger

Nahrungsmittel	A	B	C	D	Joule im Träger enthalten	Joule für den Menschen verwendbar
Grüne Gemüse, Pilze	◐ / ○	○ / ○	● / ◐	• / ◐	126	109
Tomaten	●	○	●	•	109	92
Kopfsalat, Endiviensalat	○	○	◐	•	75	63
Äpfel, Birnen	•	○	◐	•	264	247
Apfelsinen	•	◐	●	•	201	193
Zitronen	•	○	●	•	180	172

Namen, die Begriffe wurden

Amerika, nach dem italienischen Seefahrer Amerigo Vespucci (1451–1512)
Atlas, Sammlung von Land- und Seekarten; nach dem griechischen Sagenriesen Atlas, dem Träger der Himmelskugel
Barras, Soldatenausdruck für das Militär; nach dem französischen Staatsmann Graf von Barras (1755–1829)
Boykott, nach dem englischen Hauptmann Charles Cunningham Boykott (1832–1897)
Guillotine, Fallbeil; nach dem französischen Arzt Joseph Ignace Guillot (1738–1814), der das Gerät in Frankreich einführte
Hammondorgel, elektrisches Musikinstrument; nach dem Erfinder Laurens Hammond (1895–1961)
Hypnose, im 19. Jahrhundert entstandene Bezeichnung nach Hypnos, dem griechischen Gott des Schlafes
Kardanwelle, Gelenkteil zur Kraftübertragung; nach dem italienischen Gelehrten Geronimo Cardano (1501–1576)
Litfaß-Säule, Anschlagsäule für Werbung; nach dem Berliner Buchdrucker Ernst Litfaß (1816–1874)
Lynchen, Bestrafung eines Täters ohne Gerichtsverhandlung; wahrscheinlich nach dem Friedensrichter Charles Lynch (1736–1796) aus dem amerikanischen Bundesstaat Virginia
Mansarde, Dachzimmer mit schrägen Wänden; nach dem französischen Baumeister François Mansart (1598–1666)
Masochismus, Empfinden von Genuß im Erleiden körperlicher und seelischer Qualen; nach dem österreichischen Schriftsteller Leopold Ritter von Sacher-Masoch (1836–1895)
Nikotin, Hauptalkaloid des Tabaks; nach dem französischen Gelehrten und Diplomaten Jean Nicot, Sieur de Villemain (um 1530–1600)
Sadismus, Genußempfinden durch das Quälen anderer; nach dem Franzosen Marquis de Sade (1740–1814)
Sandale, leichter Riemenschuh; nach der lydischen Gottheit Sandas oder Sandal
Sandwich, belegte Weißbrotschnitte; nach John Montagu, dem vierten Earl of Sandwich, Viscount of Hichinbroke (1718–1792)
Saxophon, Metallblasinstrument; nach dem belgischen Erfinder Adolphe Sax (1814–1894)
Silhouette, Schattenriß; nach dem französischen Finanzminister Etienne de Silhouette (1709–1767)
Silvester, letzter Tag des Jahres; Todes- und Namenstag Papst Silvesters I. (Papst von 314–335)
Teddybär, Stofftier; nach Theodore (›Teddy‹) Roosevelt (1858–1919), dem 26. Präsidenten der Vereinigten Staaten

Namenstage der 200 gebräuchlichsten Vornamen

Adalbert 23. 4.
Adam 24. 12.
Adelheid 16. 12.
Adolf 11. 1.
Agathe 5. 2.
Albert 15. 11.
Agnes 21. 1.
Alban 21. 6.
Alexandra 21. 4.
Alexis 17. 7.
Alfons 1. 8.
Alfred 28. 10.
Alois 21. 6.
Andreas 30. 11.
Angela 27. 1.
Anna 26. 7.
Anton 17. 1./13. 6.

Arno 13. 7.
Arnold 18. 7.
Arnulf 18. 7.
Augustin 28. 8.

Barbara 4. 12.
Beate 6. 9.
Beatrix 29. 7.
Benedikt 11. 7.
Benno 16. 6.
Bernhard 20. 8.
Berta 1. 5./4. 7.
Berthold 27. 7./14. 12.
Birgitta 8. 10.
Blasius 3. 2.
Bonifatius 5. 6.
Brigitta 1. 2./8. 10.

Bruno 6. 10./11. 10.
Burkhard 14. 10.

Cäcilie 22. 11.
Carmen 16. 7.
Chantal 12. 12.
Christian 3. 11./12. 11.
Christine 24. 7.
Christoph 25. 7.
Claudia 18. 5.
Clemens 23. 11.
Cornelius 16. 9.

Daniel 21. 7.
David 29. 12.
Dietmar 6. 3./15. 5.
Dietrich 27. 1.

Dorothea 6. 2./25. 6.

Eberhard 22. 6.
Eckehard 28. 6.
Edgar 8. 7.
Edith 16. 9.
Eduard 13. 10.
Egon 15. 7.
Elfriede 8. 12.
Elisabeth 19. 11.
Elvira 25. 8.
Emma 29. 6.
Erasmus 2. 6.
Erhard 8. 1.
Erich 18. 6.
Ernst 13. 7.
Erwin 29. 5.
Eugen 13. 7.
Eva 24. 12.

Fabian 20. 1.
Felicitas 23. 11.
Felix 30. 5./20. 11.
Ferdinand 30. 5./5. 6.
Franz(iskus) 24. 1./2. 4./4. 10.
Franziska 9. 3.
Fridolin 6. 3.
Friedrich 18. 7.

Gabriel 24. 3.
Gabriele 24. 7.
Georg 23. 4.
Gerhard 23. 4./24. 9.
Gerline 22. 5.
Gertrud 17. 3./16. 11.
Gisela 7. 5.
Gottfried 8. 11.
Gregor 25. 5./3. 9.
Gundula 6. 5.
Gunter 9. 10.

Hedwig 16. 10.
Heinrich 13. 7.
Helene 18. 8.
Herbert 16. 3.
Hildegard 17. 9.
Hubert 3. 11.
Hugo 29. 4.

Ida 4. 9.
Ignatius 31. 7.
Ingeborg 30. 7.
Ingrid 9. 10.
Irene 3. 4.
Irmgard 16. 7./14. 9.
Isabella 23. 2.

Jakob 11. 5./25. 7.
Joachim 16. 8.
Johanna 21. 8.
Johannes 24. 6./27. 12.
Joseph 19. 3.
Juliane 5. 4./19. 6.
Julius 12. 4.
Jutta 22. 12.

Karl 4. 11.
Katharina 29. 4./25. 11.
Klara 11. 8.
Knut 19. 1.
Konrad 20. 4./26. 11.
Konstanze 18. 2./25. 2.
Kunigunde 3. 3.

Leo 10. 11.
Leopold 15. 11.
Linus 23. 9.
Lioba 28. 9.
Lothar 15. 6.
Lucia 13. 12.
Ludger 26. 3.
Ludwig 25. 8.
Lukas 18. 10.

Magdalena 22. 7.
Manfred 28. 1.
Margarete 20. 7.
Maria (alle Marienfeste)
Marianne 26. 5.
Markus 25. 4.
Martha 29. 7.
Martin 11. 11.
Martina 30. 1.
Mathilde 14. 3.
Matthias 24. 2.
Melanie 31. 12.
Michael 29. 9.
Michaela 24. 8.
Monika 4. 5./27. 8.
Moritz 22. 9.

Nikolaus 6. 12.
Nina 8. 5.
Norbert 6. 6.

Olaf 29. 7.
Olga 21. 7.
Oliver 10. 7.
Otmar 16. 11.
Otto 2. 7.

Patricia 13. 3./25. 8.
Patrick 17. 3.
Paul 29. 6.
Paula 26. 1.
Peter 29. 6.
Philipp 3. 5.
Pia 19. 1.

Raimund 23. 1.
Rainer 4. 8.
Regina 1. 6.
Reinhard 7. 3.
Reinhold 7. 1.
Renate 22. 5.
Richard 3. 4.
Rita 22. 5.
Robert 29. 4.
Roland 13. 5./15. 9.
Rudolf 15. 7.
Rupert 27. 3.

Sabine 29. 8.
Sebastian 20. 1.
Sibylle 8. 10.
Siegfried 15. 2.
Sieglinde 24. 7.
Sigismund 1. 5.
Sigrid 22. 6.
Silvia 3. 11.
Simon 28. 10.
Sophia 15. 5.
Stephan 26. 12.
Susanne 11. 8.

Theodor 16. 8./9. 11.
Therese 15. 10.
Thomas 3. 7.

Ulrich 4. 7.
Urusla 21. 10.

Valentin 7. 1./14. 2.
Vera 24. 1.
Verena 1. 9.
Veronika 27. 2.
Viktor 30. 9./10. 10.
Viktoria 11. 2./6. 5.
Vinzenz 22. 1.

Waltraud 9. 4.
Werner 19. 4.
Wilfried 28. 4.
Wilhelm 28. 5./5. 7.
Willibald 7. 7.
Wiltrud 6. 1./30. 7.
Winifred 3. 11.
Wolfgang 31. 10.
Wolfram 20. 3.

Xaver 3. 12.

Nationalitätskennzeichen der Flugzeuge

Afghanistan	YA
Ägypten	SU
Algerien	7T
Argentinien	LV, LQ
Äthiopien	ET
Australien	VH
Belgien	OO
Benin	TY
Birma	XY, XZ
Bolivien	CP
Brasilien	PP, PT
Bulgarien	LZ
Bundesrepublik Deutschland	D
Burkina Faso	XT
Burundi	9U
Chile	CC
Costa Rica	TI
Dänemark	OY
Dominikanische Republik	HI
Ecuador	HC
Elfenbeinküste	TU
El Salvador	YS
Finnland	OH
Frankreich	F
Gabun	TR
Ghana	9G
Griechenland	SX
Großbritannien	VP, VQ, VR
Guatemala	TG
Guinea	3X
Guyana	8R
Haiti	HH
Honduras	HR
Indien	VT
Indonesien	PK
Irak	YI
Iran	EP
Irland	EI, EJ
Island	TF
Israel	4X
Italien	I
Jamaika	6Y
Japan	JA
Jordanien	JY
Jugoslawien	YU
Kambodscha	XU
Kamerun	TJ
Kanada	CF
Kenia	5Y
Kolumbien	HK
Kongo	TN
Kuwait	9K
Laos	XW
Lesotho	7P
Libanon	OD
Liberia	EL
Libyen	5A
Liechtenstein	HB
Luxemburg	LX
Madagaskar	5R
Malawi	7QY
Malaysia	9M
Mali	TZ
Malta	9H
Marokko	CN
Mauretanien	5T
Mexiko	XA, XB, XC
Nepal	9N
Neuseeland	ZK, ZL, ZM
Nicaragua	AN
Niederlande	PH
Niederländisch-Antillen	PJ
Niger	5U
Nigerien	5N
Norwegen	LN
Österreich	OE
Pakistan	AP
Panama	HP
Paraguay	ZP
Peru	OB
Philippinen	PI
Polen	SP
Portugal	CR, CS
Republik Korea	HL
Republik Südafrika	ZS, ZT, ZU
Ruanda	9XR
Rumänien	YR
Sambia	9J
Samoa	5W
Saudi-Arabien	HZ
Schweden	SE
Schweiz	HB
Senegal	6V, 6W
Sierra Leone	9L
Singapur	9V
Somalia	6OS
Spanien	EC
Sri Lanka	4R
Sudan	ST
Syrien	YK
Tansania	5H
Thailand	HS
Togo	5V
Trinidad und Tobago	9Y
Tschad	TT
Tschechoslowakei	OK
Tunesien	TS
Türkei	TC
Uganda	5X
Ungarn	HA
Venezuela	YV
Vereinigte Staaten von Amerika	N
Zentralafrikanische Republik	TL
Zypern	5B

Nationalitätskennzeichen der Kraftfahrzeuge

A	Österreich
AL	Albanien
AND	Andorra
AUS	Australien
B	Belgien
BDS	Barbados
BG	Bulgarien
BH	Belize (Britisch-Honduras)
BR	Brasilien
BRU	Brunei (GB)
BS	Bahamas
BUR	Birma (Burma)
C	Cuba
CC	Corps Consulaire
CD	Corps Diplomatique
CDN	Kanada
CH	Schweiz
CI	Elfenbeinküste
CL	Sri Lanka (Ceylon)
CO	Kolumbien
CR	Costa Rica
CS	Tschechoslowakei
CY	Zypern
D	Bundesrepublik Deutschland
DDR	Deutsche Demokratische Republik
DK	Dänemark
DOM	Dominikanische Republik
DZ	Algerien
E	Spanien
EAK	Kenia
EAT	Tansania
EAU	Uganda
EC	Ecuador
ECA	Zentralafrikanische Republik
ET	Ägypten
ETH	Äthiopien
F	Frankreich
FL	Liechtenstein
GB	Großbritannien und Nordirland
GGA	Guatemala
GH	Ghana
GR	Griechenland
H	Ungarn
HK	Hongkong (GB)
I	Italien
IND	Indien
IL	Israel
IR	Iran
IRL	Irland
IRQ	Irak
IS	Island
J	Japan
JA	Jamaika
JOR	Jordanien
K	Kambodscha
L	Luxemburg
LAO	Laos
LS	Lesotho
M	Malta
MA	Marokko
MAL	Malaysia
MC	Monaco
MEX	Mexiko
MS	Mauritius
MW	Malawi
N	Norwegen
NA	Niederländische Antillen
NIC	Nicaragua
NL	Niederlande
NZ	Neuseeland
P	Portugal
PA	Panama
PAK	Pakistan
PE	Peru
PL	Polen
PY	Paraguay
R	Rumänien
RA	Argentinien
RB	Botswana
RC	Republik China
RCB	Kongo
RCH	Chile
RG	Niger
RH	Haiti
RI	Indonesien
RL	Libanon
RM	Madagaskar
RMM	Mali
RP	Philippinen
RPB	Benin
RSM	San Marino
RSR	Simbabwe-Rhodesien
RWA	Ruanda
S	Schweden
SCV	Vatikanstadt
SF	Finnland
SGP	Singapur
SME	Surinam
SN	Senegal
SP	Somalia
SU	Sowjetunion
SYR	Syrien
THA	Thailand
TJ	Volksrepublik China
TG	Togo
TN	Tunesien
TR	Türkei
TT	Trinidad und Tobago
U	Uruguay
USA	Vereinigte Staaten von Amerika
VN	Vietnam
WAG	Gambia
WAL	Sierra Leone
WAN	Nigeria
WS	Samoa
YU	Jugoslawien

YV	Venezuela	**ZA**	Republik Südafrika
Z	Sambia	**ZR**	Zaire

NATO-Abkürzungen

AFCENT	Alliierte Streitkräfte Europa Mitte
AGARD	Beratergruppe für Luftfahrt
AIRCENT	Alliierte Luftstreitkräfte Europa Mitte
CENTAG	Armeegruppe Mitte der LANDCENT
CHANCOMTEE	Ärmelkanal-Ausschuß
CINCAFMED	Oberbefehlshaber der Alliierten Streitkräfte Mittelmeer
CINCCENT	Oberbefehlshaber der Alliierten Streitkräfte Europa Mitte
CINCHAN	Alliierter Oberbefehlshaber Ärmelkanal
CINCMAIRCHAN	Alliierter Oberbefehlshaber der Luftstreitmächte Kanal und Südliche Nordsee
CINCNORTH	Oberbefehlshaber der Alliierten Streitkräfte Europa Nord
CINCSOUTH	Oberbefehlshaber der Alliierten Streitkräfte Europa Süd
COMNORSEACENT	Kommando der Nordseestreitkräfte Europa Mitte
CUSRPG	Kanadisch-amerikanische regionale Planungsgruppe
DPC	Ausschuß für Verteidigungsplanung
EMCCE	Europäischer Fernmeldeausschuß
LANDCENT	Alliierte Landstreitkräfte Europa Mitte
MAS	Standardisierungsamt
NAC	NATO-Rat
NADEFCOL	Verteidigungsakademie
NAVCENT	Alliierte Seestreitkräfte Europa Mitte
NDC	NATO-Verteidigungsakademie
NORTHAG	Armeegruppe Nord der LANDCENT
SACEUR	Alliiertes Oberkommando Europa
SACLANT	Alliiertes Oberkommando Atlantik
SADTC	Institut für Luftraumverteidigung
SHAPE	Oberstes Hauptquartier der Alliierten Streitkräfte in Europa
STANAVFORLANT	Natoflotte

Notenschlüssel

C-Schlüssel

Baß-Schlüssel
oder F-Schlüssel

1 2 3 4 5 6 7

C-Schlüssel:
1 = Diskant-,
2 = Mezzosopran-,
3 = Alt-,
4 = Tenor-Schlüssel

F-Schlüssel:
5 = Bariton-,
6 = Baß-,
7 = Subbaß-Schlüssel

Violin-Schlüssel
oder G-Schlüssel

Violin-Schlüssel:
8 = Deutscher,
9 = Französischer Violin-Schlüssel

Die 14 Nothelfer

Als Helfer in allen möglichen Nöten spielen im katholischen Volksglauben die 14 Nothelfer eine große Rolle, zu deren Ehren die Wallfahrtskirche Vierzehnheiligen im oberen Maintal errichtet wurde. Die Namen der 14 Heiligen sind:

Achatius
Ägidius
Barbara
Blasius
Christophorus
Cyriacus
Dionysius
Erasmus
Eustachius
Georg
Katharina von Alexandria
Margarete von Antiochia
Pantaleon
Vitus

Olympische Spiele

Sommerspiele	Winterspiele
1. 1896 Athen	–
2. 1900 Paris	–
3. 1904 St. Louis	–
4. 1908 London	–
5. 1912 Stockholm	–
6. 1916 Berlin (ausgefallen)	–
7. 1920 Antwerpen	–
8. 1924 Paris	1. 1924 Chamonix
9. 1928 Amsterdam	2. 1928 St. Moritz
10. 1932 Los Angeles	3. 1932 Lake Placid
11. 1936 Berlin	4. 1936 Garmisch-Partenkirchen
12. 1940 Tokio (ausgefallen)	– 1940 ausgefallen
13. 1944 London (ausgefallen)	– 1944 ausgefallen
14. 1948 London	5. 1948 St. Moritz
15. 1952 Helsinki	6. 1952 Oslo
16. 1956 Melbourne	7. 1956 Cortina d'Ampezzo
17. 1960 Rom	8. 1960 Squaw Valley
18. 1964 Tokio	9. 1964 Innsbruck
19. 1968 Mexico City	10. 1968 Grenoble
20. 1972 München	11. 1972 Sapporo/Japan
21. 1976 Montreal	12. 1976 Innsbruck
22. 1980 Moskau	13. 1980 Lake Placid
23. 1984 Los Angeles	14. 1984 Sarajevo
24. 1988 Seoul	15. 1988 Calgary
25. 1992 Barcelona	16. 1992 Albertville

Berühmte Operetten und ihre Schöpfer

Arme Jonathan, Der (Millöcker)
Berliner Luft (Lincke)
Bettelstudent, Der (Millöcker)
Blaubart (Offenbach)
Blume von Hawaii, Die (Abraham)
Boccaccio (Suppé)
Clivia (Dostal)
Csárdásfürstin, Die (Kálmán)
Dollarprinzessin, Die (Fall)
Drei alte Schachteln (Kollo)
Feldprediger, Der (Millöcker)
Fidele Bauer, Der (Fall)
Fledermaus, Die (Joh. Strauß)
Frau im Hermelin, Die (Gilbert)
Frau Luna (Lincke)
Gasparone (Millöcker)
Geisha, Die (Jones)
Geschiedene Frau, Die (Fall)
Glückliche Reise (Künneke)
Gräfin Mariza (Kálmán)
Graf v. Luxemburg, Der (Lehár)
Hochzeitsnacht im Paradies (Schröder)
Land des Lächelns, Das (Lehár)
Landstreicher, Die (Ziehrer)

Leichte Kavallerie (Suppé)
Liebe Augustin, Der (Fall)
Lustige Witwe, Die (Lehár)
Mädi (Stolz)
Maske in Blau (Raymond)
Meine Schwester und ich (Benatzky)
Mikado, Der (Sullivan)
Nacht in Venedig, Eine (Joh. Strauß)
Obersteiger, Der (Zeller)
Opernball, Der (Heuberger)
Orpheus in der Unterwelt (Offenbach)
Paganini (Lehár)
Pique-Dame (Suppé)
Polenblut (Nedbal)
Rose von Stambul, Die (Fall)
Schöne Galathé, Die (Suppé)
Schöne Helena, Die (Offenbach)
Schön ist die Welt (Lehár)
Schwarzwaldmädel (Jessel)
Vetter aus Dingsda, Der (Künneke)
Viktoria und ihr Husar (Abraham)
Vogelhändler, Der (Zeller)
Waldmeister (Joh. Strauß)
Walzertraum, Ein (O. Straus)
Weißen Rößl, Im (Benatzky)
Wiener Blut (Joh. Strauß)
Zarewitsch, Der (Lehár)
Zigeunerbaron, Der (Joh. Strauß)
Zirkusprinzessin, Die (Kálmán)

Berühmte Opern und ihre Komponisten

Aida (Verdi)
Alceste (Gluck)
Ariadne auf Naxos (R. Strauss)
Bajazzo, Der (Leoncavallo)
Barbier von Bagdad, Der (Cornelius)
Barbier von Sevilla, Der (Rossini)
Bohéme, La (Puccini)
Boris Godunow (Mussorgski)
Capriccio (R. Strauss)
Carmen (Bizet)
Cavalleria rusticana (Mascagni)
Cosi fan tutte (Mozart)
Don Carlos (Verdi)
Don Giovanni (Mozart)
Don Pasquale (Donizetti)
Elektra (R. Strauss)
Entführung aus dem Serail (Mozart)
Eugen Onegin (Tschaikowsky)
Falstaff (Verdi)
Fidelio (Beethoven)
Figaros Hochzeit (Mozart)
Fliegende Holländer, Der (Wagner)
Fra Diavolo (Auber)
Freischütz, Der (Weber)
Götterdämmerung (Wagner)
Hänsel und Gretel (Humperdinck)
Hoffmanns Erzählungen (Offenbach)
Idomeneo (Mozart)
Iphigenie auf Tauris (Gluck)
Iphigenie in Aulis (Gluck)
Lohengrin (Wagner)
Lustigen Weiber v. Windsor, Die (Nicola)
Macbeth (Verdi)
Macht des Schicksals, Die (Verdi)
Madame Butterfly (Puccini)
Margarethe (Gounod)
Martha (Flotow)
Maskenball, Ein (Verdi)
Mathis der Maler (Hindemith)
Meistersinger von Nürnberg (Wagner)
Oberon (Weber)
Orpheus und Eurydike (Gluck)
Othello (Verdi)
Palestrina (Pfitzner)
Parzifal (Wagner)
Peer Gynt (Egk)
Peter Grimes (Britten)
Pique Dame (Tschaikowsky)
Porgy and Bess (Gershwin)
Regimentstochter, Die (Donizetti)
Rheingold Wagner)
Rigoletto (Verdi)
Rosenkavalier, Der (R. Strauss)
Salome (R. Strauss)
Siegfried (Wagner)
Tannhäuser (Wagner)
Tiefland (d'Albert)
Tosca (Puccini)
Traviata, La (Verdi)
Tristan und Isolde (Wagner)
Troubadour, Der (Verdi)
Turandot (Puccini)
Undine (Lortzing)
Verkaufte Braut, Die (Smetana)
Waffenschmied, Der (Lortzing)
Walküre, Die (Wagner)
Wildschütz, Der (Lortzing)
Wozzek (Berg)
Zar und Zimmermann (Lortzing)
Zauberflöte, Die (Mozart)

Orchester

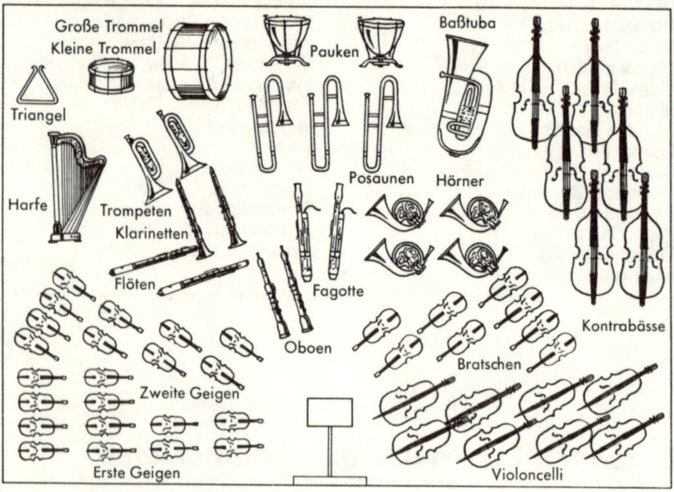

Orient-Teppiche

Name	Knüpfungen pro m²	Hauptfarben
Afghan	90000–250000	Dunkelrot, Zeichnung Dunkelblau mit Weiß
Belutschistan	75000–140000	Tiefdunkelblau, Rot u. Braun, Zeichnung oft Weiß
Buchara	200000–400000	Rotbraun, Zeichnung Dunkelblau mit Weiß
Derbent	80000–160000	Blau, Rot, seltener Creme
Hamedan	65000– 90000	Dunkelsandfarben, Rot, Blau
Heris	50000– 90000	Rot, Blau, Creme
Kirman	180000–400000	Rot, Blau, Grün und Weiß
Meshed	160000–300000	Rot, Blau u. Creme
Samarkand	40000– 60000	Blaßrot mit Gelb u. Grün, auch Rot
Saruk	90000–140000	Creme, Blau u. Kupferrot
Schiras	70000–150000	Dunkelblau, Rot u. Creme
Schirwan	90000–250000	Rot, Blau, manchmal auch Creme u. Violett
Senne	300000–500000	Creme, Blau u. Rot
Täbris	170000–350000	Rot, Blau u. Grün

Ortsnamen-Ungeheuer

Taumatawhakatangihangakoauotamateaturipukakapikimaungahoronukupokaiwhenuakitanatahu hat 83 Buchstaben, liegt auf der Nordinsel von Neuseeland und heißt aus der Maorisprache übersetzt etwa: »Der Felsgipfel, wo Tamatea, der Mann mit dem dicken Knie, der die Berge hinunterrutschte, hinaufkletterte und verschlang, der Entdecker des Landes, seiner Geliebten auf der Flöte vorspielte.«

Llanfairpwllgwyngyllgogerychwyrndrobwllllantysiliogogogoch hat 58 Buchstaben, liegt in Wales und heißt aus dem Walisischen übersetzt etwa: »Marienkirche in einer Mulde weißer Haseln in der Nähe eines schnellen Wirbels und in der Gegend der Thysiliokirche, die bei einer roten Höhle liegt.«

Österreich

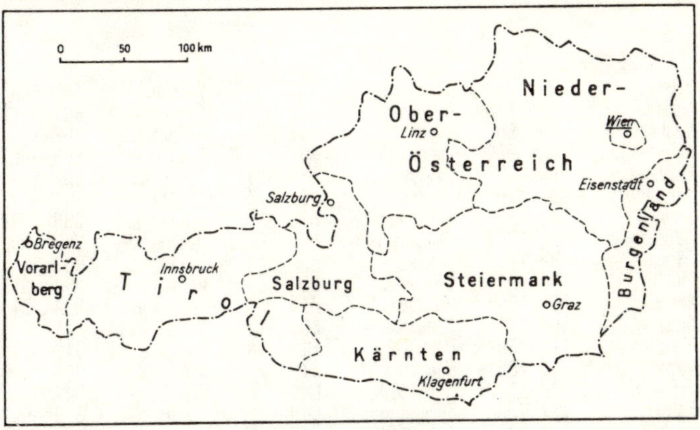

Bundesland	Fläche (km^2)	Einwohner in Mio.	Hauptstadt
Burgenland	3965	0,273	Eisenstadt
Kärnten	9533	0,526	Klagenfurt
Niederösterreich	19170	1,415	(Wien)
Oberösterreich	11978	1,225	Linz
Salzburg	7154	0,402	Salzburg
Steiermark	16386	1,193	Graz
Tirol	12648	0,541	Innsbruck
Vorarlberg	2601	0,272	Bregenz
Wien	414	1,615	Wien

Papierformate nach DIN

Format		Reihe A (Vorzugsr.) mm	Reihe B mm	Reihe C mm	Reihe D mm
Kl.	Benennung				
0	Vierfachbogen	841 x 1189	1000 x 1414	917 x 1297	771 x 1090
1	Doppelbogen	594 x 841	707 x 1000	648 x 917	545 x 771
2	Bogen	420 x 594	500 x 707	458 x 648	385 x 545
3	Halbbogen	297 x 420	353 x 500	324 x 458	272 x 385
4	Viertelbogen	210 x 297	250 x 353	229 x 324	192 x 272
5	Blatt	148 x 210	176 x 250	162 x 229	136 x 192
6	Halbblatt	105 x 148	125 x 176	114 x 162	96 x 136
7	Viertelblatt	74 x 105	88 x 125	81 x 114	68 x 96
8	Achtelblatt	52 x 74	62 x 88	57 x 81	48 x 68
9	–	37 x 52	44 x 62	40 x 57	34 x 48
10	–	26 x 37	31 x 44	28 x 40	24 x 34
11	–	18 x 26	22 x 31	20 x 28	17 x 24
12	–	13 x 18	15 x 22	14 x 20	12 x 17
13	–	9 x 13	11 x 15	10 x 14	9 x 12

Chronik der Päpste

Petrus	- 67?	Johann II.	533-535	Stephan VI.	885- 891
Linus	67- 79?	Agapetus I.	535-536	Formosus	891- 896
Anakletus	79- 90?	Silverius	536-537	Bonifatius VI.	896
Klemens I.	90- 99?	Vigilius	537-555	Stephan VII.	896- 897
Evaristus	99-107?	Pelagius I.	556-561	Romanus	897
Alexander I.	107-116?	Johann III.	561-574	Theodor II.	897
Sixtus I.	116-125?	Benedikt I.	575-579	Johann IX.	898- 900
Telesphorus	125-136?	Pelagius II.	579-590	Benedikt IV.	900- 903
Hyginus	136-140?	Gregor I.	590-604	Leo V.	903
Pius I.	140-154?	Sabinianus	604-606	Christophorus	903- 904
Anicetus	154-165?	Bonifatius III.	607	Sergius III.	904- 911
Soter	166-174?	Bonifatius IV.	608-615	Anastasius III.	911- 913
Eleutherus	174-189?	Deusdedit	615-618	Lando	913- 914
Viktor I.	189-198?	Bonifatius V.	619-625	Johann X.	914- 928
Zephyrinus	198-217?	Honorius I.	625-638	Leo VI.	928
Kalixt I.	217-222	Severinus	640	Stephan VIII.	929- 931
Urban I.	222-230	Johann IV.	640-642	Johann XI.	931- 935
Pontianus	230-235	Theodor I.	642-649	Leo VII.	936- 939
Anterus	235-236	Martin I.	649-653	Stephan IX.	939- 942
Fabianus	236-250	Eugen I.	654-657	Marinus II.	942- 946
Kornelius	251-253	Vitalian	657-672	Agapetus II.	946- 955
Lucius I.	253-254	Adeodatus	672-676	Johann XII.	955- 964
Stephan I.	254-257	Domus	676-678	Leo VIII.	963- 965
Sixtus II.	257-258	Agatho	678-681	Benedikt V.	964
Dionysius	259-268	Leo II.	682-683	Johann XIII.	965- 972
Felix I.	269-274	Benedik II.	684-685	Benedikt VI.	973- 974
Eutychianus	275-283	Johann V.	685-686	Benedikt VII.	974- 983
Kajus	283-296	Konon	686-687	Johann XIV.	983- 984
Marcellinus	296-304	Sergius I.	687-701	Bonifatius VII.	984- 985
Marcellus I.	307-309	Johann VI.	701-705	Johann XV.	985- 996
Eusebius	310	Johann VII.	705-707	Gregor V.	996- 999
Melchiades	311-314	Sisinnius	708	Silvester II.	999-1003
Silvester I.	314-335	Konstantin I.	708-715	Johann XVII.	1003
Markus	336	Gregor II.	715-731	Johann XVIII.	1003-1009
Julius I.	337-352	Gregor III.	731-741	Sergius IV.	1009-1012
Liberius	352-366	Zacharias	741-752	Benedikt VIII.	1012-1024
Damasus I.	366-384	Stephan II.	752-757	Johann XIX.	1024-1032
Siricius	384-399	Paul I.	757-767	Benedikt IX.	1032-1044
Anastasius I.	399-401	Stephan III.	768-772	Silvester III.	1045
Innozenz I.	402-417	Stephan IV.	772	Gregor VI.	1045-1046
Zosimus	417-418	Hadrian I.	772-795	Klemens II.	1046-1047
Bonifatius I.	418-422	Leo III.	795-816	Damasus II.	1048
Cölestin I.	422-432	Stephan V.	816-817	Leo IX.	1049-1054
Sixtus III.	432-440	Paschalis I.	817-824	Viktor II.	1055-1057
Leo I.	440-461	Eugen II.	824-827	Stephan X.	1057-1058
Hilarus	461-468	Valentin	827	Nikolaus II.	1058-1061
Simplicius	468-483	Gregor IV.	827-844	Alexander II.	1061-1073
Felix II.	483-492	Sergius II.	844-847	Gregor VII.	1073-1085
Gelasius I.	492-496	Leo IV.	847-855	Viktor III.	1086-1087
Anastasius II.	496-498	Benedikt III.	855-858	Urban II.	1088-1099
Symmachus	498-514	Nikolaus I.	858-867	Paschalis II.	1099-1118
Hormisdas	514-523	Hadrian II.	867-872	Gelasius II.	1118-1119
Johann I.	523-526	Johann VIII.	872-882	Kalixt II.	1119-1124
Felix III.	526-530	Marinus I.	882-884	Honorius II.	1124-1130
Bonifatius II.	530-532	Hadrian III.	884-885	Innozenz II.	1130-1143

Cölestin II.	1143–1144	Innozenz VI.	1352–1362	Paul V.	1605–1621
Lucius II.	1144–1145	Urban V.	1362–1370	Gregor XV.	1621–1623
Eugen III.	1145–1153	Gregor XI.	1370–1378	Urban VIII.	1623–1644
Anastasius IV.	1153–1154	Urban VI.	1378–1389	Innozenz X.	1644–1655
Hadrian IV.	1154–1159	Bonifatius IX.	1389–1404	Alexander VII.	1655–1667
Alexander III.	1159–1181	Innozenz VII.	1404–1406	Klemens IX.	1667–1669
Lucius III	1181–1185	Gregor XII.	1406–1415	Klemens X.	1670–1676
Urban III.	1185–1187	Martin V.	1417–1431	Innozenz XI.	1676–1689
Gregor VIII.	1187	Eugen IV.	1431–1447	Alexander VIII.	1689–1691
Klemens III.	1187–1191	Nikolaus V.	1447–1455	Innozenz XII.	1691–1700
Cölestin III.	1191–1198	Kalixt III.	1455–1458	Klemens XI.	1700–1721
Innozenz III.	1198–1216	Pius II.	1458–1464	Innozenz XIII.	1721–1724
Honorius III.	1216–1227	Paul II.	1464–1471	Benedikt XIII.	1724–1730
Gregor IX.	1227–1241	Sixtus IV.	1471–1484	Klemens XII.	1730–1740
Cölestin IV.	1241	Innozenz VIII.	1484–1492	Benedikt XIV.	1740–1758
Innozenz IV.	1243–1254	Alexander VI.	1492–1503	Klemens XIII.	1758–1769
Alexander IV.	1254–1261	Pius III.	1503	Klemens XIV.	1769–1774
Urban IV.	1261–1264	Julius II.	1503–1513	Pius VI.	1775–1799
Klemens IV.	1265–1268	Leo X.	1513–1521	Pius VII.	1800–1823
Gregor X.	1271–1276	Hadrian VI.	1522–1523	Leo XII.	1823–1829
Innozenz V.	1276	Klemens VII.	1523–1534	Pius VIII.	1829–1830
Hadrian V.	1276	Paul III.	1534–1549	Gregor XVI.	1831–1846
Johann XXI.	1276–1277	Julius III.	1550–1555	Pius IX.	1846–1878
Nikolaus III.	1277–1280	Marcellus II.	1555	Leo XIII.	1878–1903
Martin IV.	1281–1285	Paul IV.	1555–1559	Pius X.	1903–1914
Honorius IV.	1285–1287	Pius IV.	1559–1565	Benedikt XV.	1914–1922
Nikolaus IV.	1288–1292	Pius V.	1566–1572	Pius XI.	1922–1939
Cölestin V.	1294	Gregor XIII.	1572–1585	Pius XII.	1939–1958
Bonifatius VIII.	1294–1303	Sixtus V.	1585–1590	Johannes XXIII.	1958–1963
Benedikt XI.	1303–1304	Urban VII.	1590	Paul VI.	1963–1978
Klemens V.	1305–1314	Gregor XIV.	1590–1591	Johannes Paul I.	1978
Johann XXII.	1316–1334	Innozenz IX	1591	Johannes Paul II.	1978–
Benedikt XII.	1334–1342	Klemens VIII.	1592–1605		
Klemens VI.	1342–1352	Leo XI.	1605		

Die 20 Verwaltungsbezirke von Paris

1. Louvre	6. Luxembourg	11. Popincourt	16. Passy
2. Bourse	7. Palais Bourbon	12. Reuilly	17. Batignolles-Monceau
3. Temple	8. Elysée	13. Gobelins	18. Butte-Montmartre
4. Hôtel de Ville	9. Opéra	14. Observatoire	19. Butte-Chaumont
5. Panthéon	10. Enclos-St.-Laurent	15. Vaugirard	20. Ménilmontant

Fellarten für Pelzwerk

Angora	Fohlen	Krimmer	Opossum	Skunks
Biber	Fuchs	Lamm	Otter	Slink
Bisam	Hamster	Marder	Persianer	Waschbär
Breitschwanz	Iltis	Maulwurf	Pijiki	Wiesel
Chinchilla	Kanin	Murmel	Schaf	Zickel
Dachs	Katze	Nerz	Seal	Ziesel
Feh	Kidfell	Nutria	Seehund	Zobel

Gliederung des Pflanzenreiches

1. Abt.: Schizophyta (Spaltpflanzen)
I. Klasse: Bacteria (Bakterien oder Spaltpilze)
II. Klasse: Cyanophyceae (Spaltalgen oder blaugrüne Algen)

2. Abt.: Thallophyta (Thalluspflanzen oder Lagerpflanzen)
I. Klasse: Flagellatae (Flagellaten oder Geißelalgen)
II. Klasse: Diatomeae (Kieselalgen)
III. Klasse: Chlorophyceae (Grünalgen)
IV. Klasse: Conjugatae (Jochalgen)
V. Klasse: Charophyceae (Armleuchteralgen)
VI. Klasse: Phaeophyceae (Braunalgen)
VII. Klasse: Rhodophyceae (Rotalgen)
VIII. Klasse: Myxomycetes (Schleimpilze)
IX. Klasse: Phycomycetes (Algenpilze, Niedere Pilze)
X. Klasse: Eumycetes (Höhere Pilze)

3. Abt.: Bryophyta (Moospflanzen)
I. Klasse: Hepaticae (Lebermoose)
II. Klasse: Musci (Laubmoose)

4. Abt.: Pteridophyta (Farnpflanzen)
I. Klasse: Psilophytinae (Urfarne)
II. Klasse: Lycopodiinae (Bärlappgewächse)
III. Klasse: Equisetinae (Schachtelhalmgewächse)
IV. Klasse: Filicinae (Farne)

5. Abt.: Spermatophyta (Samenpflanzen)
1. Unterabt.: Gymnospermae (Nacktsamige Pflanzen)
I. Klasse: Pteridospermae (Samenfarne)
II. Klasse: Cycadinae (Cycadeen)
III. Klasse: Bennettitinae (völlig ausgestorben)
IV. Klasse: Cordaitinae (völlig ausgestorben)
V. Klasse: Ginkgoinae (Ginkgo-Gewächse)
VI. Klasse: Coniferae (Nadelhölzer)
2. Unterabt.: Angiospermae (Bedecktsamige Pflanzen)
I. Klasse: Dicotyledonae (Zweikeimblätterige Pflanzen)
II. Klasse: Monocotyledonae (Einkeimblätterige Pflanzen)

Berühmte Philosophen

Anaxagoras 499–428 v. Chr.
Anaximander aus Milet 610–547 v. Chr.
Anaximenes von Milet 585–525 v. Chr.
Aquino, Thomas von 1226–1274
Aristoteles 384–322 v. Chr.
Augustinus 354–430 n. Chr.
Bacon, Francis 1561–1626
Bergson, Henri 1859–1941
Berkeley, George 1684–1753
Böhme, Jakob 1575–1624
Bruno, Giordano 1548–1600
Comenius, Joh. Amos 1592–1670
Comte, Auguste 1798–1857
Demokrit 460–370 v. Chr.
Descartes, René 1596–1650
Dewey, John 1859–1952
Dilthey, Wilhelm 1833–1911
Duns Scotus, Johannes 1266–1308
Empedokles 490–430 v. Chr.
Engels, Friedrich 1818–1895
Epikur 341–270 v. Chr.
Erasmus v. Rotterdam 1467–1536
Eucken, Rudolf 1846–1926
Feuerbach, Ludwig 1804–1872
Fichte, Joh. Gottlieb 1762–1814
Haeckel, Ernst 1834–1918
Hartmann, Eduard von 1842–1906
Hartmann, Nicolai 1882–1950
Hegel, Georg Wilh. Friedr. 1770–1831
Heidegger, Martin 1889–1976
Heraklit um 500 v. Chr.
Hobbes, Thomas 1588–1679
Humboldt, Wilh. von 1767–1835
Hume, David 1711-1776
Husserl, Edmund 1859–1938
James, William 1842–1910
Jaspers, Karl 1882–1969
Kant, Immanuel 1724–1804

Kierkegaard, Sören 1813–1855
Kues, Nikolaus von 1401–1464
Leibniz, Gottfried Wilh. von 1646–1716
Locke, John 1632–1704
Lotze, Hermann 1817–1881
Marx, Karl 1818–1883
Mill, John Stuart 1806–1873
Montesquieu, Charles de 1689–1755
More, Thomas 1478–1535
Nietzsche, Friedrich 1844–1900
Ortega y Gasset, José 1883–1955
Pascal, Blaise 1623–1662
Plato 427–347 v. Chr.
Pythagoras um 550 v. Chr.
Rousseau, Jean Jacques 1712–1778
Sartre, Jean Paul 1905–1980
Schelling, Friedr. von 1775–1854
Schleiermacher, Friedr. Ernst 1768–1834
Schopenhauer, Arthur 1788–1860
Seneca 3–65 n. Chr.
Sokrates 469–399 v. Chr.
Spencer, Herbert 1820–1903
Spengler, Oswald 1880–1936
Spinoza, Benedikt de 1632–1677
Steiner, Rudolf 1861–1925
Thales von Milet 624–544 v. Chr.
Voltaire 1694–1778
Wundt, Wilhelm 1832–1920

Physikalische Einheiten – nach wem benannt?

Ampere, Einheit der elektrischen Stromstärke; nach André Marie Ampère (1775–1836), französischer Mathematiker und Physiker
Coulomb, technische Einheit der Elektrizitätsmenge; nach Charles Augustin de Coulomb (1736–1806), französischer Ingenieur und Physiker
Curie, Einheit der Aktivität eines radioaktiven Strahlers; nach Marie Curie (1867–1934), französisch-polnische Chemikerin
Farad, Einheit der elektrischen Kapazität eines Kondensators; nach Michael Faraday (1791–1867), englischer Naturforscher
Henry, Einheit der elektrischen Induktivität; nach Joseph Henry (1797–1878), amerikanischer Physiker
Hertz, Einheit der Frequenz; nach Heinrich Hertz (1857–1894), deutscher Physiker
Joule, Einheit der Energie, Arbeit und Wärmemenge; nach James Prescott Joule (1818–1889), englischer Physiker
Kelvin, Einheit der absoluten Temperatur; nach Sir William Thomson, Baron Kelvin of Largs (1824–1904), englischer Mathematiker und Physiker
Newton, Einheit der Kraft; nach Sir Isaac Newton (1643–1727), englischer Physiker, Mathematiker und Astronom
Ohm, Einheit des elektrischen Widerstands; nach Georg Simon Ohm (1787–1854), deutscher Physiker
Pascal, Einheit des Drucks; nach Blaise Pascal (1623–1662), französischer Mathematiker und Religionsphilosoph
Tesla, Einheit der magnetischen Flußdichte; nach Nicola Tesla (1856–1943), amerikanischer Physiker und Elektrotechniker
Volt, Einheit der elektrischen Spannung; nach Alessandro Graf Volta (1745–1827), italienischer Physiker
Watt, Einheit für Leistung, Energiestrom und Wärmestrom; nach James Watt (1736–1819), schottischer Mechaniker
Weber, Einheit des magnetischen Flusses; nach Wilhelm Eduard Weber (1804–1891), deutscher Physiker

Die 9 Planeten

	Abstand von der Sonne	Durchmesser	Zahl der Monde
Merkur	58000000 km	4840 km	–
Venus	108000000 km	12400km	–
Erde	150000000 km	12742 km	1
Mars	280000000 km	6800 km	2
Jupiter	775000000 km	142800 km	12
Saturn	1440000000 km	120800 km	10
Uranus	2870000000 km	47600 km	5
Neptun	4500000000 km	44600 km	2
Pluto	5900000000 km	5850 km	–

☿	♀	♁	♂	♃	♄	⛢	♆	♇
Merkur	Venus	Erde	Mars	Jupiter	Saturn	Uranus	Neptun	Pluto

Pläne - Pläne - Pläne

Name	Ziel
Bonin-Plan	Verteidigung der Bundesrepublik mit Freiwilligen
Bonnefous-Plan	europäische Verkehrs-Union
Eden-Plan	Wiedervereinigung Deutschlands
Grüner Plan	europäische Landwirtschafts-Union
Holland-Plan	Zollunion der Schumanplan-Länder
Kishi-Plan	wirtschaftliche Entwicklung SO-Asiens
Mansholt-Plan	Abbau der Schutzoll-Politik
Marshall-Plan	europäisches Wiederaufbauprogramm
Molotow-Plan	wirtschaftlicher Zusammenschluß des Ostblocks
Morgenthau-Plan	Umwandlung Deutschlands in Agrarstaat
Naters-Plan	Europäisierung des Saargebietes
Pella-Plan	europ. Präferenz-Zollgebiet, Integrierungsfonds
Petsche-Plan	freie Konvertierbarkeit der Währungen
Pfleiderer-Plan	Lösung des Ost-West-Konflikts
Pflimlin-Plan	europäische Landwirtschafts-Union
Pleven-Plan	europäische Verteidigungsgemeinschaft
Preusker-Plan	Belebung der Wirtschaftskonjunktur
Rapacki-Plan	atomwaffenfreie Zone in Mitteleuropa
Schuman-Plan	europäische Gemeinschaft für Kohle und Stahl
Seidel-Plan	Änderung der bayr. Lehrerbildung
Stikker-Plan	Liberalisierung des Handelsverkehrs
Uniscan-Plan	englisch-skandinavisches Wirtschaftsbündnis
Vanoni-Plan	Aufbau der italienischen Wirtschaft

Postfranzösisch

Für das Ausland bestimmte Sendungen sind nach den Bestimmungen der Bundespost zweisprachig mit Angaben über Sendungsart und Sonderdienst zu kennzeichnen. Offizielle Sprache des Weltpostvereins ist Französisch – es kann aber auch eine andere, im Bestimmungsland bekannte Sprache verwendet werden.

Blindensendung: Cécogrammes
Brief: Lettre
Drucksache: Imprimé
Drucksache zu ermäßigter Gebühr: Imprimé à taxe réduite
Eigenhändig: A remettre en main propre
Eilzustellung: Exprès
Einschreiben: Recommandé
Frei von Gebühren und Abgaben: Franc de taxes et de droits
Luftpostleichtbrief: Aérogramme
Mit Luftpost: Par avion
Nachnahme: Remboursement
Offene Sendung, kann zu Prüfzwecken durch die Post geöffnet werden: Envoi non clos, peut être ouvert pour contrôle par le service postal
Päckchen: Petit paquet
Postkarte: Carte postale
Postlagernd: Poste restante
Rückschein: Avis de réception
Rückschein auf dem Luftweg: Renvoi par avion

Primzahlen

Zahlen, die außer durch 1 und sich selbst durch keine andere Zahl teilbar sind, heißen Primzahlen. Diese sind zwischen 1 und 1000:

2	47	109	191	269	353	439	523	617	709	811	907
3	53	113	193	271	359	443	541	619	719	821	911
5	59	127	197	277	367	449	547	631	727	823	919
7	61	131	199	281	373	457	557	641	733	827	929
11	67	137	211	283	379	461	563	643	739	829	937
13	71	139	223	293	383	463	569	647	743	839	941
17	73	149	227	307	389	467	571	653	751	853	947
19	79	151	229	311	397	479	577	659	757	857	953
23	83	157	233	313	401	487	587	661	761	859	967
29	89	163	239	317	409	491	593	673	769	863	971
31	97	167	241	331	419	499	599	677	773	877	977
37	101	173	251	337	421	503	601	683	787	881	983
41	103	179	257	347	431	509	607	691	797	883	991
43	107	181	263	349	433	521	613	701	809	887	997

Die bisher größte bekannte Primzahl ermittelten die beiden amerikanischen Computerspezialisten David Slowinski und Harry Nelson im Rechenzentrum des Lawrence Livermore Laboratory. Sie hat 13395 Stellen und lautet in mathematischer Schreibweise $2^{44497}-1$.

Propheten

4 »große«	12 »kleine«		
Daniel	Amos	Joel	Nahum
Ezechiel	Habakuk	Jona(s)	Obadja
Jeremia(s)	Haggai	Maleachi	Sacharja
Jesaja (Isaias)	Hosea	Micha	Zephanja

Pythagoras

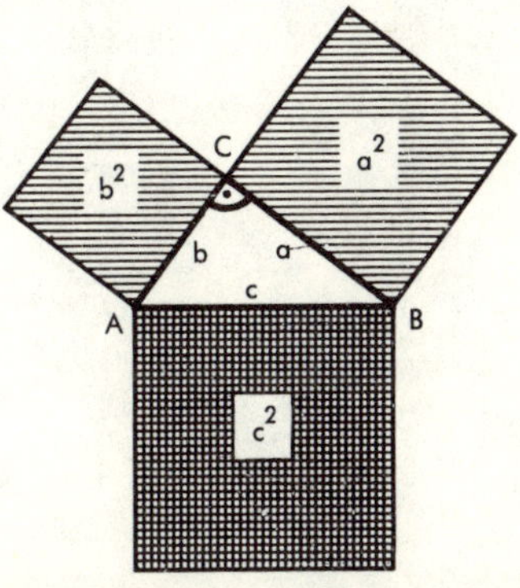

Kennen Sie noch den »Pythagoras«, den fundamentalen Lehrsatz der Geometrie? Hier ist er: $a^2 + b^2 = c^2$, d. h. im rechtwinkligen Dreieck ist die Fläche des Quadrats über der Hypotenuse (c) gleich der Summe der Flächen der Quadrate über den beiden Katheten (a und b).

Quadratzahlen und Quadratwurzeln

N	N^2	$\sqrt{N}$
1	1	1,0
2	4	1,414
3	9	1,732
4	16	2,0
5	25	2,236
6	36	2,45
7	49	2,646
8	64	2,828
9	81	3,0
10	100	3,162
11	121	3,317
12	144	3,464
13	169	3,606
14	196	3,742
15	225	3,873
16	256	4,0
17	289	4,123
18	324	4,243
19	361	4,359
20	400	4,472
21	441	4,583
22	484	4,69
23	529	4,796
24	576	4,899
25	625	5,0
26	676	5,099
27	729	5,196
28	784	5,292
29	841	5,385
30	900	5,477
31	961	5,568
32	1024	5,657
33	1089	5,745
34	1156	5,831
35	1225	5,915
36	1296	6,0
37	1369	6,083
38	1444	6,164
39	1521	6,245
40	1600	6,325
41	1681	6,403
42	1764	6,481
43	1849	6,557
44	1936	6,633
45	2025	6,708
46	2116	6,782
47	2209	6,856
48	2304	6,928
49	2401	7,0
50	2500	7,071

Quintenzirkel

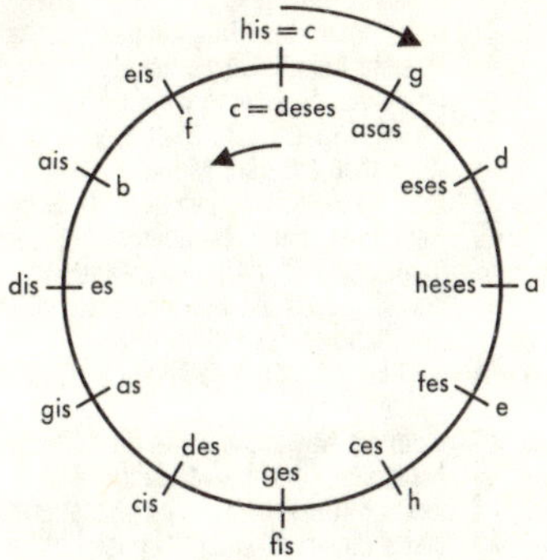

Entwicklung der Raumfahrt

Sputnik I	4. 10. 57	erster künstlicher Erdsatellit der UdSSR
Sputnik II	3. 11. 57	mit der Hündin Lajka an Bord
Explorer I	31. 1. 58	erster US-Erdsatellit, entdeckte den »Van-Allen-Strahlengürtel«
Lunik III	4. 10. 59	erste Aufnahmen der Mondrückseite
Tiros I	1. 4. 60	erster Wettersatellit
Venus I	12. 2. 61	erster Flug zum Planeten Venus
Wostok I	12. 4. 61	erster bemannter Raumflug von J. Gagarin, UdSSR (108 Minuten)
Mercury	20. 2. 62	John Glenn als erster Amerikaner fünf Stunden im Weltraum
Mars I	1. 11. 62	erste UdSSR-Sonde, deren Bahn in den Nahbereich des Mars führt
Wostok VI	16. 6. 63	mit Vera Tereschkowa, der ersten Kosmonautin
Mariner IV	28. 11. 64	übermittelte die ersten Bilder der Marsoberfläche
Woschod II	18. 3. 65	Alexej Leonow wagt als erster Mensch ein zehnminütiges Ausstiegsmanöver
Gemini IV	3. 6. 65	Edward White hält sich zwanzig Minuten außerhalb der Raumkapsel auf
Gemini VIII	16. 3. 66	erstes Kopplungsmanöver mit Agena-Zielsatellit
Apollo VIII	21. 12. 68	erster bemannter Raumflug mit zehn Mondumrundungen
Apollo XI	16. 7. 69	mit N. A. Armstrong, E. Aldrin, M. Collins; am 20. 7. 69 betreten Armstrong und Aldrin als erste Menschen den Mond
Apollo XII	14. 11. 69	Ch. Conrad, R. F. Gordon, A. L. Bean; 2. Mondlandung
Apollo XIII	11. 4. 70	J. A. Lovell, F. W. Haise, J. L. Swigert; Explosion in der Kommandokapsel, deshalb keine Mondlandung
Luna XVI	12. 9. 70	ein Teil der Sonde kehrte mit Mondgesteinsproben zur Erde zurück
Luna XVII	10. 11. 70	ferngesteuertes, unbemanntes Mondfahrzeug »Lunochod 1« legt auf dem Mond 10237 Meter zurück
Apollo XIV	31. 1. 71	A. B. Shepard, St. A. Roosa, E. D. Mitchell; 3. Mondlandung
Sojus X	22. 4. 71	Kopplung mit der Raumstation Saljut I
Sojus XI	6. 6. 71	Kopplung mit Saljut I; durch Druckabfall finden die Kosmonauten G. T. Dobrowolski, W. N. Wolkow und W. I. Pazajew während des Landevorgangs den Tod

Apollo XV	26. 7. 71	D. R. Scott, A. M. Worden, J. B. Irwin; 30 km Fahrt mit dem Mondjeep
Mariner IX	13. 11. 71	Aufnahmen des Marsmondes Phobos
Pioneer X	3. 3. 72	erreicht Anfang Dezember 1973 den Jupiter; die zur Erde gefunkten Meßdaten waren 45 Minuten unterwegs
Apollo XVI	16. 4. 72	Ch. M. Duke, Th. K. Mattingly, J. W. Young; 71 Stunden Aufenthalt auf dem Mond
Apollo XVII	7. 12. 72	E. A. Cernan, R. E. Evans, H. H. Schmitt; 6. Mondlandung
Skylab III	28. 7. 73	Raumlabor mit 3 Astronauten, 28 Tage Erdumkreisung
Mariner X	3. 11. 73	fliegt am 5. 2. 74 in 5800 km Entfernung an der Venus, am 29. 3. 74 am Mars vorbei und funkt über 6000 Bilder der Planeten zur Erde
Kosmos 641–48	23. 4. 74	acht kugelförmige Satelliten werden mit einer Rakete gestartet
ATS VI	30. 5. 74	dient als Navigationshilfe für Luft- und Seefahrzeuge; Lebenszeit über 1 Mio. Jahre
Symphonie I	19. 12. 74	deutsch-französischer Nachrichtensatellit
Aryabhata	19. 4. 75	erster indischer Satellit, in der UdSSR gestartet
Apollo-Sojus	15. 7. 75	Kopplung des amerikanischen Raumfahrzeuges Apollo und des sowjetischen Sojus XIX; Durchführung gemeinsamer Forschungsprogramme
Viking I	20. 8. 75	weiche Landung auf dem Mars am 19. 6. 76; Erkundung und Untersuchung des Marsbodens
Helios	15. 1. 76	Sonnensonde der Bundesrepublik Deutschland
Palapa I	8. 7. 76	erster indonesischer Satellit
ESA-GEOS	20. 4. 77	europäischer Gemeinschaftssatellit
Space Shuttle	12. 8. 77	die wiederverwendbare Raumfähre der USA wird erstmals im Freiflug getestet
Voyager II	20. 8. 77	soll Botschaften der UNO und Musikaufnahmen über unser Sonnensystem hinaus in den Weltraum tragen
Kosmos 954	18. 11. 77	stürzt am 24. 1. 78 mit einem Atomgenerator an Bord über Kanada ab
Sojus XXVIII	2. 3. 78	Kopplungsmanöver an den Komplex Saljut VI–Sojus XXVII; damit werden erstmals drei Raumflugkörper im Weltraum verbunden
Pioneer Venus II	8. 8. 78	die Mehrfachsonde mit 5 Flugkörpern erreicht im Dezember 78 die Venus
Sojus XXXI	26. 8. 78	DDR-Kosmonaut Sigmund Jähn als erster Deutscher im Weltraum
Voyager I	12. 11. 80	Vorbeiflug am Saturn
Space Shuttle	12. 4. 81	1. erfolgreicher Raumflug (54½ Stunden)
Columbia	9. 12. 83	Ulf Merbold als erster bundesdeutscher Astronaut im Weltraum (Labor »Spacelab«)
Challenger	28. 1. 86	Raumfähre explodiert in Cap Canaveral unmittelbar nach dem Start, 7 Tote

Redensarten – und was dahintersteckt

Armutszeugnis: Beweis der Unfähigkeit. Einst durfte nur betteln, wer eine amtliche Erlaubnis (= Armutszeugnis) vorweisen konnte.

kein Blatt vor den Mund nehmen: sich unumwunden äußern. Im 16. Jahrhundert hielt man sich bei peinlichen Äußerungen ein Blatt Papier oder ein Laubblatt vor den Mund.

mit jemandem Deutsch reden: ohne Umschweife die Wahrheit sagen. Deutsch war im Mittelalter die Sprache des gemeinen Volkes – die Geistlichkeit und die Gelehrten sprachen Latein.

das ist eine Ente: eine Falschmeldung, Zeitungsente. Wohl aus dem Französischen: canard heißt nicht nur Ente, sondern in manchen Wendungen auch Lüge, Schwindel.

jemanden etwas eintrichtern: mühsam etwas beibringen. Nach dem 1647 erschienenen Buch von Harsdörffer »Poetischer Trichter«, einem Lehrgang der Dichtkunst »in sechs Stunden«.

den Faden verlieren: nicht mehr weiter wissen. Aus dem Labyrinth des Königs Minos von Knossos fand Theseus nur mit Hilfe eines Fadens heraus.

Fraktur reden: jemandem deutlich die Meinung sagen. Die altdeutsche Frakturschrift wirkt eckig und kantig, im Gegensatz zur »weichen« Lateinschrift macht sie keine Umwege.

jedes Wort auf die Goldwaage legen: übergenau sein. Noch im 19. Jahrhundert wurden Goldstücke auf einer Waage geprüft, ob nicht »Geldschneider« sie am Rand beschnitten hatten.

der reinste Hintertreppenroman: ein sentimentaler Unterhaltungsroman. An der Hintertreppe des Hauses verkauften Kolporteure den Dienstboten billige Romanhefte.

schon wieder so ein Kalauer: ein nicht sehr geistreiches Wortspiel. Aus dem französischen calembour = Wortspiel, angelehnt an die niederlausitzische Stadt Kalau, deren Bewohner es offenbar auf diesem Gebiet zur Meisterschaft gebracht hatten.

ein echter Knüller: eine Sache, die sofort einschlägt. Aus dem Journalismus vom jiddischen knellen = schlagen.

fertig ist der Lack: die Sache ist beendet. Briefe wurden früher zusammengefaltet und mit Siegellack verschlossen.

das war eine lakonische Antwort: eine wortkarge Antwort. Die Bewohner von Lakonien in Griechenland galten als sehr mundfaul.

ein Leporellobuch: ein Buch mit harmonikaartig gefalteten Seiten. In einem solchen Buch notierte Leporello, Diener des Frauenhelden Don Juan in Mozarts gleichnamiger Oper, die Liebschaften seines Herren. Leporelloliste = Liebschaftenverzeichnis.

die Leviten lesen: jemanden energisch zurechtweisen. Die alttestamentlichen Tempelbeamten vom Stamme Levi (= Leviten) wurden mit dem 3. Buch Mose geschult, dessen 26. Kapitel einige heftige Flüche gegen Gesetzesübertreter enthält.

da redet einer Makulatur: dummes, überflüssiges Zeug. Makulatur ist wertloses Altpapier.

auf den Nägeln brennen: es sehr eilig haben. Um bei der Messe besser im Gebetbuch lesen zu können, klebten sich die Mönche Kerzen auf die Daumennägel. Brannte die Kerze herunter, konnte es passieren, daß sie den Nagel verbrannte.

einen Neger für sich arbeiten lassen: einen Ghostwriter, der als Verfasser eines Buches, einer Rede usw. ungenannt bleibt.

den Pegasus besteigen: an einer Dichtung arbeiten. Pegasus, das geflügelte Pferd der griechischen Sage, gilt als Sinnbild der Dichtkunst.

postwendend antworten: sofort, umgehend. Die Postkutsche hielt an den einzelnen Poststationen, gab die Briefe ab und fuhr weiter bis zur Endstation. Auf dem Rückweg nahm sie die Antwortbriefe auf Wunsch gleich wieder mit.

das kann kein Schwein lesen: das kann niemand lesen. Angeblich konnten die Mitglieder der Familie Swyn in Schleswig weit und breit als einzige lesen – alle ließen sich von ihr die Briefe vorlesen. Unleserliches konnte nicht einmal ein Swyn lesen.

etwas aufs Tapet bringen: zur Sprache bringen. Tapet ist nicht die Wandbekleidung, sondern die Tischdecke im Sitzungszimmer.

Die Herrscher mit der längsten Regierungszeit

Name	Regierungszeit Jahre	Dauer
1. Pepi II., König von Ägypten	90	2566–2476 v. Chr.
2. Ludwig XIV., König von Frankreich	72	1643–1715
3. Johann II., Fürst von Liechtenstein	71	1858–1929
4. Franz Joseph, Kaiser von Österreich	68	1848–1916
5. Victoria, Königin von England	64	1837–1901
6. Georg III., König von England	60	1760–1820
7. Ludwig XV., König von Frankreich	59	1715–1774
8. Pedro II., Kaiser von Brasilien	58	1831–1889
9. Wilhelmine, Königin der Niederlande	58	1890–1948
10. Heinrich III., König von England	56	1216–1272

Regentage an 54 Orten der Erde

	JA	FE	MÄ	AP	MA	JU	JU	AU	SE	OK	NO	DE
Amsterdam (Niederlande)	10	8	11	8	9	9	11	11	10	13	11	13
Athen (Griechenland)	12	11	11	9	7	4	3	3	4	9	12	13
Auckland (Neuseeland)	10	10	11	13	19	20	21	19	17	17	15	10
Bangkok (Thailand)	1	3	4	6	17	18	19	19	21	17	7	3
Bogota (Kolumbien)	7	8	8	16	21	17	17	18	13	22	16	12
Brüssel (Belgien)	15	15	15	16	16	17	16	16	16	17	18	16
Buenos Aires (Argentinien)	7	6	7	8	7	7	8	9	8	9	9	8
Caracas (Venezuela)	6	2	3	4	9	14	15	15	13	12	13	10
Casablanca (Marokko)	8	8	9	8	5	2	0	0	2	7	8	6
Chicago (USA)	11	10	12	11	12	11	9	9	9	9	10	11
Dakar (Westafrika)	0	0	0	0	0	1	10	14	15	14	1	0
Damaskus (Syrien)	4	5	3	6	0	1	0	0	0	5	5	5
Dublin (Irland)	21	18	19	17	16	15	18	19	16	19	19	21
Frankfurt/Main	15	15	15	13	13	13	15	14	13	14	14	15
Genf (Schweiz)	12	13	13	15	15	15	14	13	12	12	12	13
Havanna (Kuba)	8	6	5	5	10	13	12	14	15	15	10	8
Helsinki (Finnland)	18	16	14	12	12	13	12	16	16	17	19	19
Hongkong	6	8	11	12	16	21	19	17	14	8	6	5
Honolulu (Hawaii)	14	10	13	12	11	11	13	13	13	13	14	15
Istanbul (Türkei)	10	8	9	7	7	5	3	4	6	7	11	12
Jerusalem (Israel)	12	12	8	4	2	0	0	0	0	2	6	9
Juneau (Alaska)	18	15	18	18	17	14	17	18	20	23	20	20
Kairo (Ägypten)	3	2	2	1	0	0	0	0	0	0	1	2
Kalkutta (Indien)	1	2	2	3	7	13	18	18	13	6	1	0
Kapstadt (Südafrika)	4	4	4	7	10	12	11	11	9	7	6	5
Karatschi (Pakistan)	1	1	1	0	0	1	2	2	1	0	0	1
Kingston (Jamaika)	5	4	4	5	7	6	5	9	10	12	7	5
Kopenhagen (Dänemark)	15	14	15	12	13	12	15	16	14	17	16	17
La Paz (Bolivien)	25	16	15	7	1	6	1	6	12	11	10	24
Lissabon (Portugal)	13	12	14	12	9	5	2	2	6	11	13	14
Los Angeles (USA)	6	6	6	4	2	1	0	0	1	2	3	6
Madrid (Spanien)	9	10	10	10	10	6	3	3	7	9	10	10
Mallorca (Spanien)	11	7	10	7	2	9	6	3	8	13	8	10
Manila (Philippinen)	5	3	3	4	10	16	21	22	21	17	12	9
Mexico City	3	4	6	11	15	19	25	24	20	12	6	4
Miami (USA)	8	6	7	7	11	13	16	15	18	15	10	8
New Orleans (USA)	10	9	9	7	8	13	15	14	11	7	8	10
New York (USA)	12	10	11	11	11	11	11	10	9	9	9	11
Oslo (Norwegen)	12	12	13	10	11	10	12	15	11	12	12	15
Paris (Frankreich)	14	14	14	13	14	12	12	12	11	15	15	15
Quito (Ecuador)	17	18	21	22	20	11	6	7	13	19	17	16
Rangun (Birma)	1	1	1	2	13	23	25	24	20	11	4	1
Rio de Janeiro (Brasilien)	13	11	12	10	10	7	6	7	11	12	12	14
Rom (Italien)	10	10	9	9	8	5	2	3	6	11	12	12
Saigon (Vietnam)	3	4	2	8	21	27	25	24	22	15	14	12
San Francisco (USA)	11	11	10	6	4	2	0	0	2	4	7	10
San Salvador	1	1	2	4	12	19	20	20	17	16	15	2
Santiago de Chile	0	0	1	1	10	12	11	9	3	1	1	0
Singapur	16	11	14	15	14	14	13	14	13	16	18	19
Stockholm (Schweden)	15	13	14	11	12	12	15	16	14	16	15	17
Sydney (Australien)	14	14	15	14	15	13	12	11	12	12	12	13
Tokio (Japan)	7	8	13	14	14	16	15	13	17	14	10	7
Washington (USA)	11	10	12	11	12	11	11	11	8	8	9	10
Wien (Österreich)	7	5	7	8	9	10	10	8	7	8	7	7

Die besten Reisezeiten

Ägypten (Ober-): Oktober–April
Ägypten (Unter-): April–Oktober
Belgien: Frühling–Sommer
Dänemark: Juli–September
England: Frühling–Oktober
Finnland: Juni–August
Frankreich: Frühling, Herbst
Griechenland: März–Juni, Oktober
Irland: Juni–September
Italien (Ober-): Frühling
Italien (Mittel-): März–Mai
Italien (Unter-): Februar–Mai, Oktober
Jugoslawien: April/Mai, Sept./Oktober
Luxemburg: Frühling–Herbst
Marokko (Küste): April–November
Marokko (Süd-): Oktober–Mai
Niederlande: Mai–September
Norwegen (Süd-): Mai–September
Norwegen (Nord-): Juni–Juli
Österreich: Sommer, Winter
Portugal: Frühling, Herbst
Riviera: Frühling
Schweden (Süd-): Frühling–Herbst
Schweden (Nord-): Hochsommer
Schweiz: Sommer, Winter
Spanien (Nord-): Sommer, Herbst
Spanien (Süd-): Herbst–Frühling
Türkei: April/Mai, September/Oktober

Ganz unabhängig vom gewählten Reiseziel und der Reisezeit gilt stets der folgende Vers, den man bei Matthias Claudius in seinem 1790 erschienenen Lied von »Urians Reise um die Welt« lesen kann:

Wenn jemand eine Reise tut,
So kann er was erzählen;
Drum nahm ich meinen Stock und Hut
Und tat das Reisen wählen.

Die Rohstoffreserven der Erde

Rohstoffe	Bekannte Reserven	Die Reserven reichen ... Jahre bei gleichbleibendem Verbrauch	bei durchschnittlichem Wachstum
Aluminium	22 000 000 000 t	300	100
Blei	91 000 000 t	26	21
Chrom	775 000 000 t	420	95
Eisen	100 000 000 000 t	240	93
Erdgas	32 300 km³	38	22
Erdöl	72,5 km³	31	20
Gold	11 000 t	11	9
Kobalt	2 180 000 t	110	60
Kohle	5 000 000 000 000 t	2300	111
Kupfer	308 000 000 t	36	21
Mangan	800 000 000 t	97	46
Nickel	66 500 000 t	150	53
Platinmetalle	13 300 t	130	47
Quecksilber	3 340 000 Flaschen	13	13
Silber	170 000 t	16	13
Wolfram	1 320 000 t	40	28
Zink	123 000 000 t	23	18
Zinn	4 350 000 t	17	15

Vielgelesene Romane der Weltliteratur und ihre Autoren

Abenteuer des braven Soldaten Schwejk, Die (Jaroslav Hasek)
Ahnen, Die (Gustav Freytag)
Alte Mann und das Meer, Der (Ernest Hemingway)
Amerikanische Tragödie, Eine (Theodore Dreiser)
Anna Karenina (Leo Tolstoi)
Ansichten eines Clowns (Heinrich Böll)
Archipel Gulag (Alexander Solschenizyn)
Auf der Suche nach der verlorenen Zeit (Marcel Proust)
Babbit (Sinclair Lewis)
Bekenntnisse des Hochstaplers Felix Krull (Thomas Mann)
Berlin Alexanderplatz (Alfred Döblin)
Bildnis des Dorian Gray, Das (Oscar Wilde)
Blechtrommel, Die (Günter Grass)
Brüder Karamasoff, Die (Fjodor M. Dostojewskij)
Buddenbrooks, Die (Thomas Mann)
Christian Wahnschaffe (Jakob Wassermann)
Chronik der Sperlingsgasse, Die Wilhelm Raabe)
David Copperfield (Charles Dickens)
Doktor Faustus (Thomas Mann)
Doktor Schiwago (Boris Pasternak)
Don Quijote (Miguel de Cervantes)
Effi Briest (Theodor Fontane)
Ekkehard (Josef Victor v. Scheffel)
Elixiere des Teufels, Die (E. T. A. Hoffmann)
Forsyte Saga, Die (John Galsworthy)
Früchte des Zorns, Die (John Steinbeck)
Gänsemännchen, Das (Jakob Wassermann)
Germinal (Emile Zola)
Gigi (S. G. Colette)
Glasperlenspiel, Das (Hermann Hesse)
Glöckner von Notre Dame, Der (Victor Hugo)
Gösta Berling (Selma Lagerlöf)
Graf von Monte Christo, Der (Alexandre Dumas, Vater)
Große Regen, Der (Louis Bromfield)
Grüne Heinrich, Der (Gottfried Keller)
Gullivers Reisen (Jonathan Swift)
Gute Erde, Die (Pearl S. Buck)
Heiligenhof, Der (Hermann Stehr)
Hunger (Knut Hamsun)
Hungerpastor, Der (Wilhelm Raabe)
Idiot, Der (Fjodor M. Dostojewskij)
Im Westen nichts Neues (Erich Maria Remarque)
Irrungen, Wirrungen (Theodor Fontane)
Ivanhoe (Walter Scott)
Jean Christophe (Romain Rolland)
Jerominkinder, Die (Ernst Wiechert)
Jerusalem (Selma Lagerlöf)
Jörn Uhl (Gustav Frenssen)
Jürg Jenatsch (Conrad Ferdinand Meyer)
Kameliendame, Die (Alexandre Dumas, Sohn)
Kampf um Rom, Ein (Felix Dahn)
Kartause von Parma, Die (Frédéric Stendhal)
Kim (Rudyard Kipling)
Kin-ping-mei (Chinesen)
Kraft und die Herrlichkeit, Die (Graham Greene)
Krieg und Frieden (Leo Tolstoi)
Landstreicher (Knut Hamsun)
Lebensansichten des Katers Murr (E. T. A. Hoffmann)
Leiden des jungen Werthers, Die (Joh. Wolfgang von Goethe)
Letzte Kapitel, Das (Knut Hamsun)
Letzten Tage von Pompeji, Die (Edward George Bulwer-Lytton)
Lied von Bernadette, Das (Franz Werfel)
Madame Bovary (Gustave Flaubert)
Manhattan Transfer (John Dos Passos)
Moby Dick (Herman Melville)
Nachsommer (Adalbert Stifter)
Nana (Emile Zola)
Narziss und Goldmund (Hermann Hesse)
Neunzehnhundertvierundachtzig (George Orwell)
Oliver Twist (Charles Dickens)
Onkel Toms Hütte (Harriet Beecher-Stowe)
Pest, Die (Albert Camus)
Peter Camenzind (Hermann Hesse)
Pickwickier, Die (Charles Dickens)
Professor Unrat (Heinrich Mann)
Quo vadis? (Henryk Sienkiewicz)
Robinson Crusoe (Daniel Defoe)
Ruf der Wildnis (Jack London)
Schatzinsel, Die (Robert Louis Stevenson)
Schloß, Das (Franz Kafka)
Schöne neue Welt (Aldous Huxley)
Schuld und Sühne (Fjodor M. Dostojewskij)
Segen der Erde, Der (Knut Hamsun)
Siebte Kreuz, Das (Anna Seghers)
Simplicius Simplicissimus (Grimmelshausen)
Soll und Haben (Gustav Freytag)
Stalingrad (Theodor Plievier)
Stechlin, Der (Theodor Fontane)
Steppenwolf, Der (Hermann Hesse)
Stiller (Max Frisch)

Tom Jones (Henry Fielding)
Tote Seelen (Nikolai Gogol)
Tunnel, Der (Bernhard Kellermann)
Ulenspiegel (Charles de Coster)
Untertan, Der (Heinrich Mann)
Ut mine Stromtid (Fritz Reuter)
Väter und Söhne (Iwan Turgenjew)
Verdammten, Die (Frank Thieß)
Verdi (Franz Werfel)
Verlorene Illusionen (Honoré de Balzac)
Verwirrungen des Zöglings Törleß, Die (Robert Musil)
Volk ohne Raum (Hans Grimm)
Vom Winde verweht (Margaret Mitchell)
Wahlverwandtschaften (Joh. Wolfgang v. Goethe)
Wehrwolf, Der (Hermann Löns)
Wem die Stunde schlägt (Ernest Hemingway)
Wilhelm Meister (Joh. Wolfgang v. Goethe)
Wunschkind, Das (Ina Seidel)
Zauberberg, Der (Thomas Mann)

Die 7 Hügel Roms

1. Aventin	Monte Aventino	Mons Aventinus	48 m hoch
2. Cälius	Monte Celio	Mons Coelius	51 m hoch
3. Esquilin	Monte Esquilino	Mons Esquilinus	58 m hoch
4. Kapitol	Monte Capitolino	Mons Capitolinus	46 m hoch
5. Palatin	Monte Palatino	Mons Palatinus	50 m hoch
6. Quirinal	Monte Quirinale	Mons Quirinalis	47 m hoch
7. Viminal	Monte Viminale	Mons Viminalis	48 m hoch

Die römische Götterwelt

Äolus Gott der Winde
Apollo Gott des Lichtes, des Frühlings, der Musik, des Gesanges, der Dichtkunst
Aurora Göttin der Morgenröte
Bacchus Gott des Weines und der triebhaften Naturkraft
Ceres Göttin des Ackerbaus
Diana Göttin der Jagd
Faunus Gott der Wälder und Weiden
Herkules Gott der Athletik (Sport) und der Reise
Juno Göttin der Ehe und Familie
Jupiter oberster Gott
Juventas Göttin der ewigen Jugend
Luna Göttin des Mondes
Magna Mater Göttermutter
Mars Gott des Krieges
Merkur Gott der Fruchtbarkeit, Förderer von Handel und Verkehr
Minerva Göttin der Weisheit
Neptun Gott des Meeres
Parzen die drei Schicksalsgöttinen
Pluto Gott der Unterwelt
Silenus Gott der Quellen
Sol Gott der Sonne
Venus Göttin der Liebe und Schönheit
Vesta Göttin des Herdes
Vulcanus Gott des Feuers und der Schmiedekunst

Die römischen Zahlen

I = 1	XX = 20	CC = 200	MC = 1100
II = 2	XXX = 30	CCC = 300	MCC = 1200
III = 3	XL = 40	CD = 400	MCCC = 1300
IV = 4	L = 50	D = 500	MCD = 1400
V = 5	LX = 60	DC = 600	MD = 1500
VI = 6	LXX = 70	DCC = 700	MDC = 1600
VII = 7	LXXX = 80	DCCC = 800	MDCC = 1700
VIII = 8	XC = 90	CM = 900	MDCCC = 1800
IX = 9	IC = 99	XM = 990	MCM = 1900
X = 10	C = 100	M = 1000	MM = 2000

S Rundfunk-Organisationen

ABC American Broadcasting Co., USA
AFN American Forces Network (US-Soldatensender)
ARD Arbeitsgemeinschaft der öffentlich-rechtlichen Rundfunkanstalten der Bundesrepublik Deutschland
BBC British Broadcasting Corporation, Großbritannien
CBC Canadian Broadcasting Corporation, Kanada
CBS Columbia Broadcasting System, USA
DFF Deutscher Fernsehfunk, DDR
NBC National Broadcasting Co., USA
ORF Österreichischer Rundfunk
ORTF Französischer Rundfunk
RCA Radio Corporation of America, USA
SRG Schweiz. Radio- und Fernsehgesellschaft
ZDF Zweites Deutsches Fernsehen, Bundesrepublik Deutschland

Runen

ᚠ = F	ᚱ = R	ᚺ = H	ᛇ = E	ᛏ = T	ᛚ = L
ᚢ = U	ᚲ = K	ᚾ = N	ᛈ = P	ᛒ = B	ᛜ = NG
ᚦ = TH	ᚷ = G	ᛁ = I	ᛉ = Z	ᛖ = E	ᛟ = O
ᚨ = A	ᚹ = W	ᛃ = J	ᛊ = S	ᛗ = M	ᛞ = D

Saat- und Pflanz-Kalender für den Gemüsegarten

(+ = Saatzeit, ○ = Pflanzzeit, ⊗ Saat- und Pflanzzeit)

Gemüseart	Febr.	März	April	Mai	Juni	Juli	Aug.	Sept.
Blumenkohl		+	⊗	⊗	⊗			
Buschbohnen			+	⊗	⊗	+		
Endivien			+			+	+	
Erbsen		+	+	+	+	+		
Feldsalat							+	+
Grünkohl				+	⊗	⊗	○	
Gurken			+	⊗				
Kohlrabi		+	⊗	⊗	⊗	⊗	○	
Kopfsalat		+	⊗	⊗	○	○	⊗	⊗
Kürbis				⊗				
Mangold			+	+				
Möhren	+	+	+	+	+	+	+	
Petersilie		+						
Porree		+	+	○	○			
Puffbohnen	+	+						
Radieschen		+	+	+	+	+	+	+
Rettich		+	+	+	+	+		
Rosenkohl			+	+	⊗	○	○	
Rote Rüben		+	+	+	+			
Rotkohl		+	⊗	⊗	⊗			
Schwarzwurzeln	+	+	+				+	
Sellerie	+	+		○				
Spinat	+	+	+	+			+	+
Stangenbohnen				+	+			
Tomaten		+		○				
Weißkohl		+	⊗	⊗	⊗			
Wirsingkohl		+	⊗	⊗	⊗			

Schach

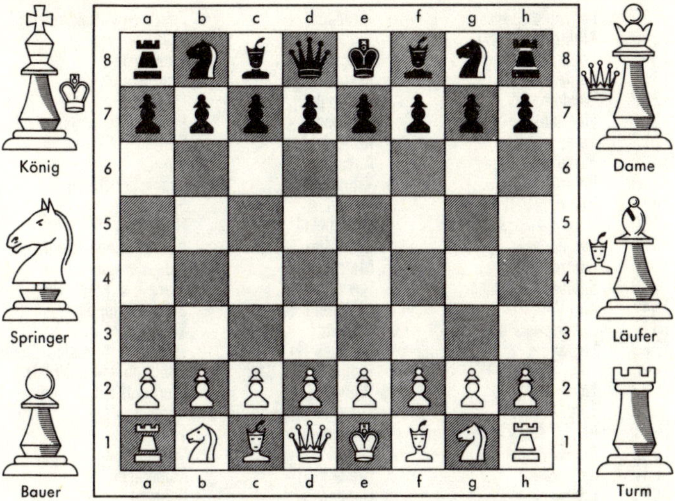

Will man die Bewegung der einzelnen Figuren während einer Schachpartie schriftlich festhalten, so bezeichnet man das Feld, auf dem die Figur stand und verbindet es durch einen Strich mit dem Feld, auf das die Figur gezogen ist. Davor setzt man folgende Abkürzungen: D = Dame, K = König, L = Läufer, S = Springer, T = Turm; bei Bauernzügen wird kein Buchstabe vorgesetzt. Es heißt also z. B.: e 2-e 4, daß der Bauer vom Feld e 2 nach e 4 zieht; S b 8-c 6, daß der Springer von b 8 nach c 6 zieht.

Berühmte Schlachten der Weltgeschichte seit 2000 Jahren

Wann	siegten	wo	über
9	Armin d. Cherusker	Teutoburger Wald	Römer (Varus)
451	Germanen/Römer	Katalaun. Felder	Hunnen (Attila)
552	Byzantiner	Taginä	Ostgoten
711	Araber	Jérez de la Frontera	Westgoten
732	Karl Martell	Poitiers	Araber
933	Heinrich I.	Riade	Ungarn
955	Otto I.	Lechfeld	Ungarn
1066	Wilhelm d. Eroberer	Hastings	Angelsachsen (Harald II.)
1099	Kreuzfahrer	Askalon	Ägypter
1167	Friedrich I.	Tusculum	Römer
1176	Lombarden	Legnano	Friedrich I.
1224	Dschingis-Khan	Kalka	Russen
1227	Vereinigte Deutsche	Bornhöved	Dänen (Waldemar II.)
1234	Erzbischof v. Bremen	Altenesch	Stedinger Bauern
1241	Mongolen	Liegnitz	Heinrich II. von Schlesien
1268	Karl von Anjou	Tagliacozzo	Konrad v. Hohenstaufen
1278	Rudolf v. Habsburg	Dürnkrut	Ottokar von Böhmen
1302	Flandrische Städte	Kortrijk	Franzosen
1315	Eidgenossen	Morgarten	Leopold v. Österreich

Wann	siegten	wo	über
1322	Ludwig d. Bayer	Mühldorf	Friedrich v. Österreich
1340	Alfons XI. (Kast.)	Rio Salado	Mauren
1346	Eduard III. (Engl.)	Crécy	Franzosen
1356	Engländer	Maupertuis	Franzosen
1362	Waldemar IV. (Dän.)	Helsingborg	Hanse
1386	Eidgenossen	Sempach	Leopold III. v. Österreich
1389	Türken	Amselfeld	Serben
1402	Timur	Ankara	Türken
1410	Polen-Litauer	Tannenberg	Deutscher Orden
1415	Heinrich V. (Engl.)	Azincourt	Franzosen
1460	Haus Lancaster	Wakefield	Haus York
1476	Eidgenossen	Grandson/Murten	Karl d. Kühne (Burgund)
1515	Franzosen	Marignano	Eidgenossen
1525	Spanier/Deutsche	Pavia	Franz I. v. Frankreich
1547	Karl V.	Mühlberg	Schmalkaldener
1571	Spanische Flotte	Lepanto	Türken
1588	Engländer	Nordsee (?)	spanische Armada
1620	Tilly	Prag/Weißer Berg	Friedrich von der Pfalz
1622	Tilly	Wimpfen	Markgraf von Baden
1626	Tilly	Lutter a. Barenberge	Christian IV. v. Dänemark
1631	Gustav Adolf (Schweden)	Breitenfeld	Tilly
1632	Gustav Adolf	Lützen	Wallenstein
1642	Schweden	Breitenfeld	Kaiserliche
1650	Cromwell	Dunbar	Schotten
1675	Großer Kurfürst	Fehrbellin	Schweden
1697	Prinz Eugen	Zenta	Türken
1700	Karl XII. (Schweden)	Narwa	Russen
1704	Prinz Eugen	Höchstädt	Bayern/Franzosen
1706	Prinz Eugen	Turin	Franzosen
1709	Russen	Poltawa	Karl XII. v. Schweden
1716	Prinz Eugen	Peterwardein	Türken
1745	Friedrich d. Große	Hohenfriedberg	Österreicher
1756	Friedrich d. Große	Lobositz	Sachsen
1757	Friedrich d. Große	Prag	Österreicher
1757	Österreicher	Kolin	Friedrich d. Großen
1757	Friedrich d. Große	Roßbach	Franzosen/Reichsarmee
1757	Friedrich d. Große	Leuthen	Österreicher
1758	Friedrich d. Große	Zorndorf	Russen
1758	Österreicher	Hochkirch	Friedrich d. Großen
1759	Preußen	Minden	Franzosen
1759	Russen/Österreicher	Kunersdorf	Friedrich d. Großen
1760	Friedrich d. Große	Liegnitz	Österreicher
1760	Friedrich d. Große	Torgau	Österreicher
1777	Engländer	Germantown	Washington
1777	Amerikaner	Saratoga	Engländer
1781	franz. Flotte	Chesapeake-Bucht	Engländer
1798	Bonaparte	Pyramiden	Mamelucken
1798	engl. Flotte	Abukir	Franzosen
1805	Napoleon	Austerlitz	Russen/Österreicher
1805	engl. Flotte	Trafalgar	Spanier/Franzosen
1806	Napoleon	Jena-Auerstedt	Preußen
1807	Preußen	Preußisch-Eylau	Franzosen
1807	Napoleon	Friedland	Russen
1809	Erzherzog Karl	Aspern	Napoleon
1809	Napoleon	Wagram	Österreicher
1812	Napoleon	Smolensk	Russen
1812	Napoleon	Borodino	Russen
1813	Napoleon	Großgörschen	Preußen/Russen

Wann	siegten	wo	über
1813	Preußen	Großbeeren	Franzosen
1813	Preußen	Katzbach	Franzosen
1813	Napoleon	Dresden	Österreicher
1813	Russen/Österreicher	Nollendorf	Franzosen
1813	Verbündete	Leipzig	Napoleon
1815	Napoleon	Ligny	Preußen
1815	Preußen/Engländer	Waterloo	Napoleon
1831	Russen	Ostrolenka	Polen
1859	Napoleon III.	Magenta/Solferino	Österreicher
1862	Südstaaten	Richmond	Nordstaaten der USA
1863	Nordstaaten	Gettysburg	Südstaaten der USA
1864	Preußen	Düppel	Dänen
1866	Preußen	Königgrätz	Österreicher
1870	Deutsche	Weißenburg	Franzosen
1870	Deutsche	Mars-la-Tour	Franzosen
1870	Deutsche	Gravelotte	Franzosen
1870	Deutsche	Sedan	Franzosen
1896	Abessinier	Adua	Italiener
1898	Engländer	Omdurman	Mahdi
1905	Japaner	Mukden	Russen
1905	japanische Flotte	Tsushima	Russen
1914	Deutsche	Tannenberg	Russen
1914	Franzosen	Marne	Deutsche
1916	deutsche Flotte	Skagerrak	Engländer
1942	amerik. Flotte	Midway	Japaner
1943	Sowjets	Stalingrad	Deutsche
1944	Alliierte	Saint-Lô-Falaise	Deutsche
1944	Alliierte	Ardennen	Deutsche
1954	Viet-minh	Dien Bien Phu	Franzosen

Schmelz- bzw. Gefrierpunkte

(in Celsius-Grad)

Aluminium	+ 658	Kalzium	+ 851	Schwefel	+ 115
Ammoniak	- 77	Kautschuk	+ 125	Silber	+ 961
Antimon	+ 650	Kobalt	+1490	Stahl	+1400
Äther	- 117	Kupfer	+1083	Stickstoff	- 210
Äthylalkohol	- 100	Lithium	+ 179	Strontium	+ 771
Barium	+ 704	Magnesium	+ 650	Tantal	+3030
Blei	+ 327	Mangan	+1245	Terpentin	- 10
Benzol	+ 5	Messing	+1015	Thallium	+ 301
Beryllium	+1280	Molybdän	+2500	Thorium	+1850
Bronze	+ 900	Naphthalin	+ 80	Titan	+1800
Chlor	- 102	Natrium	+ 97	Toluol	- 92
Chloroform	- 64	Nickel	+1452	Uran	+1860
Chrom	+1800	Osmium	+2500	Vanadin	+1715
Eisen	+1528	Palladium	+1557	Wachs	+ 64
Gallium	+ 30	Paraffin	+ 54	Walrat	+ 49
Germanium	+ 958	Phosphor	+ 44	Wasser	0
Glas	+1100–1400	Porzellan	+1500	Wasserstoff	- 257
Glyzerin	- 20	Platin	+1773	Wismut	+ 271
Gold	+1063	Quecksilber	- 39	Wolfram	+3370
Gußeisen	+1100–1200	Rhenium	+3137	Zäsium	+ 28
Helium	- 272	Rhodium	+1970	Zer	+ 815
Iridium	+2454	Rubidium	+ 39	Zink	+ 419
Kadmium	+ 321	Samarium	+1300	Zinn	+ 232
Kalium	+ 63	Sauerstoff	- 219	Zirkonium	+1860

Höhenlagen der klimatischen Schneegrenze

Breitenlage	80–70°	70–60°	60–50°	50–40°	40–30°	30–20°	20–10°	10–0°
Nordhalbkugel	500 m	1050 m	2050 m	3000 m	4300 m	5300 m	4600 m	4600 m
Südhalbkugel	–	0 m	800 m	1500 m	3000 m	5100 m	5600 m	5000 m

Schuhgrößen

Mit der Schuhgröße hat man immer wieder Ärger. Nicht nur, um die richtige zu finden, sondern auch weil es zwei Arten von Schuhgrößen gibt, nämlich die englischen Größen (von 2½–12 für Damen und Herren) und die deutschen Schuhgrößen:
18–35 für Kinder
36–42 für Damen und Burschen
39–47 für Herren
Die folgende Tabelle soll es Ihnen erleichtern, Ihre richtige Schuhgröße zu bestimmen, indem sie das Verhältnis zwischen den englischen und deutschen Schuhgrößen zeigt:

engl. = dt.	engl. = dt.	engl. = dt.	engl. = dt.
2½ = 35	5 = 38	7½ = 41⅓	10 = 44⅔
3 = 35⅓	5½ = 38⅔	8 = 42	10½ = 45⅓
3½ = 36	6 = 39⅓	8½ = 42⅔	11 = 46
4 = 36⅔	6½ = 40	9 = 43⅓	11½ = 46⅔
4½ = 37⅓	7 = 40⅔	9½ = 44	12 = 47⅓

Tips für den Schulweg

»Wer in London die Straße überqueren will, muß einen Hund mitnehmen«, lautet eine bissige Bemerkung über den städtischen Straßenverkehr, »denn ein Engländer würde niemals einen Hund überfahren.« Einen Hund hat nicht gleich jeder bei der Hand, schon gar nicht die Abc-Schützen, die sich zweimal am Tag ins Verkehrsgewühl unserer Städte wagen müssen. Hier einige Tips, wie der Schulweg gefahrlos zu meistern ist:

1. Planen Sie den Schulweg von der Schule aus. Von hier aus wird ihr Kind bald mit anderen Schulkameraden nach Hause gehen.
2. Überlegen Sie, welche Hilfen beim Überqueren von Straßen genutzt werden können: Fußgängertunnel, ampelgesicherte Übergänge, Fußgängerüberführungen, Zebrastreifen. Planen Sie den Weg so, daß diese Hilfen in Anspruch genommen werden, selbst wenn das einen kleinen Umweg bedeutet.
3. Schauen Sie sich den Schulweg auf gefährliche Stellen hin an wie zum Beispiel: unübersichtliche Kurven, unübersichtliche Straßeneinmündungen, verkehrsreiche Kreuzungen, Straßen ohne Gehweg, Baustellen oder andere Hindernisse, Ausfahrten oder Einfahrten. Versuchen Sie, solche Stellen beim Planen des Schulweges zu umgehen. Ist das nicht möglich, schärfen Sie Ihrem Kind das richtige Verhalten an diesen Punkten besonders ein.
4. Begleiten Sie Ihr Kind zunächst zur Schule und holen Sie es wieder ab. Gehen Sie dabei möglichst zu Fuß, damit Ihr Kind den Weg als Fußgänger kennenlernt.
5. Nehmen Sie Ihr Kind nicht an die Hand. Es verläßt sich sonst zu sehr auf Ihre Führung. Passen Sie aber immer auf, ob Ihr Kind plötzlich unüberlegt loslaufen will.
6. Gehen Sie immer denselben Weg zur Schule und nach Hause, damit sich Ihr Kind daran gewöhnen kann. Machen Sie deshalb auch keine Einkäufe oder Umwege, solange Sie Ihr Kind abholen.

7. Benützen Sie beim Überqueren der Straßen nur übersichtliche Stellen. Sind Autos am Straßenrand geparkt, gehen Sie einmal in die Hocke, um zu sehen, aus welchem Blickwinkel Ihr Kind die Straße überschaut. Sie werden staunen, wie anders und wie wenig Sie sehen.
8. Zeigen Sie ihrem Kind, wie man Autofahrern beim Überqueren der Straße deutliche Handzeichen gibt.
9. Ziehen Sie Ihrem Kind helle, farbige Kleidung an und kaufen Sie einen ebensolchen Schulranzen. So ist es für andere Verkehrsteilnehmer leichter, Ihr Kind rechtzeitig zu erkennen.
10. Lassen Sie sich nach ein paar Tagen von Ihrem Kind auf dem Schulweg führen. Loben Sie es, wenn es sich richtig im Straßenverkehr verhält.

Schutzpatrone

Apotheker: Michael
Arbeiter: Joseph
Architekten: Barbara
Artillerie: Barbara
Ärzte: Lukas, Pantaleon
Autofahrer: Christophorus
Bäcker: Nikolaus
Bauern: Isidor, Georg
Bergleute: Anna
Bildhauer: Petrus, Stephanus
Buchbinder: Lukas
Buchdrucker: Augustinus
Buchhändler: Johannes
Dachdecker: Barbara
Drechsler: Erasmus
Fernsehen: Klara von Assisi
Fischer: Petrus
Flieger: Elias
Förster: Hubertus
Gastwirte: Abraham
Gelehrte: Hieronymus
Glaser: Markus
Handwerker: Joseph
Hausfrauen: Anna, Martha
Infanterie: Mauritius
Jäger: Hubertus
Journalisten: Franz von Sales
Juristen: Ivo
Kaufleute: Michael
Künstler: Lukas
Maler: Lukas
Maurer: Stephanus
Musiker: Cäcilia
Politiker: Jeanne d'Arc
Postboten: Gabriel
Redakteure: Franz von Sales
Reiter: Georg, Michael
Schauspieler: Genesius, Pelagia
Schornsteinfeger: Florian
Schriftsteller: Franz von Sales
Seeleute: Erasmus
Soldaten: Georg, Martin
Studenten: Aloysius
Uhrmacher: Petrus
Weber: Paulus
Weltraumfahrer: Josef von Cupertino
Winzer: Urban
Zimmerleute: Joseph

Die Kantone der Schweiz

(in Klammern das Jahr der Aufnahme in die Eidgenossenschaft)

Aargau (1803)
Appenzell-Außerrhoden (1513)
Appenzell-Innerrhoden (1513)
Basel-Land (1501)
Basel-Stadt (1501)
Bern (1353)
Freiburg (1481)
Genf (1815)
Glarus (1352)
Graubünden (1803)
Jura (1978)
Luzern (1332)
Neuenburg (1815)
Nidwalden (1291)
Obwalden (1291)
Sankt Gallen (1803)
Schaffhausen (1501)
Schwyz (1291)
Solothurn (1481)
Tessin (1803)
Thurgau (1803)
Uri (1291)
Waadt (1803)
Wallis (1815)
Zug (1352)
Zürich (1351)

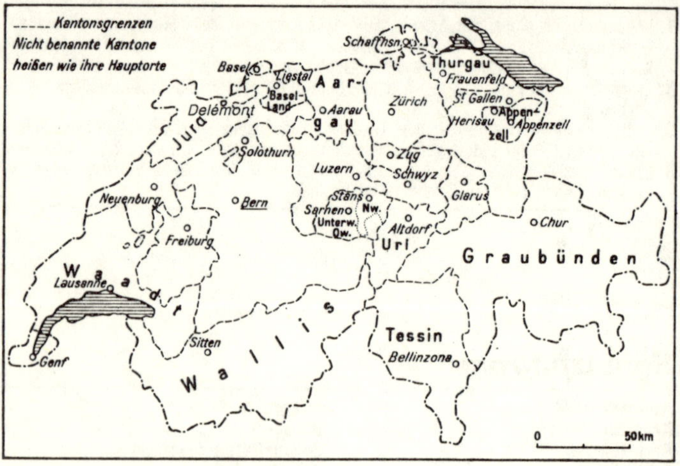

Schwemmen-Kalender

Die verschiedenen Obst- und Gemüsesorten haben zu bestimmten Zeiten im Jahr ihre »Schwemme«, d. h. sie werden dann besonders zahlreich, billig und in guter Qualität auf dem Markt angeboten. Man muß nur wissen wann, damit man günstig einkaufen kann. Der folgende »Schwemmen-Kalender« möchte Sie in dieser Hinsicht beraten.

Monat	Obst	Gemüse
Mai	Rhabarber, grüne Stachelbeeren	Spargel, Spinat
Juni	Erdbeeren, Johannisbeeren, Kirschen, Rhabarber, grüne Stachelbeeren	Blumenkohl, grüne Erbsen, Kohlrabi, Mangold, Puffbohnen, Spargel
Juli	Aprikosen, Erdbeeren, Heidelbeeren, Himbeeren, Johannisbeeren, Kirschen, reife Stachelbeeren	Blumenkohl, Bohnen, grüne Erbsen, Karotten, Kohlrabi, Pilze, Puffbohnen, Tomaten
August	Äpfel, Aprikosen, Birnen, Brombeeren, Heidelbeeren, Himbeeren, Johannisbeeren, Mirabellen, Pfirsiche, Pflaumen, Preiselbeeren	Blumenkohl, Bohnen, grüne Erbsen, Gurken, Karotten, Kohl(rabi), Mohrrüben, Pilze, Tomaten
September	Äpfel, Birnen, Pfirsiche, Pflaumen, Preiselbeeren, Quitten	grüne Bohnen, Gurken, Kohl(rabi), Mohrrüben, Pilze, Porree, Sellerie, Tomaten
Oktober	Äpfel, Birnen, Pflaumen, Quitten, Weintrauben	Gurken, Kohl, Mohrrüben, Pilze Porree, Sellerie, Tomaten
November	Äpfel, Birnen, Quitten, Vogelbeeren	Rote Rüben, Weißkraut

Seegang

Stufe	Beschreibung	Wellenhöhe	Windstärke
0	spiegelglatte See	0 m	0
1	gekräuselte, ruhige See	0–1/4 „	1–2
2	schwach bewegte See	1/4– 1 „	3
3	leicht bewegte See	3/4– 2 „	4
4	mäßig bewegte See	2– 4 „	5
5	grober Seegang	3– 6 „	6
6	sehr grober Seegang	5– 7 „	7– 8
7	hoher Seegang	7–10 „	9
8	sehr hoher Seegang	9–12 „	10–11
9	schwerer Seegang	über 12 „	12

Seemännische Begriffe

achtern hinten
Backbord linke Seite des Schiffes (in Fahrtrichtung gesehen)
Bug Vorderende des Schiffes
dwars quer zur Kielrichtung
Gatt Loch
gieren von der Fahrtrichtung abweichen
glasen halbstündliche Zeitangabe durch Schlagen der Schiffsglocke
Heck Hinterende des Schiffes
heißen emporziehen
kappen abhauen
Kombüse Schiffsküche
Lee die Seite, nach der der Wind hinweht
lenzen vor dem Winde segeln
Luv die Seite, von der der Wind kommt
pullen rudern
Riemen Steuer, Lenkvorrichtung, Ruder
Spanten Rippen des Schiffes
spleißen zwei Tauenden zusammenfügen
Steuerbord rechte Seite des Schiffes (in Fahrtrichtung gesehen)
Talje Flaschenzug
Tamp Ende des Taues
Topp oberstes Ende des Mastes
trimmen in Ordnung bringen
zurren festbinden

Hier noch eine Erklärung zum »Glasen«, dem Anschlagen der Schiffsglocke. Es erfolgt jeweils alle halben Stunden und stammt noch aus der Zeit der Sanduhr (»Glas«), die gerade eine halbe Stunde lief. Zählbeginn ist 8.00 Uhr morgens, also ist 3 Glas = 9.30 Uhr.

Die größten Seen der Erde

Name	Land	Fläche km²	Größte Tiefe (m)
Albert-See	Uganda/Zaire	4246	48
Aral-See	Sowjetunion	63 800	68
Athabaska-See	Kanada	7 917	91
Baikal-See	Sowjetunion	31 500	1741
Balchasch-See	Sowjetunion	17 300	27
Bodensee	Deutschland/Schweiz/Österreich	539	252
Comer See	Italien	146	410
Erie-See	USA/Kanada	25 735	64
Eyre-See	Australien	8000–15 000	20
Gardasee	Italien	370	346
Genfer See	Schweiz/Frankreich	581	310
Gr. Bärensee	Kanada	31 068	137
Gr. Sklavensee	Kanada	28 919	140
Huron-See	USA/Kanada	59 573	229
Ilmensee	Sowjetunion	1 100	10
Inari-See	Finnland	1 230	80

Kaspi-See	Sowjetunion/Iran	423 300	980
Kukunor	China	5 696	38
Ladoga-See	Sowjetunion	18 180	230
Lago Maggiore	Italien/Schweiz	212	372
Lough Neagh	Irland	396	34
Malawisee	Malawi/Tansania/Moçambique	30 800	706
Meru-See	Simbabwe/Zaire	4 920	14
Michigan-See	USA	57 994	281
Mjösen-See	Norwegen	362	443
Müritz-See	Deutschland	115	33
Neuenburger See	Schweiz	216	153
Nicaragua-See	Nicaragua	7 997	70
Oberer See	USA/Kanada	82 382	393
Onega-See	Sowjetunion	9 549	124
Ontario-See	USA/Kanada	19 521	237
Peipus-See	Sowjetunion	3 583	15
Plattensee	Ungarn	591	11
Saimaa-See	Finnland	1 760	58
Skutari-See	Albanien/Jugoslawien	356	44
Tanganjika-See	Zaire/Tansania	32 880	1435
Titicaca-See	Peru/Bolivien	6 900	272
Totes Meer	Jordanien/Israel	980	399
Väner-See	Schweden	5 330	98
Vätter-See	Schweden	1 869	119
Vierwaldstätter See	Schweiz	114	214
Victoria-See	Uganda/Kenia/Tansania	68 800	79
Winnipeg-See	Kanada	24 331	21

Theoretische Sichtweite

Augenhöhe	Sichtweite	Augenhöhe	Sichtweite	Augenhöhe	Sichtweite
2 m	5,4 km	100 m	38,3 km	1500 m	148,2 km
5 m	8,6 km	200 m	55,0 km	2000 m	171,1 km
10 m	12,1 km	400 m	77,0 km	3000 m	209,6 km
15 m	15,0 km	600 m	94,0 km	4000 m	242,0 km
20 m	17,0 km	800 m	114,8 km	8000 m	342,3 km
50 m	27,0 km	1000 m	121,0 km	9000 m	363,0 km

Die Zahl Sieben

ist eine oft heilige symbolische Zahl, die sich schon im Altertum einer vielseitigen Anwendung erfreute. Hier einige Beispiele:

7 Bitten des Vaterunsers
7 Brüder der Legende (→ unten)
7 Eideshelfer
7 Freuden Mariä
7 Gaben des Heiligen Geistes
7 Geißlein im Märchen
7 Heerschilde der Germanen
7 Helden gegen Theben
7 Heliossöhne
7 Himmel
7 Kräuter
7 Kurfürsten (→ unten)
7 Leuchterarme
7-Meilen-Stiefel
7 Raben im Märchen
7 Sakramente (→ unten)
7 Schmerzen Mariä
7 Schöpfungstage
7 Siegel des Lamms
7 Todsünden (→ unten)
7 Tore Thebens
7 Tugenden (→ unten)
7 Weise Griechenlands (→ unten)
7 weise Meister des Mittelalters
7 Welträtsel (→ unten)
7 Weltwunder (→ unten)
7 Wochentage
7 Worte Christi am Kreuz

Die 7 Brüder
(Römische Märtyrer und Heilige)
Felix
Philippus
Martialis
Vitalis
Alexander
Silanus
Januarius

Die 7 Kurfürsten
Trier
Köln
Böhmen
Pfalz
Sachsen
Brandenburg
Mainz

Die 7 Sakramente
Taufe
Firmung
Bußsakrament
Krankensalbung
Priesterweihe
Eheschließung
Eucharistie

Die 7 Todsünden
Geiz
Neid
Stolz
Trägheit
Unkeuschheit
Unmäßigkeit
Zorn

Die 7 Tugenden
4 Kardinaltugenden:
Besonnenheit,
Gerechtigkeit,
Tapferkeit,
Weisheit
3 theologische Tugenden:
Glaube,
Hoffnung,
Liebe

Die 7 Weisen Griechenlands
Bias aus Priene
Chilon aus Sparta
Kleobulos aus Rhodos
Periandros aus Korinth
Pittakos aus Mytilene
Solon aus Athen
Thales aus Milet

Die 7 Welträtsel
1. Wesen von Materie und Kraft
2. Ursprung der Bewegung
3. Entstehen der Empfindung
4. Willensfreiheit
5. Ursprung des Lebens
6. Zweckmäßigkeit des Lebendigen
7. Entstehung des vernünftigen Denkens und der Sprache

Die 7 Weltwunder
1. ägyptische Pyramiden
2. hängende Gärten Babylons
3. Artemistempel in Ephesus
4. Bild des Olymp. Zeus von Phidias
5. Grabmal Königs Mausolos von Karien
6. Koloß von Rhodos
7. Leuchtturm auf der Insel Pharos

Sonne und Sonnenfinsternis

Entfernung Erde–Sonne = 150 Mio km. Das Licht braucht trotz seiner Geschwindigkeit von 300 000 km/sec rund 8 Minuten bis zur Erde.

Durchmesser der Sonne = rund 1 391 000 km (in der Sonne hätten 1 300 000 Erdkugeln Platz)
Oberflächentemperatur der Sonne = 5700–6000°.

Eine Sonnenfinsternis tritt ein, wenn (von unserem irdischen Standpunkt aus gesehen) der Mond vor die Sonne tritt. Dabei reicht die Spitze des Kernschattenkegels des Mondes gerade auf die Erdoberfläche und erzeugt dort einen Schattenfleck von höchstens 270 km Durchmesser.

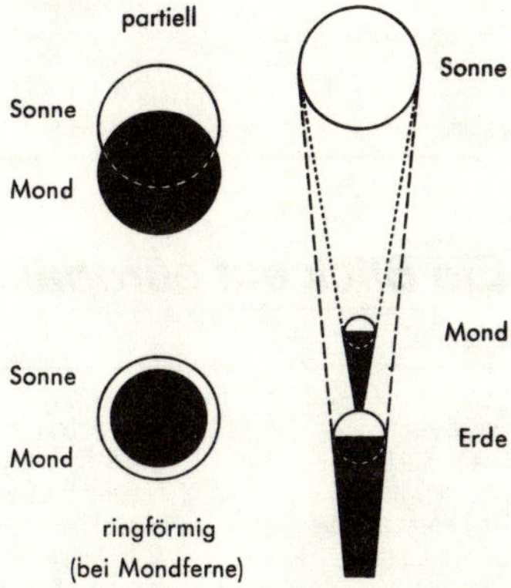

Die Unionsrepubliken der Sowjetunion

Unionsrepublik*)	Fläche in km²	Einw. in Mio.	Hauptstadt
Russische SFSR (Rußland)	17 045 400	130,079	Moskau
Ukrainische SSR (Ukraine)	603 700	47,136	Kiew
Weißrussische SSR (Weißrußland)	207 600	9,003	Minsk
Estnische SSR (Estland)	45 100	1,357	Reval
Lettische SSR (Lettland)	63 700	2,365	Riga
Litauische SSR (Litauen)	65 200	3,129	Wilna
Moldauische SSR (Moldau)	33 700	3,572	Kischinew
Armenische SSR (Armenien)	29 800	2,493	Eriwan
Grusinische SSR (Grusinien)	69 700	4,688	Tiflis
Aserbaidschan. SSR (Aserbaidschan)	86 600	5,111	Baku
Kasachische SSR (Kasachstan)	2 715 100	12,850	Alma-Ata
Kirgisische SSR (Kirgisistan)	198 500	2,933	Frunse
Tadschikische SSR (Tadschikistan)	143 700	2,900	Duschanbe
Turkmenische SSR (Turkmenistan)	488 100	2,158	Aschchabad
Usbekische SSR (Usbekistan)	449 600	11,963	Taschkent

*) SFSR = Sozialist. Föderative Sowjetrepublik
SSR = Sozialist. Sowjetrepublik

Volksstämme der Sowjetunion

	in 1000		in 1000
Russen	129015	Dagestanische Völker	1365
Ukrainer	40753	Mordwinen	1263
Usbeken	9195	Baschkiren	1240
Weißrussen	9052	Polen	1167
Tataren	5931	Esten	1007
Kasachen	5299	Udmurten	704
Aserbaidschaner	4380	Tschetschenen	613
Armenier	3559	Mari	599
Georgier	3245	Osseten	488
Moldauer	2698	Koreaner	357
Litauer	2665	Bulgaren	351
Juden	2151	Griechen	337
Tadschiken	2136	Burjärten	315
Deutsche	1846	Jakuten	296
Tschuwaschen	1694	Kabardiner	280
Turkmenen	1525	Karakalpaken	236
Kirgisen	1452	Zigeuner	175
Letten	1430	Ungarn	166

Ein Blick auf europäische Speisekarten

England

Beer Bier	Fish Fisch	Puddings süße Speisen
Bread Brot	Ham Schinken	Sauces Soßen
Cakes Kuchen	Lager Beer helles Bier	Soups Suppen
Cheese Käse	Liquors Liköre	Tea Tee
Dark Beer dunkles Bier	Meat Fleischgericht	Vegetables Gemüse
Drinks Getränke	Milk Milch	Water Wasser
Eggs Eier	Potatoes Kartoffeln	Wines Weine

Frankreich

- Anguille Aal
- Bœuf Rindfleisch
- Canard Ente
- Carpe Karpfen
- Chevreuil Reh
- Dessert Nachtisch
- Dinde Truthahn
- Entremets Zwischengericht
- Escargots Schnecken
- Faisan Fasan
- Fromage Käse
- Grenouilles Froschschenk.
- Hors d'œuvres Vorspeis.
- Huîtres Austern
- Lapin Kaninchen
- Légumes Gemüse
- Lièvre Hase
- Mouton Hammelfleisch
- Oeufs Eier
- Perdreau Rebhuhn
- Poisson Fisch
- Pommes de terre Kartoffeln
- Potages Suppen
- Poulet Huhn
- Sauces Soßen
- Sole Scholle
- Truite Forelle
- Veau Kalbfleisch
- Viande Fleisch

Italien

- Anguilla Aal
- Antipasti Vorspeisen
- Arancio Orange
- Asparagi Spargel
- Bevande Getränke
- Carni Fleischgerichte
- Cavolfiori Blumenkohl
- Cavoli Kohl
- Ciliegie Kirschen
- Dolci Süßigkeiten
- Espresso Filterkaffee
- Formaggi Käse
- Fragole Erdbeere
- Frittata Omelett
- Frutta condita kandierte Früchte
- Frutti Früchte
- Funghi Pilze
- Gamberetti Krabben
- Gelato Eis
- Legumi Gemüse
- Limone Zitrone
- Lodigiano Käsepaste
- Marmellata Marmelade
- Mela Apfel
- Merluzzo Kabeljau
- Miele Honig
- Minestre Suppen
- Patate Kartoffeln
- Peperoni Pfefferschoten
- Pera Birne
- Pesci Fischgerichte
- Piselli grüne Erbsen
- Polenta Maisgericht
- Polpettone Rindsrouladen
- Pomodori Tomaten
- Ricotta Quark
- Spinaci Spinat
- Stufatino Schmorbraten
- Tagliatelle flache Nudeln
- Torta Torte
- Uova Eier
- Uva Weintraube
- Vini bianchi Weißwein
- Vini rossi Rotwein

Spanien

- Aves Geflügel
- Bebidas Getränke
- Caldos Fleischbrühe
- Crustaceos Krustentiere
- Embuticlos Würste
- Ensalada Salate
- Entremeses Vorspeisen
- Frutas Früchte
- Huevos Eierspeisen
- Legumbres Gemüse
- Pescados Fische
- Platos de carne Fleischgerichte
- Postres Nachtisch
- Principios erster Gang
- Quesos Käse
- Sopas Suppen

Niederlande

- Aardappelen Kartoffeln
- Advocaatje Eierlikör
- Duif Taube
- Erwten Erbsen
- Garnalen Krabben
- Genever Wacholder
- Gevogelte Geflügel
- Groenten Gemüse
- Ham Schinken
- Haring Hering
- Kip Hühnchen
- Koekjes Kuchen
- Mosselen Muscheln
- Vlees Fleisch
- Worst Wurst

Spielkarten-Farben

der französischen Spielkarten | der deutschen Spielkarten

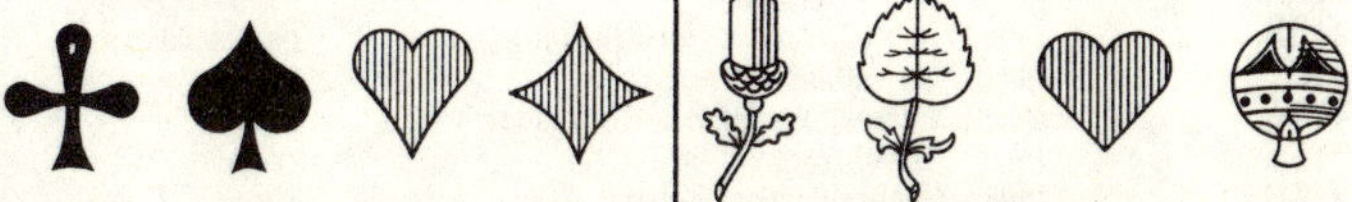

Kreuz (Treff) — Pik (Schippe) — Herz (Coeur) — Karo (Eckstein) | Eichel (Ecker) — Grün (Blatt) — Rot (Herz) — Schelle

Sportabzeichen-Bedingungen

Der Erwerb des Deutschen Sportabzeichens setzt die Erfüllung von fünf Leistungen innerhalb eines Jahres voraus. Die Anforderungen sind nach Lebensalter und Geschlecht gestaffelt. Innerhalb der fünf Gruppen gibt es Wahlmöglichkeiten. Für die Bronze-Klasse:

Übungsgruppe	Männer bis 32 Jahre	Frauen bis 28 Jahre
I	Grundschein der Deutschen Lebensrettungs-Gesellschaft oder: 200-m-Schwimmen in 6 Minuten	200-m-Schwimmen in 7 Minuten
II	Hochsprung 1,35 m oder: Weitsprung 4,75 m	Hochsprung 1,10 m oder: Weitsprung 3,50 m
III	100-m-Lauf in 13,4 sec oder: 400-m-Lauf in 68 sec	75-m-Lauf in 12,4 sec oder: 100-m-Lauf in 16,0 sec
IV	Kugelstoßen (7,25 kg) 8 m oder: Steinstoßen (15 kg) rechts und links zusammen 9 m	Kugelstoßen (4 kg) 6,75 m oder: Schleuderball (1 kg) 27 m
V	5000-m-Lauf in 23 min. oder: 20-km-Radfahren in 45 min. oder: 1000-m-Schwimmen in 24 min.	2000-m-Lauf in 12 min. oder: 20-km-Radfahren in 60 min. oder: 1000-m-Schwimmen in 29 min.

Internationale Sportverbände

Abkürzung	Deutsche Bezeichnung	Sitz
AIBA	Intern. Amateur-Box-Union	Moskau
AISP	Intern. Sportjournalisten-Verband	London
AIT	Intern. Verband für Auto-Touristik	Genf
CIPS	Intern. Sportfischer-Verband	Rom
ETTU	Europ. Tischtennis-Union	Cardiff/Wales
FAI	Intern. Luftsport-Verband	Paris
FEI	Intern. Reitsport-Verband	Genf
FIA	Intern. Automobil-Verband	Paris
FIBA	Intern. Amateur-Basketball-Verband	München
FIBT	Intern. Bob- und Schlittensport-Verband	Mailand
FIDE	Weltschachbund	Amsterdam
FIE	Intern. Fechterbund	Paris
FIFA	Intern. Fußball-Verband	Zürich
FIG	Intern. Turnerbund	Lyss/Schweiz
FIH	Intern. Hockey-Verband	Brüssel
FIL	Intern. Rennrodel-Verband	Rottenmann/Österr.
FILA	Intern. Amateur-Ringer-Verband	Belgrad
FIM	Intern. Motorradsport-Verband	Chambésy
FINA	Intern. Schwimm-Verband	Mexico-City
FIRA	Intern. Rugby-Verband	Paris
FIRS	Intern. Vereinigung der Rollschuhläufer	Barcelona
FIS	Intern. Ski-Verband	Bern
FISA	Intern. Vereinigung der Ruder-Verbände	Montre
FISB	Intern. Skibob-Verband	Wien
FISU	Intern. Hochschulsport-Verband	Zürich
IAAF	Intern. Amateur-Leichtathletik-Verband	London
IBF	Intern. Badminton-Verband	Cheltenham/Glouc.

ICAD	Intern. Amateur-Tanz-Verband	Bremen
ICF	Intern. Kanu-Förderation	Florenz
IFE	Intern. Föderation für Eisstockschießen	Frankfurt
IHF	Intern. Handball-Förderation	Basel
iIHF	Intern. Eishockey-Verband	Wien
IJF	Intern. Judo-Föderation	London
IOC	Intern. Olympisches Komitee	Lausanne
ISU	Intern. Eislauf-Vereinigung	Davos
ITF	Intern. Tennis-Verband	London
ITTF	Intern. Tischtennis-Verband	Cardiff/Wales
IWF	Intern. Gewichtheber-Verband	Wien
IYRU	Intern. Segler-Verband	London
UCI	Intern. Radsport-Verband	Genf
UIM	Intern. Motorboot-Union	Brüssel
UIT	Intern. Schützen-Union	Wiesbaden
UMB	Intern. Billard-Verband	Brüssel
USIC	Union des intern. Eisenbahnersports	Paris
USPE	Europ. Polizei-Sport-Union	Paris
WWSU	Welt-Wasserski-Verband	Montreux

Staatsformen

Absolutismus: Staatsform, in der ein Monarch die unumschränkte Gewalt ausübt
Aristokratie: bestimmte Geburts-, Besitz-, Berufs- oder Bildungsstände sind Träger der Staatsgewalt
Autokratie: ein einzelner herrscht unumschränkt
Bundesstaat: mehrere nicht souveräne Staaten sind zu einem souveränen Gesamtstaat vereinigt, nicht zu verwechseln mit dem →Staatenbund
Demokratie: die Staatsgewalt geht vom Volke aus und wird auch vom Volke ausgeübt
Diktatur: totalitäre Staatsform, in der die Ausübung der Staatsgewalt unter Ausschaltung gewohnheits- oder verfassungsmäßiger Schranken in einer Hand oder in einem Staatsorgan zusammengefaßt ist
Hiërokratie: Herrschaft einer Priesterkaste
Monarchie: Herrschaft eines Monarchen (= Landesherrn), kann absolut (→Absolutismus), autokratisch (→Autokratie), durch eine Verfassung (konstitutionelle M.) oder durch ein Parlament (parlamentarische M.) eingeschränkt sein
Oligarchie: durch die Herrschaft weniger Personen bestimmte Staatsform, z. B. →Aristokratie
Plutokratie: Abart der →Aristokratie, in der die Herrschaft der Hochfinanz an die Stelle der Adelsherrschaft tritt
Republik: Staat ohne monarchische Spitze, z. B. Aristokratie oder Demokratie, doch nicht in jedem Falle, denn die Demokratie Großbritanniens z. B. hat eine monarchische Spitze
Staatenbund: Staatenverbindung mehrerer souveräner Staaten, nicht zu verwechseln mit dem →Bundesstaat
Theokratie: geistliche Herrschaftsform, bei der der Regent nur als Stellvertreter der Gottheit angesehen wird, wie z. B. im alten Ägypten oder bis 1945 in Japan.

Stabreime

Bausch und Bogen
Biegen oder brechen
Braun und blau
Donner und Doria
Drunter und drüber
Fix und fertig
Geld und Gut
Gift und Galle
Handel und Wandel
Haus und Hof
Haut und Haar
Hund und Katze
Kind und Kegel
Kurz und klein
Mann und Maus
Nacht und Nebel
Null und nichtig
Rast und Ruh
Sack und Pack
Samt und sonders
Schimpf und Schande
Schutz und Trutz
Singen und sagen
Stein und Bein
Stock und Stein
Sünd und Schand
Verraten und verkauft
Weib und Wein
Wind und Wetter
Zittern und zagen

Große Stadien in deutschen Städten

Stadt	Stadion	Plätze in 1000
Berlin (West)	Olympiastadion	96
München	Olympiastadion	80
Frankfurt a. M.	Waldstadion	70
Stuttgart	Neckarstadion	70
Gelsenkirchen	Parkstadion	70
Düsseldorf	Rheinstadion	68
Nürnberg	Stadion	64
Hamburg	Volksparkstadion	61
Köln	Müngersdorfer Stadion	61
Hannover	Niedersachsen-Stadion	60
Dortmund	Westfalenstadion	54
Ludwigshafen	Südweststadion	54
Essen	Uhlenkrug	52
Karlsruhe	Wildpark	46
Bremen	Weserstadion	40
Bielefeld	Alm-Stadion	35
Kaiserslautern	Betzenberg	35
Mönchengladbach	Bökelberg	35
Braunschweig	Eintracht-Stadion	34
Bochum	Lohrheide-Stadion	25
Leverkusen	Ulrich-Haberland-Stadion	21

Die größten Stadien der Welt

Stadt (Land)	Stadion	Plätze in 1000
1. Rio de Janeiro (Brasilien)	Maracana	205
2. Glasgow (Großbritannien)	Hampden Park	145
3. Madrid (Spanien)	Bernabeu	135
4. São Paulo (Brasilien)	Morumbi	120
5. Leipzig (DDR)	Volksparkstadion	120
6. Barcelona (Spanien)	Nou Camp	120
7. Glasgow (Großbritannien)	Ibrox Park	118
8. Belgrad (Jugoslawien)	Roter Stern	115
9. Buenos Aires (Argentinien)	River Plate	110
10. Mexiko City (Mexiko)	Aztekenstadion	107
11. Moskau (UdSSR)	Leninstadion	105
12. London (Großbritannien)	Wembleystadion	100
13. Berlin (BR Deutschland)	Olympiastadion	96

Städtenamen der Römerzeit

Aachen Aquae Grani
Antibes Antipolis
Arles Arelate
Augsburg Augusta Vindelicum
Baden-Baden Civitas Aurelia Aquensis
Basel Basilia
Besançon Vesontio
Bingen Bingium
Bologna Bononia
Bonn Castra Bonnensia
Bregenz Brigantium
Brindisi Brundisium
Eining Abusina
Emden Amisia
Genf Genava
Kempten Cambodunum
Koblenz Confluentes
Köln Colonia Claudia Ara Agrippinensis

Künzing Quintana
London Londinium
Lorch Lauracium
Lyon Logodunum
Mailand Mediolanum
Mainz Mogontiacum
Marmagen Marcomagus
Marseille Massilia
Modena Mutina
Neapel Neapolis
Neuß Novaesium
Nizza Nicaea
Orange Arausio
Orléans Aurelianum
Palermo Panormus
Paris Lutetia
Passau Bojodurum
Pförring Celeusum
Piacenza Placentia
Pozzuoli Puteoli
Regensburg Castra Regina
Rimini Ariminum
Speyer Spira
Straßburg Argentorate
Straubing Sorviodurum
Trient Tridentum
Trier Augusta Treverorum
Toledo Toletum
Toulouse Tolosa
Wels Ovilava
Wien Vindobona
Wiesbaden Aquae Mattiacorum
Windisch Vindonissa
Worms Borbetomagus
Xanten Colonia Trajana
Zürich Turicum

Die größten Städte der Bundesrepublik

Stadt	Einwohner
Berlin (West)	1 869 584
Hamburg	1 623 086
München	1 285 637
Köln	1 008 731
Essen	641 790
Frankfurt a. M.	618 730
Dortmund	600 000
Düsseldorf	583 300
Stuttgart	568 922
Duisburg	561 781
Hannover	549 482
Bremen	547 619
Nürnberg	479 035
Bochum	419 170
Wuppertal	397 711
Bielefeld	312 809
Mannheim	304 066
Gelsenkirchen	301 098
Bonn	289 074
Münster	272 918
Karlsruhe	271 313
Wiesbaden	270 600
Mönchengladbach	261 427
Braunschweig	257 000
Kiel	248 783
Augsburg	246 708
Aachen	244 568
Krefeld	231 038
Oberhausen	230 460
Hagen i. W.	215 458
Lübeck	215 227
Kassel	192 621
Saarbrücken	190 639
Mainz	185 423
Herne i. W.	184 330
Hamm	178 560
Mülheim	177 238
Freiburg i. Br.	175 505
Ludwigshafen/Rh.	166 713
Solingen	165 713
Leverkusen	162 865
Osnabrück	153 224
Neuss	146 631
Oldenburg i. O.	138 596
Darmstadt	136 990
Bremerhaven	136 004
Heidelberg	134 575
Wolfsburg	130 525
Regensburg	130 289
Würzburg	129 455
Göttingen	129 112
Remscheid	128 919
Recklinghausen	119 036
Bottrop	118 110
Paderborn	117 501
Koblenz	114 882
Salzgitter	114 812
Offenbach a. M.	111 807
Heilbronn a. N.	110 772
Siegen	110 296
Witten	106 629
Pforzheim	105 426
Kaiserslautern	105 131
Erlangen	102 730
Hildesheim	102 410
Moers	102 194
Bergisch-Gladbach	102 130

Billige Städte – teure Städte

Wie hoch sind die Lebenshaltungskosten in den Hauptstädten der Welt? Amerikanische Statistiker zückten den Rechenstift. Die von ihnen ermittelten Indexzahlen wurden auf Bonn = 100 umgerechnet. Was man in Sydney in Australien für 80 Mark einkaufen kann, kostet also in Bonn 100 Mark, in Den Haag 112 Mark.

Hauptstadt (Land)	Index	Hauptstadt (Land)	Index
Mexico City (Mexico)	37	**Addis Abeba** (Äthiopien)	75
Colombo (Sri Lanka)	46	**Budapest** (Ungarn)	77
Delhi (Indien)	52	**Athen** (Griechenland)	78
Kairo (Ägypten)	54	**New York** (USA)	79
Bangkok (Thailand)	56	**Sydney** (Australien)	80
Prag (CSSR)	56	**Damaskus** (Syrien)	80
Bagdad (Irak)	58	**Singapur** (Singapur)	81
Montevideo (Uruguay)	58	**Tripolis** (Libyen)	88
Warschau (Polen)	58	**Paris** (Frankreich)	93
London (Großbritannien)	62	**Bonn** (BR Deutschland)	100
Havanna (Kuba)	63	**Genf** (Schweiz)	108
Rom (Italien)	63	**Tokio** (Japan)	109
Rio de Janeiro (Brasilien)	66	**Den Haag** (Niederlande)	112
Belgrad (Jugoslawien)	69	**Kinshasa** (Zaire)	117

Die größten Stauseen der Welt

Name und Land	Stauraum (Mio. m^3)	Fläche (km^2)
Itaipú, Brasilien/Paraguay	290000	1400
Owen Falls, Uganda	204900	
Bratsk, UdSSR	169270	5426
Sadd-el-Ali/Assuan, Ägypten	164000	5900
Kariba, Rhodesien	160368	5180
Cabora Bassa, Moçambique	159600	2700
Volta, Ghana	148000	8730
Manicouagan, Kanada	141975	1942
Krasnojarsk, UdSSR	73300	2130
Portage Mountain, Kanada	70100	1761
Kujbyschew, UdSSR	58000	6500
Wolgograd, UdSSR	50000	3160
Lake Mead, USA	38547	658

Steinkohleneinheiten

Unterschiedliche Energiearten sind nur vergleichbar, wenn man sie auf einem gemeinsamen Nenner bringt. Basiseinheit ist die Steinkohleneinheit (SKE). 1 kg SKE entspricht dem Heizwert von 1 kg Steinkohle.

Energieträger	kg SKE	Energieträger	kg SKE
Steinkohle, 1 kg	1,00	Erdgas, 1 m^3	1,10
Steinkohlenkoks, 1 kg	0,97	Benzin, 1 kg	1,49
Braunkohlenbriketts, 1 kg	0,69	Heizöl, 1 kg	1,40
Hartbraunkohle, 1 kg	0,50	Rohöl, 1 kg	1,43
Pechkohle, 1 kg	0,71	Dieselöl, 1 kg	1,43
Torf, 1 kg	0,43	Raffineriegas, 1 kg	1,60
Brennhxolz, 1 kg	0,50	Flüssiggas, 1 kg	1,60
Kokereigas, 1 m^3	0,57	Wasserkraftstrom, 1 kWh	0,40
Grubengas, 1 m^3	0,57	Atomstrom, 1 kWh	0,40

Sternbilder

Ganz oder teilweise **auf der nördlichen Halbkugel** stehen:

Adler	Fische (nördl.)	Kepheus	Schlange
Andromeda	Fuhrmann	Krebs	Schlangenträger
Bär (gr./kl.)	Giraffe	Krone (nördl.)	Schwan
Bootes	Haar der Berenike	Leier	Sextant
Delphin	Herkules	Löwe	Stier
Drache	Hund (kleiner)	Luchs	Walfisch
Dreieck (nördl.)	Jagdhunde	Orion	Wasserschlange (nördl.)
Eidechse	Jungfrau	Pegasus	Widder
Einhorn	Kassiopeia	Perseus	Zwillinge

Ganz oder teilweise **auf der südlichen Halbkugel** stehen:

Altar	Hase	Maler	Segel
Becher	Hinterdeck	Netz	Skorpion
Chamäleon	Hund (großer)	Oktant	Steinbock
Dreieck (südl.)	Kentaur	Paradiesvogel	Tafelberg
Eridanus	Kiel	Pendeluhr	Taube
Fisch (südl.)	Kompaß	Phönix	Waage
Fliege	Kranich	Rabe	Wassermann
Fliegender Fisch	Kreuz des Südens	Schütze	Wasserschlange (südl.)
Grabstichel	Krone (südl.)	Schwertfisch	Wolf

Periodische Sternschnuppenschwärme

Name	Sternbild der Herkunft	Zeitraum der Häufigkeit
Draconiden	Drache	9./10. Oktober
Geminiden	Zwillinge	5.–15. Dezember
Leoniden	Löwe	10.–20. November
Lyriden	Leier	18.–24. April
Orioniden	Orion	15.–25. Oktober
Perseiden	Perseus	8.–14. August
Quadrantiden	Bootes	1.– 4. Januar
Tauriden	Widder-Stier	1.–10. November
Virginiden	Jungfrau	April

55 Steuerarten zum Aussuchen

Über ein halbes Hundert Steuern und verwandte Abgaben gibt es zur Zeit noch in der Bundesrepublik Deutschland. Teils kommen sie dem Staatshaushalt, teils den Etats der Länder oder Gemeinden zugute. Die wichtigsten Möglichkeiten, zum Wohl der Gemeinschaft beizutragen:

Aufsichtsratsteuer	Feuerschutzsteuer	Kapitalertragsteuer
Ausgleichsteuer	Fischereisteuer	Kirchensteuer
Beförderungssteuer	Gesellschaftssteuer	Körperschaftssteuer
Biersteuer	Grundsteuer	Kraftfahrzeugsteuer
Börsenumsatzsteuer	Grunderwerbssteuer	Kreditgewinnabgabe
Branntweinmonopol	Gewerbesteuer	Leuchtmittelsteuer
Einfuhrzoll	Getränkesteuer	Lohnsteuer
Einkommensteuer	Hundesteuer	Lohnsummensteuer
Einwohnersteuer	Hypothekengewinnabgabe	Lotteriesteuer
Erbschaftsteuer	Jagdsteuer	Mineralölsteuer
Essigsäuresteuer	Kaffeesteuer	Rennwettsteuer

Salzsteuer	Tabaksteuer	Versicherungssteuer
Schankerlaubnissteuer	Teesteuer	Wechselsteuer
Schaumweinsteuer	Totalisatorsteuer	Wertpapiersteuer
Schenkungssteuer	Umsatzsteuer	Zölle
Spielkartensteuer	Umsatzausgleichssteuer	Zuckersteuer
Sportwettensteuer	Vergnügungssteuer	Zündwarenmonopol
Süßstoffsteuer	Vermögensteuer	Zündwarensteuer

»Namhafte« Straßen

Adria-Magistrale: Rijeka (Jugoslawien)–Dubrovnik–Ulcinj
Alaska-Straße: Dawson Creek (Kanada)–Fairbanks (Alaska)
Badische Weinstraße: Baden-Baden–Freiburg–Weil-Otterbach
Bergstraße: Darmstadt–Weinheim–Heidelberg
Bernsteinstraße: Samland–Carnutum–Aquileia
Bocksbeutelstraße: Aschaffenburg–Wertheim–Würzburg–Schweinfurt
Bundesstraße Nr. 1: Aachen–Düsseldorf–Essen–Soest–Hameln–Braunschweig–Berlin
Burgenstraße: Mannheim–Heilbronn–Rothenburg–Ansbach–Nürnberg
Birma-Straße: Lashio (Birma)–Jünnan–Tschungking (China)
Deutsche Alpenstraße: Lindau/Bodensee–Füssen–Garmisch–Bad Tölz–Berchtesgaden
Harz-Heide-Straße: Göttingen–Duderstadt–Herzberg–Braunlage–Braunschweig–Lüneburg
Harz-Hochstraße: Bad Grund–Braunlage
Hunsrück-Höhenstraße: Boppard/Rhein–Saarburg
Kap-Kairo-Straße: Kapstadt (Südafrika)–Kairo (Ägypten)
Lavendel-Straße: Avignon–Nizza
Nibelungenstraße: Worms–Michelstadt–Miltenberg–Wertheim–Würzburg
Ochsenweg: Viborg (Dänemark)–Hamburg
Ostmark-Straße: Bayreuth–Passau
Pan-American-Highway: Feuerland (Südamerika)–Mittelamerika–USA–Alaska
Romantische Straße: Würzburg–Rothenburg o.d.T.–Dinkelsbühl–Augsburg–Füssen
Route des Grandes-Alpes: Thonon (Genfer See)–Briançon–Nizza
Ruhrschnellweg: Duisburg–Essen–Bochum–Dortmund
Salzstraße: Lüneburg–Lauenburg–Mölln–Lübeck
Schwäbische-Alb-Straße: Nördlingen–Heidenheim–Urach–Ebingen–Tuttlingen
Schwarzwald-Hochstraße: Baden-Baden–Freudenstadt
Schwarzwald-Tälerstraße: Rastatt–Freudenstadt–Wolfach
Seidenstraße: Turkestan–Pamir–Vorderasien (–Rom)
Strada del Sole: Bologna–Neapel
Straße der Freundschaft: Gilgit–Khunjerab-Paß–Qulanabi (chin. Provinz Sinkiang-Uigur)
Teestraße: Peking–Wüste Gobi–Baikalsee
Transamazônica: Hoao Pessoa (Brasilien)–Peru
Transcanadian: St. John's (Neufundland)–Victoria (Kanada)
Via Aemilia: Brindisi–Tortona
Via Appia: Rom–Brindisi
Via Augusta: Narbonne–Cadiz
Via Aurelia: Genua–Rom
Via Flaminia: Rom–Rimini
Vogelfluglinie: Norddeutschland–Fehmarn–Kopenhagen
Weihrauchstraße: Hadramaut (Arabien)–Aden–Ägypten
Weinstraße: Bockenheim–Deidesheim–Neustadt–Bergzabern–Schweigen
Weser-Straße: Hann. Münden–Karlshafen–Höxter–Hameln–Minden

§ 1 der Straßenverkehrsordnung

Diese Grundregel für das Verhalten im Straßenverkehr lautet: »Die Teilnahme am Straßenverkehr erfordert ständige Vorsicht und gegenseitige Rücksichtnahme. Jeder Verkehrsteilnehmer hat sich so zu verhalten, daß kein anderer geschädigt, gefährdet oder mehr, als nach den Umständen unvermeidbar, behindert oder belästigt wird.«

Andere schädigen	Andere gefährden	Andere behindern	Andere belästigen
durch Beschmutzen beim Fahren durch Pfützen, Anfahren anderer Verkehrsteilnehmer, Öffnen der Autotüren ohne Blick auf Fahrbahn u. a.	durch fehlerhafte Beleuchtung, spätes Abblenden, ausgeschlagene Lenkung, Alkoholgenuß, zu schnelles Fahren, Vorfahrt erzwingen, schlechte Bremsen, Hinauswerfen von Gegenständen u. a.	durch unrichtiges Parken (Einklemmen), zu plötzliches Halten, zu langsames Fahren, Wenden auf verkehrsreicher Straße u. a.	durch übermäßige Rauchentwicklung, rücksichtsloses Signalgeben, zu laute Auspuffgeräusche, zu lautes Schlagen der Wagentüren, zu nahes Heranfahren an Gehwege u. a.

Strumpfgrößen

Strümpfe für die Dame
sollte der Herr eigentlich erst dann kaufen, wenn er mit ihr verheiratet ist, aber auch dann weiß er zwar manchmal die Schuhgröße, nicht immer jedoch die dazu passende Strumpfgröße. Dem Manne soll geholfen werden! Hier eine Tabelle über die im allgemeinen zueinander passenden Schuh- und Strumpfgrößen (ohne Garantie, versteht sich):

Schuh:	36	36½	37	37½	38	38½	39	39½	40	40½	41	41½	42
Strumpf:	8½	9	9	9	9½	9½	9½	10	10	10½	10½	10½	11

Strümpfe für den Herrn

Schuh:	39	40	41	42	42½	43	43½	44	44½	45	46
Strumpf:	10	10	10½	10½	11	11	11½	11½	11½	12	12

Stück- oder Zählmaße

1 Ballen Papier = 10 Ries (= 10000 Bogen)
1 Ballen Tuch = 10 oder 12 Stück
1 Bauernschock = 64 Stück
1 Decher = 10 Stück
1 Dutzend = 12 Stück
1 Gros = 144 Stück (= 12 Dutzend)
1 (große) Mandel = 16 Stück
1 (kleine) Mandel = 15 Stück
1 Mille = 1000 Stück
1 Paar = 2 Stück
1 Ries Papier = 1000 Bogen
1 Schock = 60 Stück
1 Stiege = 20 Stück
1 Zimmer = 40 oder 60 Stück

Tänze und Takte

Allemande 4/4
Be-bop 16/16
Beguine 4/4
Blues 4/4
Bolero 3/4
Boogie-Woogie 4/4 (8/8)
Bourrée 4/4 (2/2)
Chaconne 3/4
Courante 3/4 (3/2)
Engl. Walzer 3/4
Fandango 3/4 (6/8)
Foxtrott 4/4
Gavotte 2/4 (2/2)
Habañera 2/2
Jitterbug 4/4
Krakowiak 2/4
Langsamer Walzer 3/4
Mambo 2/4 (4/4)
Mazurka 3/4
Menuett 3/4
Musette 3/4
Paso doble 6/8
Polka 2/4
Polonäse 3/4
Rheinländer 2/4
Rumba 2/4 (4/4)
Samba 2/4 (4/4)
Siciliano 6/8
Slowfox 4/4
Tango 2/4
Tarantella 6/8 (3/8)
Twist 4/4
Wiener Walzer 3/4

Technisch-physikalische Maße

Beschleunigung
Grundeinheit: 1 Meter/Sekundenquadrat (m/s^2) = Beschleunigung eines Körpers, dessen Geschwindigkeit sich in 1 s um 1 m/s ändert.
Wichtigste Ableitung:

$$1 \text{ Zentimeter/Sekundenquadrat } (cm/s^2) = \frac{1}{100}\ m/s^2$$

Druck, mechanische Spannung
Grundeinheit: 1 Pascal (Pa) = 1 N/m^2 = mit der Kraft 1 N auf eine Fläche von 1 m^2 senkrecht wirkender Druck.
Wichtige Untereinheiten:
1 Bar (bar) = 10^5 Pa
1 Millibar (mbar) = 10^2 Pa
Ältere Einheit: 1 Technische Atmosphäre (at) = $9{,}81 \cdot 10^4$ Pa

Elektrizität
Grundeinheit: 1 Ampere (A); Einheit der Stromstärke.
Davon abgeleitete wichtige Einheiten:

Größe	Einheit	Kurzzeichen	Beziehung
Spannung	1 Volt	V	1 V = 1 W/A
Leitwert	1 Siemens	S	1 S = 1 A/V
Widerstand	1 Ohm	Ω	1Ω = 1 V/A
Elektrizitätsmenge	1 Coulomb	C	1 C = 1 As
Kapazität	1 Farad	F	1 F = 1 C/V
Magnet. Fluß	1 Weber	Wb	1 Wb = 1 Vs
Magnet. Flußdichte	1 Tesla	T	1 T = 1 Wb/m^2
Induktivität	1 Henry	H	1 H = 1 Wb/A

Energie, Arbeit, Wärmemenge
Grundeinheit: 1 Joule (J) = 1 Wattsekunde (Ws) = 1 Newtonmeter (Nm) = Arbeit, die verrichtet wird, wenn der Angriffspunkt der Kraft 1 N in Richtung der Kraft um 1 m verschoben wird.
Weitere zulässige Einheiten:
1 Kilowattstunde (kWh) = $3{,}6 \cdot 10^6$ N = 3,6 MN
1 Elektronvolt (eV) = $1{,}60219 \cdot 10^{-19}$ J
Ältere Einheit: 1 Kalorie (cal) = 4,178 J

Frequenz
Grundeinheit: 1 Hertz (Hz) = 1 Schwingung je Sekunde.
Häufig verwendete Ableitungen:
1 Kilohertz (KHz) = 10^3 Hz
1 Megahertz (MHz) = 10^6 Hz
1 Gigahertz (GHz) = 10^9 Hz
Für Umlauffrequenzen (Drehbewegungen) wird die Einheit Hertz auch als Umdrehung/Sekunde (U/s) bezeichnet.

Geschwindigkeit
Grundeinheit: 1 Meter/Sekunde (m/s) = der in 1 s zurückgelegte Weg von 1 m.
Wichtigste Ableitung:

$$1 \text{ Kilometer/Stunde } (km/h) = \frac{1}{3{,}6}\ m/s = 0{,}2778\ m/s$$

Kraft, Gewichtskraft
Grundeinheit: 1 Newton (N) = Kraft, die einem Körper der Masse 1 kg die Beschleunigung 1 m/s^2 gibt.
Wichtigste Ableitung:
1 Kilonewton (kN) = 10^3 N
Ältere Einheit: 1 Kilopond (kp) = 9,81 N

Leistung
Grundeinheit: 1 Watt (W) = 1 J/s = 1 Nm/s = 1 VA = Leistung, bei der während 1 s die Energie 1 J umgesetzt wird.
Wichtigste Ableitungen:
1 Kilowatt (kW) = 10^3 W
1 Megawatt (MW) = 10^6 W = 10^3 kW
Ältere Einheit: 1 Pferdestärke (PS) = 735,49875 W

Licht
Grundeinheit: 1 Candela (cd), Einheit der Lichtstärke. 1 cd = Lichtstärke, mit der $\frac{1}{600000}$ m^2 der Oberfläche eines Schwarzen Strahlers bei der Temperatur des beim Druck 101325 Pa (= 1 atm) erstarrenden Platins senkrecht zu seiner Oberfläche leuchtet.
Abgeleitete Einheiten:
Leuchtdichte: 1 Candela/Meterquadrat (cd/m^2)
Lichtstrom: 1 Lumen (lm) = Lichtstrom, den eine punktförmige Lichtquelle mit 1 cd gleichmäßig nach allen Richtungen in den Raumwinkel 1 sr aussendet
Beleuchtungsstärke: 1 Lux (lx) = 1 lm/m^2

Temperatur
Grundeinheit: 1 Kelvin (K); ohne Gradbezeichnung. Die K.-Skala beginnt beim absoluten Nullpunkt: 0 K = −273,15°C.
Weitere zulässige Einheit:
1 Grad Celsius (°C); Einteilung der Skala in 100° zwischen Gefrierpunkt (0°C) und Siedepunkt (100°C) des Wasser

Zeit
Grundeinheit: 1 Sekunde (s oder sec); weitere Einheiten:

	d	h	min	s
1 Jahr (a)	365	.	.	.
1 Tag (d)	1	24	1440	86400
1 Stunde (h)	.	1	60	3600
1 Minute (min)	.	.	1	60
1 Sekunde (s)	.	.	.	1

Tennis

Die wichtigsten Spielregeln aus der Spielwertung des »weißen Sports« sind: Ein Schlag ins Netz oder über das Spielfeld hinaus ergibt einen Fehler; 4 Fehler ergeben ein Spiel für den Gegner, 6 Spiele einen Satz, doch muß der Sieger mindestens 2 Spiele mehr haben als der Verlierer.

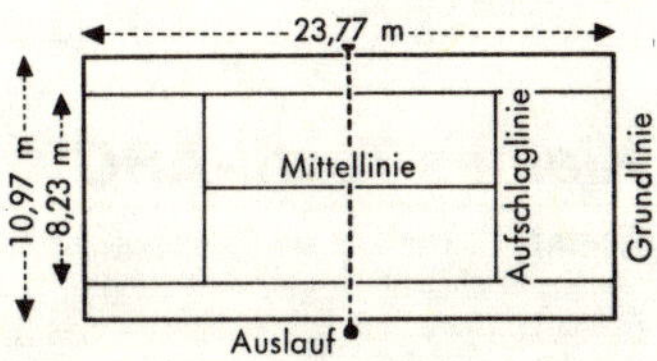

Die beiden Testamente der Bibel

Altes Testament

1. Genesis (= das 1. Buch Mose)
2. Exodus (=das 2. Buch Mose)
3. Levitikus (= das 3. Buch Mose)
4. Numeri (= das 4. Buch Mose)
5. Deuteronomium (= das 5. Buch Mose)
6. Das Buch Josua
7. Das Buch der Richter
8. Das Buch Rut
9. Das 1. Buch Samuel
10. Das 2. Buch Samuel
11. Das 1. Buch der Könige
12. Das 2. Buch der Könige
13. Das 1. Buch der Chronik
14. Das 2. Buch der Chronik
15. Das Buch Esra
16. Das Buch Nehemia
17. Das Buch Tobias
18. Das Buch Judit
19. Das Buch Ester
20. Das 1. Buch der Makkabäer
21. Das 2. Buch der Makkabäer
22. Das Buch Ijob (= Job = Hiob)
23. Die Psalmen
24. Das Buch der Sprichwörter (= Die Sprüche Salomos)
25. Kohelet (= Der Prediger Salomo)
26. Das Hohelied (= Das Hohelied Salomos)
27. Das Buch der Weisheit (= Die Weisheit Salomos)
28. Das Buch Jesus Sirach
29. Das Buch Jesaja
30. Das Buch Jeremia
31. Die Klagelieder des Jeremia
32. Das Buch Baruch
33. Das Buch Ezechiel (= Hesekiel)
34. Das Buch Daniel
35. Das Buch Hosea
36. Das Buch Joel
37. Das Buch Amos
38. Das Buch Obadja
39. Das Buch Jona
40. Das Buch Micha
41. Das Buch Nahum
42. Das Buch Habakuk
43. Das Buch Zefanja
44. Das Buch Haggai
45. Das Buch Sacharia
46. Das Buch Maleachi

Neues Testament

1. Das Evangelium nach Matthäus
2. Das Evangelium nach Markus
3. Das Evangelium nach Lukas
4. Das Evangelium nach Johannes
5. Die Apostelgeschichte
6. Der Brief an die Römer
7. Der erste Brief an die Korinther
8. Der zweite Brief an die Korinther
9. Der Brief an die Galater
10. Der Brief an die Epheser
11. Der Brief an die Philipper
12. Der Brief an die Kolosser
13. Der erste Brief an die Thessalonicher
14. Der zweite Brief an die Thessalonicher
15. Der erste Brief an Timotheus
16. Der zweite Brief an Timotheus
17. Der Brief an Titus
18. Der Brief an Philemon
19. Der Brief an die Hebräer
20. Der Brief des Jokobus
21. Der erste Brief des Petrus
22. Der zweite Brief des Petrus
23. Der erste Brief des Johannes
24. Der zweite Brief des Johannes
25. Der dritte Brief des Johannes
26. Der Brief des Judas
27. Die Offenbarung des Johannes

Falls Sie einmal gefragt werden, wieviel Buchstaben in der Bibel stehen, hier ist die Zahl: 3566480! Einschließlich der Apokryphen sind es sogar 4291480 Buchstaben.

Kleines Textil-ABC

Acetat: Chemiefaser auf Zellulosebasis, seidenähnlicher Glanz, gute Reiß- und Knitterfestigkeit, gute Dehnbarkeit. Bügelfest bis 220°C.

Bastseide: nicht entbastete Rohseide.

Batist: dichtes und feinfädiges Gewebe in Leinwandbindung aus Baumwolle, Leinen oder Zellwolle.

Baumwolle: Naturfaser (Samenhaare der Baumwollpflanze), sehr dauerhaft, gut waschbar.
Bouclé: Kleider- und Mantelstoff mit noppenartiger Oberfläche.
Bouretteseide: versponnene Seidenabfälle, ergeben rauhe, etwas noppige Garne.
Broché: Gewebe mit stickereiähnlichen Mustern.
Brokat: schweres Gewebe in Jaquardmusterung, hergestellt unter Verwendung von Metallfäden.
Charmelaine: Kleider- und Mantelstoff aus Wollkammgarn, rechte Seite gerippt, linke Seite glatt und glänzend.
Charmeuse: Wirkware mit Trikotlegung auf der rechten, Tuchlegung auf der linken Seite, maschenfest.
Cheviot: Kammgarn- und Streichgarngewebe aus grober Cheviotwolle.
Chevron: Wollstoff in Fischgratmusterung.
Chiffon: feines Gewebe aus Endlosgarnen für Schals, Kleider- und Blusenstoffe.
Chiné: Gewebe, bei dem die Kettfäden vor dem Weben mit Farbmustern bedruckt werden (verschwommene Musterkonturen).
Cord: stark gerippte Gewebe mit Rippen in Längsrichtung.
Crêpe: Sammelbezeichnung für Gewebe mit körnig-sandiger Oberfläche, heute meist aus Chemiefasern hergestellt.
Cuprama: Kupferspinnfaser auf Zellulosebasis für Anzug- und Mantelstoffe, Strickwaren. Feinwollig, merinoartig, matter Perlglanz.
Diolen: Chemiefaser auf Polyesterbasis, für Wäsche-, Anzug- und Kleiderstoffe, reiß- und scheuerfest, knitterarm.
Dolan: Chemiefaser auf Polyacrylnitrilbasis, für Stoffe aller Art, wollig, gut wärmend.
Dralon: Chemiefaser auf Polyacrylnitrilbasis, für Stoffe aller Art geeignet.
Drell: derbes Baumwoll-, Leinen- oder Halbleinengewebe.
Duchesse: Kleider- und Futterstoff, auf einer Seite stark glänzend, aus Naturseide oder Acetatfäden.
Duvetine: Baumwoll- oder Zellwollgewebe mit stark aufgerauhter Oberfläche und samtartigem Aussehen.
Flanell: Gewebe aus weichen Garnen, ein- oder beidseitig aufgerauht, für Hemden, Blusen, Hosen u. a.
Flausch: Streichgarngewebe mit stark aufgerauhter rechter Seite, gut wärmehaltig.
Fresco: Gewebe mit freskenartigem Oberflächenbild und hartem, körnigem Griff, in Leinwandbindung gewebt.
Frottee: Schlingenstoff aus Frotteezwirn mit rauher, gekräuselter Oberfläche.
Gabardine: Gewebe mit stark ausgeprägten Rippen, aus Wolle, Baumwolle, Zellwolle oder Mischgarnen hergestellt.
Georgette: hartes, gitterartiges Kreppgewebe in Leinwandbindung.
Gerstenkorn: Gewebe in Leinwand- oder Ripsbindung mit Verdickungen (Gerstenkornbindung), besonders für Handtücher.
Gevrine: Kleiderstoff mit feinen welligen Rippen, rechtsseitig schillernd.
Glasbatist: weißer Batist, der durch eine Spezialbehandlung glasig und steif gemacht ist.
Honanseide: Seidengewebe aus Tussahseide mit leichten Fadenverdickungen (Noppen).
Jersey: gewirkter Stoff für Oberbekleidung manchmal auch gestrickt.
Kammgarn: vor dem Verspinnen gekämmte (d. h. verfeinerte) Garne aus Wolle, Baumwolle oder Zellwolle.
Kaschmir: Textilrohstoff aus den Haaren der Kaschmirziege.
Kunstseide: veraltete Bezeichnung für Chemiefasern aus chemisch behandelter Zellulose.
Lamé: Gewebe mit eingearbeiteten Metallfäden.
Leinen: Gewebe aus Flachsfasern (Leinengarnen) in Kette und Schuß, sehr haltbar, reiß- und verschleißfest.
Leinenbatist: Batist aus sehr feinen Leinengarnen.
Linon: Baumwollgewebe mit leinenähnlicher Oberfläche.
Loden: stark gewalktes, beiderseits aufgerauhtes und imprägniertes, dichtes und glattes Streichgewebe, vor allem für Wander- und Sportkleidung.
Mako: feinste, leicht glänzende ägyptische Baumwolle.
Marengo: Streichgarn- und Kammgarngewebe aus meliertem Marengogarn für Anzüge und Mäntel.
Matelassé: Gewebe mit plastisch hervortretender Musterung und seidiger Oberfläche.
Mohair: Wolle der Mohairziege (Angoraziege), stark glänzend, reißfest, wenig filzend.
Moiré: Taft mit wasserwellenartigem, mattschimmerndem Muster.
Nylon: Chemiefaser auf Polyamidbasis, reiß- und scheuerfest, kaum knitternd, vor allem für Strümpfe, Wäsche, Kleiderstoffe geeignet.
Organdy: Glasbatist (s.d.).
Organza: steifer, durchsichtiger Seidenchiffon aus unentbasteter Seide.
Orlon: Chemiefaser auf Polyacrylnitrilbasis, für Gewebe aller Art geeignet, mit seidigen

Fäden, bauschelastischen Spinnfasern, gut wärmend, knitterarm.
Ottomane: Rips mit breiten Rippen in Schußrichtung.
PAN: Chemiefaser auf Polyacrylnitrilbasis.
PeCe: Chemiefaser auf Polyvinylchloridbasis.
Perlon: Chemiefaser auf Polyamidbasis, wie Nylon (s. d.).
Popeline: Baumwollgewebe mit feinen, dicht eingestellten Kettfäden, z. B. für Hemden, Kleider.
Reyon: Chemiefaser auf Zellulosebasis, weich, schmiegsam und seidig, vor allem für Blusen- und Kleiderstoffe.
Rips: Gewebe mit ausgeprägten Rippen in Kett- oder Schußrichtung.
Samt: Gewebe mit einem Flor, der das Grundgewebe 2–3 mm überragt.
Satin: Gewebe mit glatter Oberfläche, in Atlasbindung hergestellt.
Seide: Fasern aus der Mittelschicht des Kokons der Seidenspinnerraupe.
Shetland: grober, wenig dichter Wollstoff.
Taft: leinwandbindiges Gewebe aus Seide oder Chemiefäden mit leichten, kaum sichtbaren Querrippen.
Terylene: Chemiefaser auf Polyesterbasis, reiß- und scheuerfest, bauschelastisch, sehr temperaturbeständig.
Trevira: Chemiefaser auf Polyesterbasis, ähnlich wie Diolen.
Tweed: handwebartiger Stoff aus grobem Garn, häufig mit Noppen und rauher Oberfläche.
Velours: Stoffe mit samtartiger Oberfläche auf einer Seite.
Velvet: Baumwollsamt mit glatter Oberfläche.
Voile: durchsichtiger, schleierartiger Stoff aus feinfädigem Garn.
Wolle: Haare des Schafes, naturgekräuselt, sehr wärmehaltend, sehr dehnbar.
Zellwolle: aus Zellulose hergestellte Chemiefaser (Viskose), für Kleider-, Wäsche- und Anzugstoffe.

Thermometer

Skala	es entsprechen einander													
Celsius	–40	–30	–20	–10	0	10	20	30	40	50	60	70	90	100
Reaumur	–32	–24	–16	– 8	0	8	16	24	32	40	48	56	72	80
Fahrenheit	–40	–22	– 4	14	32	50	68	86	104	122	140	158	194	212
Kelvin	233	243	253	263	273	283	293	303	313	323	333	343	363	373

Umrechnungsformeln:

Celsius in Fahrenheit

$$x^\circ C = \frac{9 \cdot x^\circ}{5} + 32^\circ F$$

Fahrenheit in Celsius

$$x^\circ F = \frac{5}{9}(x - 32)^\circ C$$

Celsius in Reaumur

$$x^\circ C = \frac{4 \cdot x^\circ}{5}\ R$$

Reaumur in Celsius

$$x^\circ R = \frac{5 \cdot x^\circ}{4}\ C$$

Celsius in Kelvin

$$x^\circ C = (x + 273)\ K$$

Tierkreiszeichen

♈	♉	♊	♋	♌	♍	♎	♏	♐	♑	♒	♓
Widder	Stier	Zwillinge	Krebs	Löwe	Jungfrau	Waage	Skorpion	Schütze	Steinbock	Wassermann	Fische

Widder	21. 3. – 20. 4.	Waage	24. 9. – 23. 10.
Stier	21. 4. – 20. 5.	Skorpion	24. 10. – 22. 11.
Zwillinge	21. 5. – 21. 6.	Schütze	23. 11. – 22. 12.
Krebs	22. 6. – 22. 7.	Steinbock	23. 12. – 21. 1.
Löwe	23. 7. – 23. 8.	Wassermann	22. 1. – 19. 2.
Jungfrau	24. 8. – 23. 9.	Fische	20. 2. – 20. 3.

Stämme des Tierreiches

		Zahl der Arten
1. Flagellata	Geißeltierchen	20 000
2. Rhizopoda	Wurzelfüßer	
3. Sporozoa	Sporentierchen	
4. Protociliata	Vor-Wimperntierchen	
5. Ciliata	Wimperntierchen	
6. Mesozoa	·	50
7. Porifera	Schwämme	5 000
8. Cnidaria	Nesseltiere	8 900
9. Ctenophora	Rippenquallen	80
10. Plathelminthes	Plattwürmer	6 000
11. Kamptozoa	·	60
12. Nemertini	Schnurwürmer	750
13. Nemathelminthes	Schlauchwürmer	7 500
14. Priapulida	·	3
15. Mollusca	Weichtiere	104 000
16. Sipunculida	·	240
17. Annelida	Ringelwürmer	7 000
18. Onychophora	Krallenträger	70
19. Linguatulida	Zungenwürmer	62
20. Tardigrada	Bärtierchen	200
21. Arthropoda	Gliederfüßer	810 000
22. Tentaculata	Kranzfühler	3 400
23. Enteropneusta	Schlundatmer	75
24. Echinodermata	Stachelhäuter	4 700
25. Chaetognatha	Borstenkiefer	30
26. Chordata	Chordatiere	62 000
		1 040 120

Aus Deutschland sind bisher rund 40 300 lebende Tierarten bekannt. Mehr als die Hälfte davon, nämlich 27 800, sind Insekten. Es folgen 3 500 Würmerarten, 3 300 Einzellerarten und 2 300 Spinnenarten. Der Anteil der Wirbeltiere beträgt mit 750 Arten nur 1,86%!

Tier-Symbolik

Für verschiedene menschliche Eigenschaften gelten folgende Tiere als Symbol:

Biene Fleiß
Bulldogge Hartnäckigkeit
Eichelhäher Geschwätzigkeit
Elster diebisch
Esel Dummheit
Eule Weisheit
Fledermaus Blindheit
Fliege Schwäche
Fuchs List, Schlauheit
Gans Eingebildetheit
Habicht Raubgier
Hase Furchtsamkeit
Henne Mütterlichkeit
Hund Treue
Kaninchen Fruchtbarkeit
Katze Falschheit
Lamm Unschuld
Lerche Heiterkeit
Löwe Würde
Pfau Stolz, Eitelkeit
Rabe Unglück
Schaf Einfalt
Schlange Weisheit
Schmetterling vergnügtes Leben
Schwein Unreinheit
Spatz Frechheit
Stier Kraft
Strauß Torheit
Taube Harmlosigkeit
Tiger Wildheit
Turteltaube eheliche Treue
Wurm Kriecherei

Tischtennis-Tisch

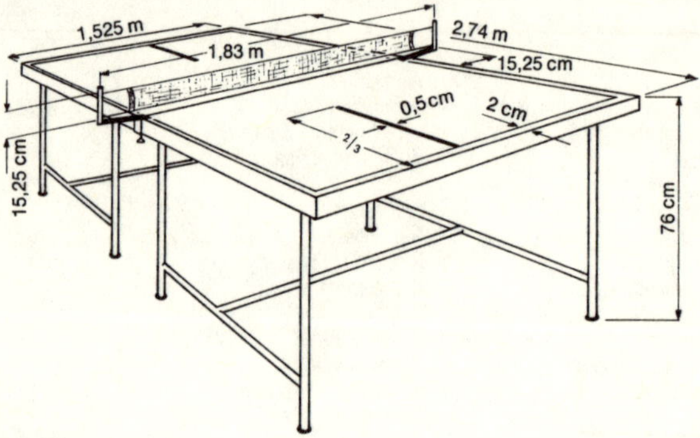

Trächtigkeitskalender

Die durchschnittliche Tragezeit beträgt bei:

Elefant	630 Tage	**Kamel**	360 Tage	**Rind**	240–321 Tage
Esel	360–370 Tage	**Kaninchen**	28– 30 Tage	**Schaf**	146–158 Tage
Giraffe	450 Tage	**Katze**	45– 65 Tage	**Schwein**	109–133 Tage
Hund	55– 65 Tage	**Pferd**	320–419 Tage	**Ziege**	146–158 Tage

Trinkgelder bzw. Bedienungszuschläge

	Hotel Restaurant	Taxi
Australien	10–15%	15%
Belgien	15%	10–15%
Bolivien	10%	–
Brasilien	10%	10–15%
Bundesrep. Deutschl.	10–15%	10%
Chile	10%	–
Dänemark	12–15%	12–15%
Ecuador	10%	–
Finnland	10–15%	–
Frankreich	10–15%	12–15%
Griechenland	10–15%	5%
Großbritannien	10–15%	10–20%
Hongkong	10–15%	10%
Indien	10%	–
Irland	10–15%	10–20%
Island	15–20%	15%
Israel	10%	–
Italien	15–20%	10–15%
Jugoslawien	–	–
Kolumbien	10%	–
Luxemburg	15%	10%
Mexiko	10–20%	–
Niederlande	15%	10%
Norwegen	10–15%	–
Österreich	10–15%	10–15%
Pakistan	10%	–
Peru	5–15%	–
Portugal	10–15%	10%
Schweden	10–15%	15–20%
Schweiz	10–15%	10%
Spanien	12–15%	10%
Thailand	10–20%	–
Türkei	10–15%	5–10%
Uruguay	10–15%	10%
Venezuela	10–15%	–

Tonarten

Europäische Universitäten und ihre Gründungsjahre

Aachen 1870
Aarhus 1928
Aberdeen 1494
Abersystwyth 1903
Aix-Marseilles 1409
Amsterdam 1632
Ankara 1933
Athen 1837
Augsburg 1669
Bamberg 1972
Bangor 1903
Barcelona 1450
Bari 1924
Basel 1460
Bayreuth 1972
Belfast 1845
Bergen 1946
Berlin 1809 (FU 1948)
Bern 1834
Besançon 1422
Bielefeld 1968
Birmingham 1900

Bochum 1962
Bologna um 1200
Bonn 1786
Bordeaux 1441
Braunschweig 1862
Bremen 1970
Breslau 1811
Bristol 1909
Brünn 1919
Brüssel 1834
Budapest 1635
Bukarest 1864
Caen 1431
Cagliari 1606
Cambridge 1229
Camerino 1727
Cardiff 1893
Catania 1434
Clausthal 1775
Clermont-Ferrand 1808
Coimbra 1290
Darmstadt 1836
Debrecen 1914
Dijon 1722
Dorpat 1632
Dortmund 1968
Dublin 1591
Duisburg 1972
Durham 1832
Düsseldorf 1907
Edinburgh 1583
Eichstätt 1972
Erfurt 1392
Erlangen-Nürnberg 1743
Exeter 1855
Ferrara 1391
Florenz 1321
Frankfurt Main 1914
Freiburg/Deutschland 1457
Freiburg/Schweiz 1889
Genf 1559
Gent 1817
Genua 1773
Gießen 1607
Glasgow 1451
Göteborg 1889
Göttingen 1736
Granada 1526
Graz 1586
Greifswald 1456
Grenoble 1339
Gronningen 1614
Hagen 1974
Halle/Saale 1502
Hamburg 1919
Hannover 1831
Heidelberg 1386
Helsinki 1828
Hohenheim 1818
Innsbruck 1669
Istanbul 1453
Jassy 1865
Jena 1558
Kaiserslautern 1970
Karlsruhe 1865
Kassel 1970
Kiel 1665
Köln 1388
Konstanz 1967
Königsberg 1544
Kopenhagen 1479
Krakau 1364
Lausanne 1537
Leeds 1904
Leiden 1575
Leipzig 1409
Leningrad 1819
Lille 1562
Lissabon 1290
Liverpool 1903
Lodz 1945
London 1836
Löwen 1425
Lübeck 1964
Lublin 1918
Lund 1666
Lüttich 1817
Lyon 1888
Macerata 1290
Madrid 1508
Mailand 1925
Mainz 1476
Manchester 1903
Mannheim 1946
Marburg 1527
Messina 1548
Modena 1180
Montpellier 1289
Moskau 1755
München 1472
Münster 1780
Murcia 1915
Nancy 1572
Neapel 1224
Neuchâtel 1838
Neuendettelsau 1947
Nottingham 1948
Odessa 1865
Oldenburg 1974
Oporto 1911
Oslo 1811
Osnabrück 1970
Oviedo 1608
Oxford um 1200
Paderborn 1972
Padua 1222
Palermo 1777
Paris 1253
Parma 1065
Pavia 1361

Pécs 1367
Perugia 1200
Pisa 1343
Poitiers 1432
Posen 1919
Prag 1348
Preßburg 1919
Reading 1926
Regensburg 1967
Rennes 1735
Reykjavik 1911
Rom 1303
Rostock 1419
Saarbrücken 1949
Salamanca 1243
Salerno 1944
Saloniki 1925
Salzburg 1622
Santiago 1501
Saragossa 1558
Sassari 1562
Sevilla 1502
Sheffield 1905
Siegen 1972
Siena 1247
Sofia 1888
Southampton 1952
Speyer 1947
St. Andrews 1411
Stuttgart 1829
Stockholm 1877
Straßburg 1538
Swansea 1903
Szeged 1921
Temeschburg 1945
Thorn 1949
Toulouse 1229
Trier 1970
Triest 1938
Tübingen 1477
Turin 1405
Turku 1922
Ulm 1967
Uppsala 1477
Urbino 1564
Utrecht 1636
Valencia 1500
Valladolid 1346
Venedig 1868
Warschau 1812
Wien 1365
Wuppertal 1972
Würzburg 1582
Zürich 1833

Die 50 Staaten der USA

Name (Abk.)	km^2	Einwohner (in 1000)	Aufnahme in USA	Hauptstadt
Alabama, AL	133667	3537	1819	Montgomery
Alaska, AK	1518800	352	1958	Juneau
Arizona, AZ	295022	2245	1912	Phoenix
Arkansas, AR	137538	2116	1836	Little Rock
California, CA	411012	21185	1850	Sacramento
Colorado, CO	269998	2580	1876	Denver
Connecticut, CT	12973	3095	1788	Hartford
Delaware, DE	5328	579	1787	Dover
Florida, FL	151670	8357	1845	Tallahassee
Georgia, GA	152488	4296	1788	Atlanta
Hawaii, HI	16705	865	1960	Honolulu
Idaho, ID	216412	821	1890	Boise City
Illinois, IL	146075	11145	1818	Springfield
Indiana, IN	93993	5311	1816	Indianapolis
Iowa, IA	145791	2870	1846	Des Moines
Kansas, KS	213063	2267	1861	Topeka
Kentucky, KY	104623	3396	1792	Frankfort
Louisiana, LA	125674	3791	1812	Baton Rouge
Maine, ME	86027	1059	1820	Augusta
Maryland, MD	27394	4098	1788	Annapolis
Massachusetts, MA	21386	5828	1788	Boston
Michigan, MI	150779	9157	1837	Lansing
Minnesota, MN	217735	3926	1858	Saint Paul
Mississippi, MS	123584	2346	1817	Jackson
Missouri, MO	180486	4763	1821	Jefferson City
Montana, MT	381084	748	1889	Helena

Nebraska, NE	200017	1546	1867	Lincoln
Nevada, NV	286296	592	1864	Carson City
New Hampshire, NH	24097	818	1788	Concord
New Jersey, NJ	20295	7316	1787	Trenton
New Mexiko, NM	315113	1147	1912	Santa Fé
New York, NY	128401	18120	1788	Albany
North Carolina, NC	136197	5451	1789	Raleigh
North Dakota, ND	183022	635	1889	Bismarck
Ohio, OH	106765	10759	1803	Columbus
Oklahoma, OK	181090	2712	1907	Oklahoma City
Oregon, OR	251180	2288	1859	Salem
Pennsylvania, PA	117412	11827	1787	Harrisburg
Rhode Island, RI	3144	927	1790	Providence
South Carolina, SC	80432	2818	1788	Columbia
South Dakota, SD	199551	638	1889	Pierre
Tennessee, TN	109412	4188	1796	Nashville-D.
Texas, TX	692403	12237	1845	Austin
Utah, UT	219932	1206	1896	Salt Lake City
Vermont, VT	24887	471	1791	Montpelier
Virginia, VA	105716	4967	1788	Richmond
Washington, WA	176617	3544	1889	Olympia
West Virginia, WV	62629	1803	1863	Charleston
Wisconsin, WI	145438	4607	1848	Madison
Wyoming, WY	253597	374	1890	Cheyenne

Die USA-Flagge

Auf dem »Sternenbanner«, der USA-Flagge, symbolisieren die 50 Sterne die 50 Bundesstaaten. Jeder Staat hat »seinen« ganz bestimmten Stern, da die Sterne in der Reihenfolge erscheinen, in der die einzelnen Staaten die Verfassung ratifiziert haben.

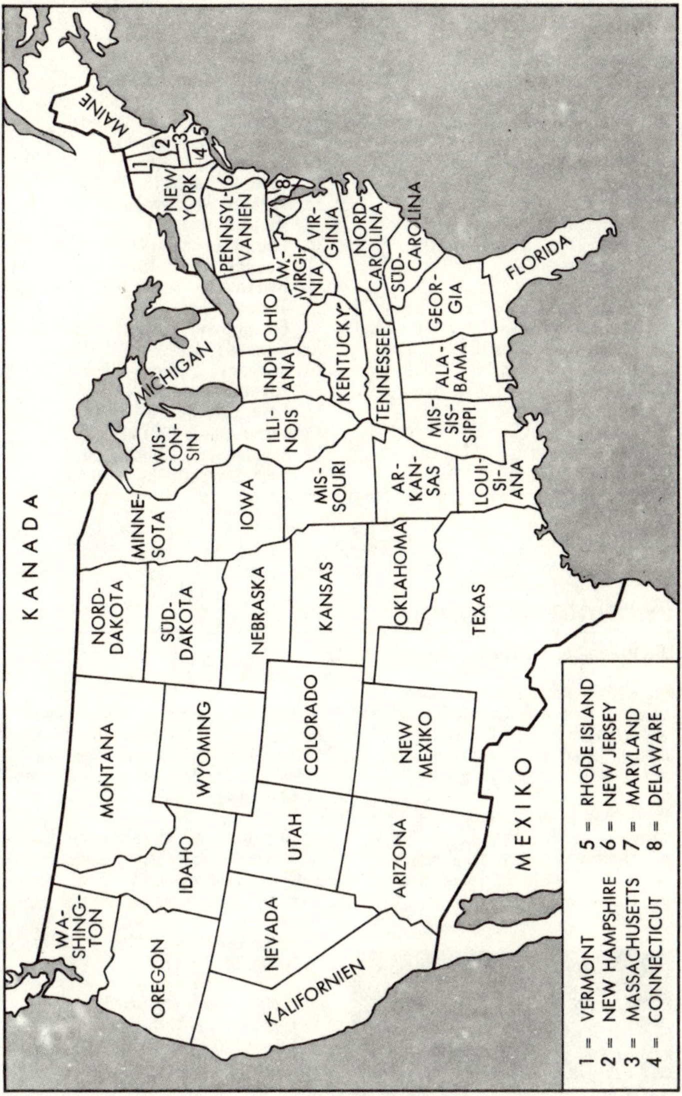

Nicht auf der Karte enthalten sind die fern vom US-Mutterland liegenden beiden Staaten Hawaii im zentralen Pazifik (8 größere und 26 kleinere Inseln), 1959 in die USA aufgenommen, und Alaska (mit 1518796 km^2 größter Staat), 1867 für 7,2 Millionen US-Dollar von Rußland gekauft, zunächst mit Kolonialstatus und seit 1959 Staat der Union.

Präsidenten der USA

1. **Washington,** George 1789–1797
2. **Adams,** John 1797–1801
3. **Jefferson,** Thomas 1801–1809
4. **Madison,** James 1809–1817
5. **Monroe,** James 1817–1825
6. **Adams,** John Quincy 1825–1829
7. **Jackson,** Andrew 1829–1837
8. **Buren,** Martin van 1837–1841
9. **Harrison,** William Henry 1841
10. **Tyler,** John 1841–1845
11. **Polk,** James 1845–1849
12. **Taylor,** Zachary 1849–1850
13. **Fillmore,** Millard 1850–1853
14. **Pierce,** Franklin 1853–1857
15. **Buchanan,** James 1857–1861

16a. **Lincoln,** Abraham 1861–1865
16b. **Davis,** Jefferson 1861–1865

17. **Johnson,** Andrew 1865–1869
18. **Grant,** Ulysses S. 1869–1877
19. **Hayes,** Rutherford 1877–1881
20. **Garfield,** James 1881
21. **Arthur,** Chester A. 1881–1885
22. **Cleveland,** Grover 1885–1889
23. **Harrison,** Benjamin 1889–1893
24. **Cleveland,** Grover 1893–1897
25. **MacKinley,** William 1897–1901
26. **Roosevelt,** Theodore 1901–1909
27. **Taft,** William H. 1909–1913
28. **Wilson,** Woodrow 1913–1921
29. **Harding,** Warren G. 1921–1923
30. **Coolidge,** Calvin 1923–1929
31. **Hoover,** Herbert 1929–1933
32. **Roosevelt,** Franklin D. 1933–1945
33. **Truman,** Harry 1945–1953
34. **Eisenhower,** Dwight D. 1953–1961
35. **Kennedy,** John F. 1961–1963
36. **Johnson,** Lyndon B. 1963–1969
37. **Nixon,** Richard 1969–1974
38. **Ford,** Gerald R. 1974–1977
39. **Carter,** Jimmy 1977–1980
40. **Reagan,** Ronald 1980–1988
41. **Bush,** George 1989–

Vereinte Nationen

Die Präambel zur Charta der UN lautet:

Wir, die Völker der Vereinten Nationen, entschlossen, kommende Geschlechter vor der Geißel des Krieges, welche zweimal zu unseren Lebzeiten der Menschheit unsagbares Leid gebracht hat, zu bewahren
und
den Glauben an die Grundrechte des Menschen, an die Würde und den Wert der menschlichen Person, an die gleichen Rechte von Männern und Frauen und großen und kleinen Völkern erneut zu bekunden
und
Bedingungen herzustellen, unter denen Gerechtigkeit und Achtung vor den Verpflichtungen, die sich aus Verträgen und anderen Quellen des Völkerrechts herleiten, gewahrt bleiben können,
und
sozialen Fortschritt und einen besseren Lebensstandard in größerer Freiheit zu fördern und zu diesem Zwecke Toleranz zu üben und untereinander als gute Nachbarn in Frieden zu leben und unsere Kraft zu vereinen, um den internationalen Frieden und die Sicherheit zu wahren,
und
durch die Annahme von Grundsätzen und die Einsetzung von Methoden zu gewährleisten, daß Waffengewalt außer im Interesse der Allgemeinheit nicht angewandt werden soll,
und
zur Förderung des wirtschaftlichen und sozialen Fortschreitens aller Völker internationale Vereinbarungen zu benutzen, haben beschlossen, zur Verwirklichung dieser Ziele unsere Anstrengungen zu vereinigen.

Vögel im Flug

Die wichtigsten Vitamine

Vitamin		Vorkommen in	Wichtig für
A	Axerophtol; Vorstufe: Karotin	Fischleberöl, Butter, Eigelb, Leber	Haut u. Schleimhaut, Netzhaut, Hornhaut
B_1	Aneurin, Thiamin	Hefe, Getreidekleie, Reisschliff, grüne Erbsen	Leberstoffwechsel (Glykogenspeicherung), Nervenstoffwechsel, Wasserhaushalt
B_2	Laktoflavin Riboflavin	Molke, Hefe, Keime, Leber, Niere, Eigelb, grüne Pflanzen	Stoffwechsel, Blutfarbstoffbildung, Entgiftung der Leber, Sehvorgang
	Nikotinsäureamid	Hefe, Körner, Früchte, Gemüse, Milch, Leber, Niere, Muskel	Zellatmung, Kohlenhydrat- und Eiweißstoffwechsel, Blutfarbstoffaufbau
B_6	Pyridoxin, Adermin	Hefe, Körner, Früchte, Gemüse, Milch, Leber, Niere, Muskel	Blutkörperchenbildung, Nervenfunktion, Leberstoffwechsel, Wachstum
B_{12}	Antipernizisefaktor	Leber, Magenschleimhaut	Blutbildung, Wachstum, Leber, Haut und Schleimhäute
C	L-Askorbinsäure, Hexuronsäure	Früchte, grüne Pflanzen, Leber, Milch	Zellstoffwechsel, Hormonbildung, Antikörperbildung, Blutgefäße
D	Antirachit. Vitamin; Vorstufe: Ergosterin	Fischöle, Lebertran, Kakaobohnen, Hefe, grünes Gemüse	Phosphor- und Kalkstickstoffwechsel
E	Tokopherol	Keimöl; Hypophysenvorderlappen	Blutbild, Keimdrüsen, Fruchtbarbarkeit
H	Biotin	Hefe, Keime, Melasse, Maische, Niere, Hirn, Eigelb, Molke	Wachstum, Fettbildung in der Leber, Haut- und Schleimhautentwicklung
K	vom 1,4-Naphthochinon oder Hydrochinon abgeteilte Substanz	Leber; wird im Darm aufgebaut	Blutgerinnung, Darmschleimhautresorption, Leberentgiftung
P	Flavone, Flavenole, Flavenone, Citrin, Hesperidin	Früchte, grüne Pflanzen, Leber, Milch	Skorbutverhütung, Abmagerungsverhinderung

Verwandtschaftsverhältnisse

Base Tochter von Onkel oder Tante
Cousin Vetter
Cousine Base
Eltern Vater und Mutter
Enkel Kind von Sohn oder Tochter
Großeltern Eltern der Eltern
Großneffe Sohn von Neffe oder Nichte
Großnichte Tochter von Neffe oder Nichte
Großonkel Bruder der Großväter oder Großmütter
Großtante Schwester der Großväter oder Großmütter
Neffe Sohn des Bruders oder der Schwester
Nichte Tochter des Bruders oder der Schwester
Onkel Bruder des Vaters oder der Mutter
Schwager Ehemann der Schwester, Bruder der Ehefrau bzw. des Ehemanns
Schwägerin Ehefrau der Bruders, Schwester der Ehefrau bzw. des Ehemanns
Schwiegersohn Ehemann der Tochter

Schwiegertochter Ehefrau des Sohnes
Schwippschwager Ehemann der Schwester der Ehefrau bzw. des Ehemannes
Schwippschwägerin Ehefrau des Bruders der Ehefrau bzw. des Ehemannes
Tante Schwester des Vaters oder der Mutter
Urenkel Kinder der Enkel
Urgroßeltern Eltern der Großeltern
Vetter Sohn von Onkel oder Tante

Volleyball-Spielfeld

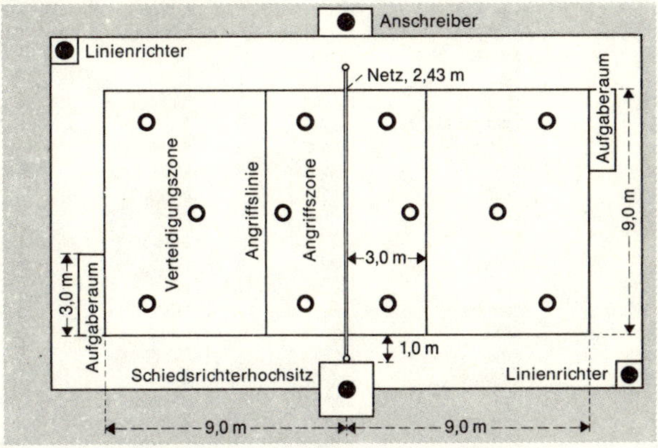

280 Vornamen zum Aussuchen

Der Stammhalter oder sein Schwesterchen ist unterwegs? Sie wissen noch nicht, welchen Vornamen Sie wählen sollen? Hier eine Auswahl von 280 gebräuchlichen Vornamen zum Aussuchen, und zwar

140 für Ihn:

Achim	Bruno	Franz	Hubert	Lorenz
Adalbert	Christian	Friedolin	Hugo	Lothar
Adam	Christoph	Friedrich	Immanuel	Ludwig
Adolf	Detlef	Fritz	Jakob	Lukas
Albert	Dieter	Georg	Joachim	Lutz
Albrecht	Dietrich	Gerhard	Johannes	Manfred
Alexander	Eberhard	Gottfried	Jörg	Martin
Alfons	Edgar	Gottlieb	Josef	Matthias
Alfred	Edmund	Gregor	Julius	Maximilian
Alois	Eduard	Günter	Jürgen	Michael
Andreas	Edwin	Gustav	Karl	Moritz
Anton	Egon	Hans	Kasimir	Nikolaus
Armin	Emil	Harald	Kaspar	Norbert
Arno	Erhard	Hartmut	Klaus	Oskar
Arnold	Erich	Hasso	Klemens	Oswald
Artur	Ernst	Heinrich	Konrad	Ottmar
August	Erwin	Helmut	Kuno	Otto
Axel	Eugen	Herbert	Kurt	Ottokar
Bernhard	Ewald	Hermann	Leo	Paul
Berthold	Felix	Hildebrand	Leonhard	Peter
Bertram	Ferdinand	Horst	Leopold	Philipp

W

Ralf	Roland	Siegmar	Thomas	Walter
Reiner	Rolf	Siegmund	Udo	Werner
Reinhard	Rüdiger	Simon	Ulrich	Wilhelm
Reinhold	Rudolf	Stephan	Urban	Willibald
Richard	Sebastian	Theobald	Viktor	Wolf
Robert	Siegbert	Theodor	Volkmar	Wolfgang
Roger	Siegfried	Thilo	Waldemar	Wolfram

140 für Sie:

Adele	Dorothea	Hanna	Karoline	Pia
Adelheid	Edelgard	Hannelore	Katharina	Regine
Agathe	Edeltrud	Hedda	Käthe	Renate
Agnes	Edith	Hedwig	Klara	Romy
Alexandra	Eleonore	Helene	Klothilde	Rosa
Alice	Elfriede	Helga	Kornelia	Rosalie
Alwine	Elisabeth	Helma	Kunigunde	Roswitha
Amalie	Ella	Henriette	Laura	Rotraud
Amanda	Ellen	Herta	Lieselotte	Ruth
Angela	Elli	Hildegard	Lore	Sabine
Angelika	Elsa	Hildegund	Lotte	Siglinde
Anna	Elsbeth	Hulda	Lucie	Sigrid
Anneliese	Emilie	Ida	Luise	Silvia
Annemarie	Emma	Ilse	Lydia	Sophie
Antonie	Erika	Inge	Magdalena	Stephanie
Augusta	Erna	Ingeborg	Margarete	Susanna
Barbara	Eugenie	Ingrid	Maria	Theodora
Beate	Eva	Irene	Marianne	Therese
Berta	Felizitas	Irma	Martha	Ulrike
Brigitte	Feodora	Irmgard	Mathilde	Ursula
Brunhilde	Franziska	Irmtrud	Meta	Ute
Cäcilie	Frieda	Isa	Minna	Valerie
Charlotte	Friederike	Isabella	Monika	Vera
Christine	Gabriele	Isolde	Nora	Veronika
Dagmar	Gerda	Johanna	Olga	Viktoria
Dolores	Gertrud	Josephine	Ottilie	Waltraud
Dora	Gisela	Julie	Paula	Wanda
Doris	Gudrun	Jutta	Pauline	Wilhelmine

Währungseinheiten aus aller Welt

Afghanistan	1 Afghani = 100 Puls
Ägypten	1 Ägyptisches Pfund = 100 Piasters
Albanien	1 Lek = 100 Qindarka
Algerien	1 Algerischer Dinar = 100 Centimes
Andorra	französische und spanische Währung
Angola	1 Kwanza = 100 Lwei
Arabische Emirate	1 U.A.E. Dirham = 100 Fils
Argentinien	1 Argentinischer Peso = 100 Centavos
Äthiopien	1 Birr = 100 Cents
Australien	1 Australischer Dollar = 100 Cents
Bahamas	1 Bahama Dollar = 100 Cents
Bahrein	1 Bahrein-Dinar = 1000 Fils
Bangladesch	1 Taka = 100 Poisha
Barbados	1 Barbados-Dollar = 100 Cents
Belgien	1 Belgischer Franc = 100 Centimes
Benin	1 CFA-Franc = 100 Centimes
Bhutan	1 Ngultrum = 100 Tschetrum
Birma	1 Kyat = 100 Pyas

Bolivien	1 Peso Boliviana = 100 Centavos
Bophuthatswana	1 Rand = 100 Cents
Botswana	1 Pula = 100 Thebe
Brasilien	1 Cruzeiro = 100 Centavos
Bulgarien	1 Lew = 100 Stótinki
Bundesrepublik Deutschland	1 Deutsche Mark = 100 Pfennige
Burkina Faso	1 CFA-Franc = 100 Centimes
Burundi	1 Burundi-Franc = 100 Centimes
Chile	1 Chilenischer Peso = 100 Centésimos
Costa Rica	1 Colón = 100 Céntimos
Cuba	1 Cubanischer Peso = 100 Centavos
Cypern	1 Zypern-Pfund = 1000 Mils
Dänemark	1 Dänische Krone = 100 Öre
DDR	1 Mark der DDR = 100 Pfennig
Dominica	1 Ostkaribischer Dollar = 100 Cents
Dominikanische Republik	1 Dominikanischer Peso = 100 Centavos
Dschibuti	1 Franc Djibouti = 100 Centimes
Ecuador	1 Sucre = 100 Centavos
Elfenbeinküste	1 CFA-Franc = 100 Centimes
El Salvador	1 Colón = 100 Centavos
Fidschi	1 Fidschi-Dollar = 100 Cents
Finnland	1 Markka = 10 Penni
Frankreich	1 Franc = 100 Centimes
Gabun	1 CFA-Franc = 100 Centimes
Gambia	1 Dalasi = 100 Butut
Ghana	1 Cedi = 100 Pesewas
Grenada	1 Ostkaribischer Dollar = 100 Cents
Griechenland	1 Drachme = 100 Lepta
Großbritannien	1 Pfund Sterling = 100 Pence
Guatemala	1 Quetzal = 100 Centavos
Guinea	1 Ekwele = 100 Céntimos
Guinea-Bissau	1 Guinea Peso = 100 Centavos
Guyana	1 Guyana-Dollar = 100 Cents
Haiti	1 Gourde = 100 Centimes
Honduras	1 Lempira = 100 Entavos
Indien	1 Rupie = 100 Paise
Indonesien	1 Rupiah = 100 Sen
Irak	1 Irak-Dinar = 1000 Fils
Iran	1 Rial = 100 Dinar
Irland	1 Irisches Pfund = 100 Pence
Island	1 Króna = 100 Aurar
Israel	1 Israelisches Pfund = 100 Agorot
Italien	1 Italienische Lira = 100 Centesimi
Jamaika	1 Jamaika Dollar = 100 Cents
Japan	1 Yen = 100 Sen
Jemen	1 Jemeni Riyal = 100 Fils
Jemen (ADN)	1 Yemeni Dinar = 1000 Fils
Jordanien	1 Jordanischer Dinar = 1000 Fils
Jugoslawien	1 Jugoslawischer Dinar = 100 Para
Kambodscha	1 Riel = 100 Sen
Kamerun	1 CFA-Franc = 100 Centimes
Kanada	1 Canadischer Dollar = 100 Cents
Kap Verde	1 C.V.-Escudo = 100 Centavos
Katar	1 Qatar Riyal = 100 Dirham
Kenia	1 Kenya-Shilling = 100 Cents
Kolumbien	1 Kolumbischer Peso = 100 Centavos
Komoren	1 Komoren-Franc = 100 Centimes
Kongo	1 CFA-Franc = 100 Centimes
Koreanische Volksdemokr. Republik	1 Won = 100 Chon
Kuweit	1 Kuweit Dinar = 10 Dirham = 1000 Fils

Laos	1 Kip. Pot Poy = 100 At
Lesotho	1 Maluti = 100 Licente
Libanon	1 Libanisches Pfund = 100 Piastres
Liberia	1 Liberischer Dollar = 100 Cents
Libyen	1 Libyscher Dinar = 1000 Dirham
Liechtenstein	1 Schweizer Franken = 100 Rappen
Luxemburg	1 Luxemburger Franc = 100 Centimes
Madagaskar	1 Franc Malagache = 100 Centimes
Malawi	1 Malawi-Kwacha = 100 Tambala
Malaysia	1 Ringgit = 100 Sen
Malediven	1 Maledivische Rupie = 100 Laris
Mali	1 Mali-Franc = 100 Centimes
Malta	1 Malta-Pfund = 100 Cents
Marokko	1 Dirham = 100 mar. Centimes
Mauretanien	1 Ouguiya = 5 Khoums
Mauritius	1 Maurit. Rupie = 100 Cents
Mexiko	1 Mexikanischer Peso = 100 Centavos
Moçambique	1 Metical = 100 Centavos
Monaco	1 französicher Franc = 100 Centimes
Mongolische Volksrepublik	1 Tugrik = 100 Mongo
Namibia (Südwestafrika)	1 Südafrikanischer Rand = 100 Cents
Nauru	1 Australischer Dollar = 100 Cents
Nepal	1 Nep. Rupie = 100 Paisa
Neuseeland	1 Neuseel. Dollar = 100 Cents
Nicaragua	1 Córdoba = 100 Centavos
Niederlande	1 Florin (bzw. Gulden) = 100 Cents
Niger	1 CFA-Franc = 100 Centimes
Nigerien	1 Naira = 100 Kobo
Norwegen	1 Norwegische Krone = 100 Öre
Oman	1 Riyal Omani = 1000 Baizas
Österreich	1 Schilling = 100 Groschen
Pakistan	1 Pak. Rupie = 100 Paisa
Panama	1 Balboa = 100 Centésimos
Papua-Neuguinea	1 Kina = 100 Toea
Paraguay	1 Guaraní = 100 Céntimos
Peru	1 Sol = 100 Centavos
Philippinen	1 Phillipp. Peso = 100 Centavos
Polen	1 Zloti = 100 Groszy
Portugal	1 Escudo = 100 Centavos
Republik China	1 Taiwan-Dollar = 100 Cents
Republik Korea	1 Won = 100 Chon
Republik Südafrika	1 Rand = 100 Cents
Ruanda	1 Ruanda-Franc = 100 Centimes
Rumänien	1 Leu = 100 Bani
Salomonen	1 Salomon Islands Dollar = 100 Cents
Sambia	1 Kwacha = 100 Ngwee
Samoa	1 Tala = 100 Sene
San Marino	italienische Währung und Lira von San Marino
Sao Tomé und Príncipe	1 Dobra = 100 Centimos
Saudi-Arabien	1 Saudi-Riyal = 20 Qirshes bzw. 100 Hallalas
Schweden	1 Schwedische Krona = 100 Öre
Schweiz	1 Schweizer Franken = 100 Rappen.
Senegal	1 CFA-Franc = 100 Centimes
Seychellen	1 Seychellen-Rupie = 100 Cents
Sierra Leone	1 Leone = 100 Cents
Simbabwe	1 Simbabwe-Dollar = 100 Cents
Singapur	1 Singapur-Dollar = 100 Cents
Somalia	1 Somali-Shilling = 100 Centesimi
Sowjetunion	1 Rubel = 100 Kopeken

Spanien	1 Peseta = 100 Céntimos
Sri Lanka	1 Rupie = 100 Cents
Sudan	1 Sudanesisches Pfund = 100 Piastres
Surinam	1 Suriname Gulden = 100 Cents
Swasiland	1 Lilangeni = 100 Cents
Syrien	1 Syrisches Pfund = 100 Piastres
Tansania	1 Tansania-Shilling = 100 Cents
Thailand	1 Baht = 100 Satang
Togo	1 CFA-Franc = 100 Centimes
Tonga	1 Pa'anga = 100 Seniti
Transkei	1 Südafrikanischer Rand = 100 Cents
Trinidad und Tobago	1 Trin. und Tobago Dollar = 100 Cents
Tschad	1 CFA-Franc = 100 Centimes
Tschechoslowakei	1 Koruna = 100 Haleru
Tunesien	1 Tunesischer Dinar = 1000 Millimes
Türkei	1 Türkisches Pfund = 100 Kurus
Uganda	1 Uganda Shilling = 100 Cents
Ungarn	1 Forint = 100 Filler
Uruguay	1 Nuevo Peso = 100 Centésimos
Vatikanstadt	1 Vat. Lira = 100 Centesimi
Venezuela	1 Bolivar = 100 Céntimos
Vereinigte Staaten von Amerika	1 US-Dollar = 100 Cents
Vietnam	1 Dong = 10 Chao bzw. 100 Sau
Volksrepublik China	1 Renminbi-Yuan = 10 Jiao = 100 Fen
Zaire	1 Zaire = 100 Makuta = 10000 Sengi
Zentralafrikanische Republik	1 CFA-Franc = 100 Centimes

Wappentiere

Aar (= Adler)	Eule	Hund	Panther	Seelöwe
Bär	Falke	Kranich	Papagei	Steinbock
Biene	Fisch	Krebs	Pelikan	Stier
Bock	Fuchs	Lamm	Pfau	Storch
Delphin	Gemse	Leopard	Phönix	Strauß
Drache	Greif	Lindwurm	Reiher	Taube
Eichhörnchen	Habicht	Löwe	Roß	Widder
Einhorn	Hahn	Muschel	Schlange	Wildschwein
Elefant	Hirsch	Ochse	Schwan	Wolf

Weinkenner-Vokabular

Alt ist ein Wein, der schon auf dem absteigenden Ast ist. Weil er zu lange gelagert wurde, hat er keine Kohlensäure mehr und schmeckt schnapsig.
Blumig ist ein Wein, der reich an Duftstoffen ist.
Edel ist ein Wein von großer, feiner Art. Spät- und Auslesen edler Weine haben eine hervorstechende Natursüße, die man Edelsüße nennt.
Feurig ist ein Rotwein, der viel Alkohol enthält und kräftig und fein zugleich schmeckt.
Frisch ist ein Wein mit reichlich Säure und Kohlensäure, ein sommerlicher Weißwein, den man auch gegen den Durst trinken kann und der erfrischend schmeckt.
Glatt ist ein süffiger Wein, der uns glatt eingeht.
Hart schmeckt ein Wein, der zuviel Säure hat.
Herb schmeckt ein Wein mit zuviel Gerbstoff.
Jung ist ein unfertiger Wein, der noch nicht klar ist und viel Kohlensäure enthält.
Kernig ist ein Wein, der herzhafte Säure besitzt und doch dabei körperreich ist. Ein kräftiger Wein.
Kräftig sind gut ausgebaute Weine mit starken Geschmacksstoffen aus gut ausgereiften Trauben.
Lahm ist ein müder Wein, an dem nicht mehr viel »dran« ist.

Leer schmecken Weine, die an Wasser denken lassen.
Mager ist ein Wein, der wenig Extraktstoffe hat. Oft kommt er aus Weinbergen, die zu wenig gedüngt worden sind.
Matt ist ein Wein, dem es an Frische fehlt. Oft erholen sich matte Weine in der Flasche. Verschlagene Weine, die transportiert worden sind, schmecken oft matt, erholen sich aber in zwei bis drei Wochen im Keller.
Mild bedeutet säurearm, aber reif. Milde Weine werden von solchen Damen, die keine Zigarren rauchen, bevorzugt.
Mollig schmeckt ein Wein mit hohem Extraktstoffgehalt (Glyzerin), wie die Pfälzer und Hessenweine.
Rassig ist ein Wein mit ausgebildeter, aber nicht unangenehmer Säure, ein mittäglicher leichter Wein mit ausgeprägten Duftstoffen.
Reif ist ein vollendeter Wein mit gut ausgebildeten edlen Bestandteilen.
Rund ist ein harmonischer Wein, der einen vollen Geschmack hat.
Schwer ist ein Wein, der voll auf Gaumen und Zunge wirkt.
Spritzig ist ein Wein mit viel Kohlensäure.
Süffig bedeutet soviel wie leicht, sauber und erfrischend.
Tot schmeckt ein Wein, in dem alle wertvollen Geschmacks- und Bukettenstoffe abgestorben sind. Er ist abgelebt, überlagert.
Unreif ist ein Wein mit viel Säure und zu wenig Körper, ein typischer »grüner Junge«.
Versotten ist ein in der Gärung steckengebliebener Wein, der zuviel unvergorenen Zucker enthält und deshalb nach Most schmeckt.
Voll ist ein Wein, der den ganzen Mund füllt, also in des Wortes Bedeutung ein vollmundiger Wein.
Weich sind Weine ohne Ausdruck, Art und Rasse.
Würzig sind Weine aus Traubensorten mit starkem Eigengeschmack, wie Riesling, Traminer und Muskateller.
Zähe ist ein Wein, der ohne Glucksen wie Öl aus der Flasche läuft.

Welcher Wein zu welcher Speise?

Speise	Weinsorte
Austern	säuerlicher Weißwein
Eiergericht	Weißwein oder leichter Rotwein
Fisch	Weißwein
Fleischbraten	bei weißem Fleisch schwerere Weißweine, bei schwarzem Fleisch (Wildbret) schwerer Rotwein
Fleischplatte	leichter Rotwein
Geflügel	Weißwein
Hummer	säuerlicher Weißwein
Käse (fettarm)	trockener Weißwein
Käse (vollfett)	mittlerer Rotwein
Pilzspeisen	leichter Rotwein
Süßspeisen	milder, säurearmer Weißwein
Vorspeisen	kräftiger Weißwein
Wildbret	schwerer Rotwein

Weltausstellungen

1851 London
1855 Paris
1862 London
1867 Paris
1873 Wien
1876 Philadelphia
1878 Paris
1879 Sydney
1880 Melbourne
1882 Moskau
1885 Antwerpen
1886 New Orleans
1888 Barcelona
1889 Paris
1893 Chikago
1894 Antwerpen
1897 Brüssel
1900 Paris
1904 St. Louis
1905 Lüttich
1906 Mailand
1909 Amsterdam
1910 Brüssel
1911 Turin
1913 Gent
1915 San Franzisko
1923 Göteborg
1924 London
1925 Paris
1926 Philadelphia
1929 Barcelona
1933 Chikago
1935 Brüssel
1937 Paris
1939 New York
1958 Brüssel
1964 New York
1967 Montreal
1970 Osaka
1973 Spokane
1984 New Orleans
1988 Brisbane

Weltgeschichte in 70 Zahlen

vgl. auch Kriege S. 101 und Schlachten S. 147

530000–20000 v. Chr.	Altsteinzeit
20000–4000 v. Chr.	Mittlere Steinzeit
4000–2000 v. Chr.	Jüngere Steinzeit
2000–1000 v. Chr.	Bronzezeit
seit 1000 v. Chr.	Eisenzeit
753 v. Chr.	Gründung Roms
750–550 v. Chr.	Griechen kolonisieren Mittelmeerraum
um 500 v. Chr.	Buddha in Indien, Konfuzius in China
356–323 v. Chr.	Alexander der Große
44 v. Chr.	Cäsar wird ermordet
9 n. Chr.	Schlacht im Teutoburger Wald
79	Pompeji durch Vesuv-Ausbruch zerstört
um 250	Alemannen durchbrechen den Limes
375	Hunneneinfall löst Völkerwanderung aus
um 450	Angeln und Sachsen in Engl.
570–632	Mohammed
768–814	Karl der Große
um 1000	Wikinger entdecken Amerika
1066	Schlacht bei Hastings
1077	Canossa
1215	Magna Charta
1241	Mongolenschlacht b. Liegnitz
1356	Goldene Bulle
1431	Jungfrau v. Orléans verbrannt
1453	Türken erobern Konstantinopel
1492	Kolumbus entdeckt Amerika
1498	Vasco da Gama findet Seeweg nach Indien
1517	Luthers Thesenanschlag in Wittenberg
1618–1648	Dreißigjähriger Krieg
1683	Wien von den Türken belagert
1740–1786	Friedrich der Große
1776	USA werden unabhängig
1789	Französische Revolution
1796–1815	Napoleon I.
1805	Schlachten von Austerlitz und Trafalgar
1812	Napoleon vor Moskau
1813	Völkerschlacht bei Leipzig
1815	Wiener Kongreß
1861–1865	Amerikanischer Bürgerkrieg
1869	Suez-Kanal eröffnet
1870–1871	Deutsch-Französischer Krieg
1871	Bismarck gründet Deutsches Reich
1914–1918	1. Weltkrieg
1919	Weimarer Republik
1933	Hitler wird Reichskanzler
1939–1945	2. Weltkrieg
1945	erste Atombombenexplosion Gründung d. Vereinten Nationen
1949	Gründung der NATO und des Europarates
1950–1953	Korea-Krieg
1952	Montan-Union
1953	Stalin †, Aufstand in der Sowjetzone
1955	Genfer Viererkonferenz
1956	I.–II. II. Ungarnaufstand
1957	erste Erdsatelliten
1960	Pariser Gipfelkonferenz
1961	Berliner Mauer (13. 8.)
1962	Kuba-Krise
1967	5.–10. 6. Israelfeldzug 3. 12. erste Herzverpflanzung durch Christian Barnard
1968	21. 8. Okkupation der CSSR durch Truppen der Warschauer Paktstaaten
1969	21. 7. Armstrong und Aldrin betreten als erste Menschen die Mondoberfläche
1970	Beginn des US-Truppenabzugs aus Vietnam
1973	Ölboykott der arabischen Ölexportländer 6. 10. Jom-Kippur-Krieg Bundesrepublik Deutschland wird 134. UN-Mitglied
1974	Staatsstreich beendet Diktatur in Portugal
1975	nach dem Tod von General Franco wird Prinz Juan Carlos in Spanien zum König gekrönt
1976	8. 9. Tod Mao Tse-tungs Vietnam wiedervereinigt
1977	19.–21. 11. Sadat besucht Jerusalem als ersten Schritt zur Lösung des Nahostproblems
1978	Volksrepublik China öffnet sich nach dem Westen
1979	Februar: Grenzkrieg zwischen der Volksrepublik China und Vietnam; März: Friedensschluß zwischen Israel und Ägypten nach 31 Jahren Kriegszustand; Juni: erste direkte Wahl zum Europäischen Parlament

Welthilfssprachen

Argot	Interglossa	Occidental
Arioni-Boera	Interlingua	Panamane
Babm	Iret	Pasilingua
Balta	Kosmos	Picto
Basic Englisch	Langue Bleue	Progresso
Bolak	Langue Catholique	Ro
Bopal	Latinesce	Romanal
Cosmolingue	Latino sine flexione	Romanid
Dil	Lingua	Solresol
Eperanto	Lingua Internazional	Spelin
Frater	Loga	Suma
Hoyhoy	Mondial	Timerio
Iala	Molog	Universal
Idiom Neutral	Neolatinus	Volapük
Ido-Letro	Novial	Weltparl

Tiere als Wettervorboten

Steht die **Gans** auf einem Fuß,
dann kommt bald ein Regenguß.

Wenn die **Hühner** den Schwanz hängenlassen kommt Regen.

Wenn die **Hühner** in den Regen gehn,
dann hält der Regen lange an.

Siehst du die **Katzen** gähnend liegen,
weißt du, daß wir Gewitter kriegen.

Wenn sich die **Katzen** putzen,
gibt es gutes Wetter.

Wenn die **Krähen** schrein,
stellt sich Regen ein.

Halten die **Krähen** Konzilium,
so sieh nach Feuerholz dich um.

Kommen die **Kühe** lang nicht nach Haus,
bricht am nächsten Tag schlechtes Wetter aus.

Wenn die **Mücken** tanzen
gibt es gutes Wetter.

Wenn die **Rosskäfer** am Morgen fliegen,
werden wir vormittags Regen kriegen.

Reißt die **Spinne** ihr Netz entzwei,
kommt ein Regen bald herbei.

Wenn die **Spinnen** im Regen spinnen,
wird er nicht mehr lange rinnen.

Wetter-Vorzeichen

für gutes Wetter	**für schlechtes Wetter**
Roter Abendhimmel	Gelber Abendhimmel
Barometer steigt	Barometer fällt
Fernsicht schlecht	Fernsicht gut
Morgennebel fällt	Morgennebel steigt
Morgentau reichlich	Morgentau wenig
Rauch steigt senkrecht empor	Rauch steigt nicht senkrecht empor
Schwalben fliegen hoch	Schwalben fliegen niedrig
Sonnenuntergang klar rot	Sonnenuntergang milchig gelb
Winde aus N, O und S	Winde aus W und SW
Himmel mattblau	Himmel tiefblau

Wetterkarte

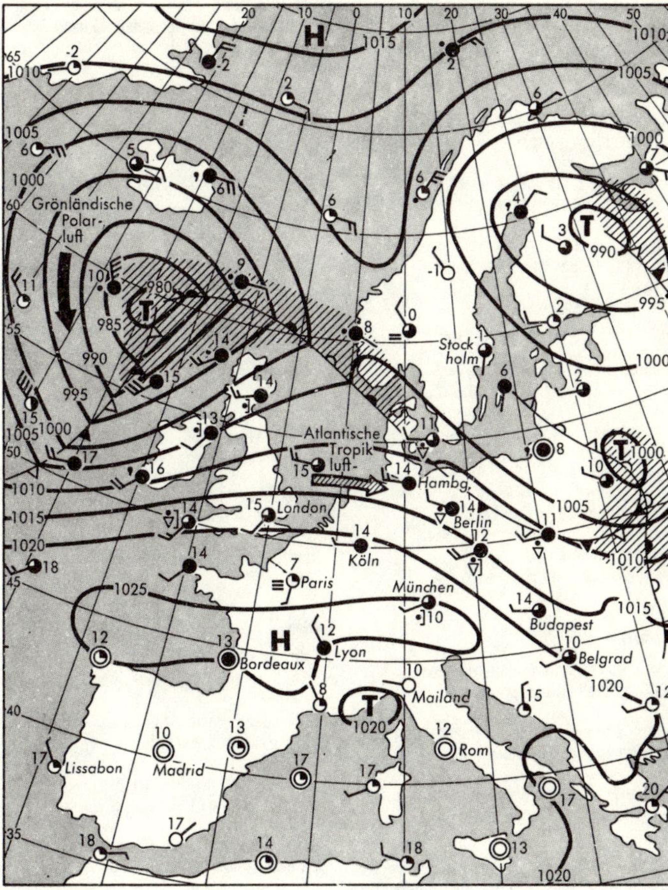

wolkenlos
¼ bedeckt
½ bedeckt
¾ bedeckt
bedeckt
∞ Dunst
= starker Dunst
≡ Nebel
ausgedehntes Niederschlagsgebiet

• Regen
, Nieseln
(•) Niederschlag in der Umgebung
✳ Schneefall
▽ Schauer
△ Graupeln
▲ Hagel
Gewitter
•] nach Regen, Gewitter usw.

12 Temperatur in °C
1015 Luftdruck in Millibar (1000 mb = 750 mm)
H Hoch- und
T Tiefdruckgebiet
Warmfront
Kaltfront
Okklusion
Bewegung gr. Luftmassen

Windgeschwindigkeit in Knoten	Symbol
0	
1 - 2	
3 - 7	
8 - 12	
23 - 27	

Pfeilrichtung = Windrichtung
(1 m/sec ≈ 2 Knoten)

Wetterregeln für jeden Monat

»Wenn der Hahn kräht auf dem Mist, ändert sich das Wetter oder es bleibt wie es ist.« Das gilt für jeden Tag und stimmt immer. Die guten Beziehungen anderer Tiere zum Wettergott zeigt S. 188. Hier eine Auswahl von Wettersprüchen für die einzelnen Monate (nachts ist es übrigens immer kälter als drin!):

Januar

Neujahrsnacht still und klar,
deutet auf ein gutes Jahr.

Anfang und Ende vom Januar
zeigen das Wetter an fürs ganze Jahr.

Wenn's um Neujahr Regen gibt,
oft um Ostern Schnee noch stiebt.

Der Januar muß krachen,
soll der Frühling lachen.

Knarrt im Januar Eis und Schnee,
gibt's zur Ernt' viel Korn und Klee.

Kommt der Frost im Januar nicht,
Zeigt im März er sein Gesicht.

Wächst das Gras im Januar,
ist's im Sommer in Gefahr.

Ist der Januar hell und weiß,
wird der Sommer sicher heiß.

Februar

Der Feber muß stürmen und blasen,
soll das Vieh im Lenze grasen.

Wenn's zu Lichtmeß (2. 2.) stürmt und tobt,
der Bauer sich das Wetter lobt.

Wenn im Feber die Mücken geigen,
müssen sie im Märzen schweigen.

Spielen die Mücken im Februar,
frier'n Schaf' und Bien' das ganze Jahr.

Läßt der Februar Wasser fallen,
so läßt's der März gefrieren.

März

Der März soll wie ein Wolf kommen
und wie ein Lamm gehen.

Ein fauler, feuchter März
ist jedes Bauern Schmerz.

Märzengrün ist bald wieder hin.

Siehst du im März gelbe Blumen im Freien,
magst du getrost deinen Samen streuen.

Wie's im März regnet,
wird's im Juni wieder regnen.

Gibt's im März zu vielen Regen,
bringt die Ernte wenig Segen.

April

Der April tut, was er will.

Wenn der April bläst in sein Horn,
so steht es gut um Heu und Korn.

Je eher im April der Schlehdorn blüht,
je früher der Bauer zur Ernte zieht.

Heller Mondschein im April
schadet den Blüten viel.

Aprilschnee ist der Grasbrüter.

Mai

Fällt am 1. Mai Reif,
so hofft man auf ein gutes Jahr.

Donner und Fröste im Wonnemond,
Müh und Arbeit wenig lohnt.

Pankrazi, Servazi, Bonifazi
sind drei frostige Bazi.

Vor Nachtfrost bist du sicher nicht,
bis Sophia vorüber ist.

Wenn im Mai die Wachteln schlagen,
läuten sie von Regentagen.

Treibt die Esche vor der Eiche,
hält der Sommer große Bleiche.

Treibt die Eiche vor der Esche,
gibt's im Sommer große Wäsche.

Regen im Mai
bringt fürs ganze Jahr Brot und Heu.

Ein Bienenschwarm im Mai
ist wert ein Fuder Heu.

Juni

Menschensinn und Juniwind
ändern sich oft sehr geschwind.

Im Juni kühl und trocken,
dann gibt's was in die Milch zu brocken.

Was im Juni nicht wächst,
gehört in den Ofen.

Gibt's im Juni Donnerwetter,
wird gewiß das Getreide fetter.

Ist der Siebenschläfer (27. 6.) naß,
regnet's ohne Unterlaß.

Wenn kalt und naß der Juni war,
verdirbt er das ganze Jahr.

Juli

Im Juli muß vor Hitze braten,
was im September soll geraten.

Wettert der Juli mit großem Zorn,
bringt er dafür reicheres Korn.

Ein tüchtig Juligewitter,
ist gut für Winzer und Schnitter.

Baut im Juli die Ameis' groß den Hauf',
folgt ein strenger Winter drauf.

Wenn die Sonne in den Löwen (23. 7.) geht,
die größte Hitze alsdann entsteht.

August

Weht im August der Wind aus Nord,
ziehen die Schwalben noch lange nicht fort.

Nordwinde im August
bringen beständiges Wetter.

Wenn's Federbett im August zu heiß,
trägt Honig die Bien' aus der Heide mit Fleiß.

Leuchten vor Mariä Himmelfahrt die Sterne,
so hält sich das Wetter gerne.

Was Juli und August nicht kochen,
kann kein Nachfolger braten.

September

September schön in den ersten Tagen,
will schön den ganzen Herbst ansagen.

Wenn im September viel Spinnen kriechen,
sie den nahen Winter riechen.

Was August nicht vermocht,
auch September nicht kocht.

Wie im September der Neumond tritt ein,
so wird das Wetter den Herbst durch sein.

Viel Eichel im September,
viel Schnee im Dezember.

Wenn Michaelis (29. 9.) der Wind kalt weht,
ein harter Winter zu erwarten steht.

September warm und klar,
verheißt ein gutes nächstes Jahr.

Oktober

Oktoberhimmel voller Sterne
hat warme Öfen gerne.

Schneit's im Oktober gleich,
dann wird der Winter weich.

Viel Eicheln und Buchnüsse im Oktober
lassen einen strengen Winter erwarten.

Wenn die Bienen zeitig verkitten,
kommt bald ein harter Winter geritten.

Je früher das Laub im Oktober fällt,
desto fruchtbarer wird das nächste Jahr.

November

November hell und klar,
ist übel fürs nächste Jahr.

Friert im November zeitig das Wasser,
dann ist's im Januar um so nasser.

Blühen im November die Bäume aufs neu,
währet der Winter bis zum Mai.

Wenn's zu Allerheiligen schneit,
dann lege deinen Pelz bereit.

Wenn's im November donnern tut,
wird das nächste Jahr wohl gut.

Dezember

Fällt zu Eligius (1. 12.) ein starker Wintertag, die Kälte vier Monate dauern mag.

Wenn in der ersten Adventswoche gut Wetter ist, so bleibt's gut bis Weihnachten.

Herrscht Advent schon Kält,
sie achtzehn Wochen hält.

Dezember kalt mit Schnee,
gibt Korn in jeder Höh'.

Ein dunkler Dezember deutet auf ein gutes Jahr, ein nasser aber macht es unfruchtbar.

Ist es grün zur Weihnachtsfeier,
fällt der Schnee auf Ostereier.

Hängt zu Weihnachten Eis an den Weiden,
kannst du zu Ostern Palmen schneiden.

Ist's windig in den Weihnachtstagen,
sollen viel Obst die Bäume tragen.

Scheint am Stefanstag (26. 12.) die Sonne,
so gerät der Flachs zur Wonne.

»Und ob die Wolke sie verhülle,
Die Sonne bleibt am Himmelszelt!
Es waltet dort ein heilger Wille;
Nicht blindem Zufall dient die Welt.«

(Aus ›Der Freischütz‹)

Markenzeichen Wien

Wiener Becken
Wiener Frieden
Wiener Genesis
Wiener Gruppe
Wiener Joch
Wiener Klassiker
Wiener Kongreß
Wiener Konkordat
Wiener Kreis
Wiener Leine
Wiener Mechanik
Wiener Neustadt
Wiener Papp
Wiener Philharmoniker
Wiener Sandstein
Wiener Sängerknaben
Wiener Schiedssprüche
Wiener Schlußakte
Wiener Schule
Wiener Secession
Wienerwald

Die 23 Stadtbezirke Wiens

I. Innere Stadt
II. Leopoldstadt
III. Landstraße
IV. Wieden
V. Margareten
VI. Mariahilf
VII. Neubau
VIII. Josefstadt
IX. Alsergrund
X. Favoriten
XI. Simmering
XII. Meidling
XIII. Hietzing
XIV. Penzing
XV. Fünfhaus
XVI. Ottakring
XVII. Hernals
XVIII. Währing
XIX. Döbling
XX. Brigittenau
XXI. Floridsdorf
XXII. Donaustadt
XXIII. Liesing

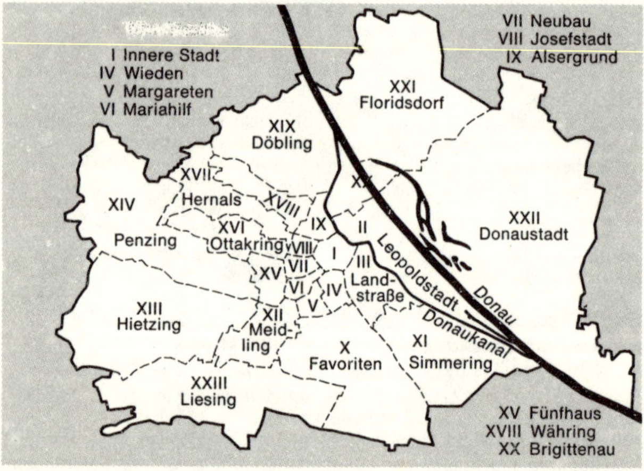

Winde

Abwind Luftmassen, die sich abwärts bewegen
Aufwind Luftmassen, die sich nach oben bewegen
Bergwind nachts bergab wehender Wind
Bise NO-Wind in der Schweiz
Blizzard Schneesturm in den USA
Bora kalter Fallwind an der Adria
Breva Tagwind am Comer See
Buran Schneesturm in Sibirien
Chamsin heißer Wüstenwind in Ägypten
Etesien trockene Winde im östlichen Mittelmeer
Fallwind an Berghängen rasch absteigender Wind
Föhn warmer Fallwind, besonders in den Alpen
Gibli heißer Sahara-Wüstenwind, andere Bezeichnung für Samum
Harmattan heißer Wüstenwind von der Sahara zur Guineaküste
Hurrikan Wirbelwind in Westindien
Landwind Wind vom Land auf die See
Mistral kalter Fallwind im Rhônetal
Monsun jahreszeitlich wechselnder Wind, besonders in Süd- und Ostasien
Norther kalter Nordwind über Nordamerika, heißer Nordwind in Australien
Pampero kalter Südwind in Argentinien
Passate ganzjährig wehende Winde über dem Ozean
Purga Schneesturm in Sibirien
Samum heißer Wüstenwind in Arabien
Scirocco heißer Wüstenwind von der Sahara bis zu den Alpen
Seewind Wind von der See aufs Land
Sturm Wind mit Mindestwindstärke 9 (75 km/h)
Suchowej heißer, trockener Wind in Südrußland
Taifun Wirbelwind in Süd- und Ostasien
Talwind tags bergauf wehender Wind
Tivano Nachtwind am Comer See
Tornado Wirbelwind in USA
Trombe Wirbelwind mit senkrechter Achse (Sand-, Wasser-, Windhose)
Vaudaire SO-Wind in der Schweiz
Vent SW-Wind in der Schweiz
Wasserhose trichterförmiger Wirbelsturm auf dem Meer
Zephir feuchtwarmer Westwind im Mittelmeerraum

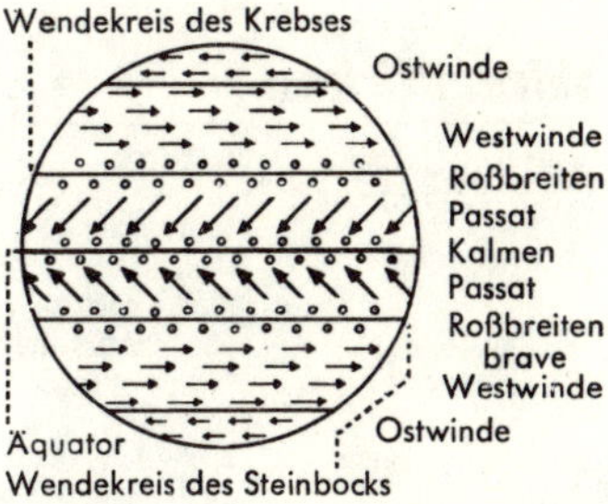

Winkel

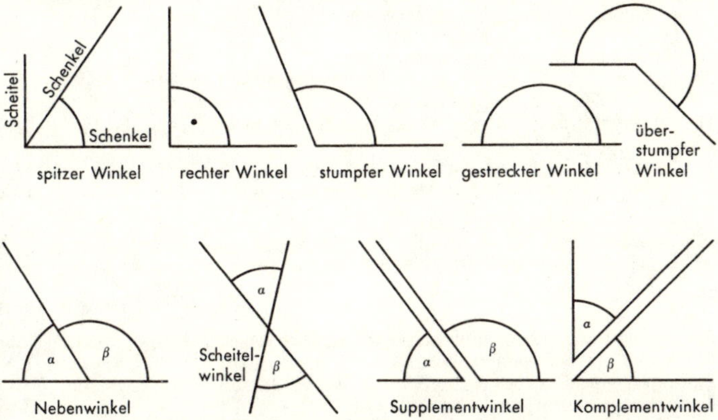

Windhundrassen

Von allen Hunderassen stellen die Windhunde die einheitlichste Rassengruppe dar. Sie sind schmal gebaut, hochbeinig, mit spitzem Maul und gewölbtem Rücken. Windhunde wurden bereits vor 3000 Jahren im alten Ägypten gezüchtet. Bemerkenswert ist, daß sie nicht wie alle anderen Hunde mit der Nase, sondern mit den Augen jagen.

Name	Schulterhöhe
Irischer Wolfshund	bis 95 cm
Schottischer Hirschhund	75–80 cm
Russischer Windhund (Barsoi)	75–80 cm
Mittelasiatischer Tasy	60–70 cm
Afghanischer Windhund	bis 65 cm
Persischer Windhund	bis 65 cm
Großer englischer Windhund (Greyhound)	bis 65 cm
Arabischer Windhund (Saluki)	55–75 cm
Englischer Windhund (Whippet)	bis 50 cm
Italienisches Windspiel	bis 35 cm
Afrikanischer Nackthund	bis 30 cm

Windstärken

Grad	Bezeichnung	Äußerung	m/sec	km/h
0	still	vollkommene Luftruhe	0 – 0,2	unter 1
1	leiser Zug	Rauch steigt nicht gerade empor, Blätter noch unbewegt	0,3– 1,5	1– 5
2	leichte Brise	eben für das Gefühl bemerkbar	1,6– 3,3	6– 11
3	schwache Brise	Blätter bewegen sich, Wasser kräuselt sich	3,4– 5,4	12– 19
4	mäßige Brise	kleine Zweige bewegen sich, Papier hebt sich vom Boden	5,5– 7,9	20– 28
5	frische Brise	größere Zweige bewegen sich, Wellenbildung	8,0–10,7	29– 38
6	starker Wind	bewegt große Zweige, an Hausecken u.a. hörbar, Schaumkämme auf Wellen	10,8–13,8	39– 49
7	steifer Wind	bewegt schwächere Baumstämme, gegen den Wind schreiten wird behindert	13,9–17,1	50– 61
8	stürmischer Wind	bewegt ganze Bäume	17,2–20,7	62– 74
9	Sturm	Dachziegel u.ä. leichtere Gegenstände werden bewegt	20,8–24,4	75– 88
10	schwerer Sturm	Bäume und leichte Bauten werden umgeworfen	24,5–28,4	89–102
11	orkanartiger Sturm	schwere zerstörende Wirkungen	28,5–32,6	103–117
12	Orkan	Verwüstende Wirkungen	32,7–36,9	118–133
13	"	"	37,0–41,3	134–149
14	"	"	41,4–46,1	150–166
15	"	"	46,2–50,8	167–183
16	"	"	50,9–55,6	184–200
17	"	"	über 55,6	über 200

Auf der nebenstehenden Seite 195 werden die hier mit Worten und Zahlen beschriebenen Äußerungen der verschiedenen Windstärken auch im gezeichneten Bild vorgeführt. Die Zahlen 1–11 entsprechen den Windstärken 1–11, das Bild 12 steht für die Windstärken 12–17, die durchweg eine verwüstende Wirkung haben.

1
2
3
4
5
6
7
8
9
10
11
12

Deutsches Winkeralphabet

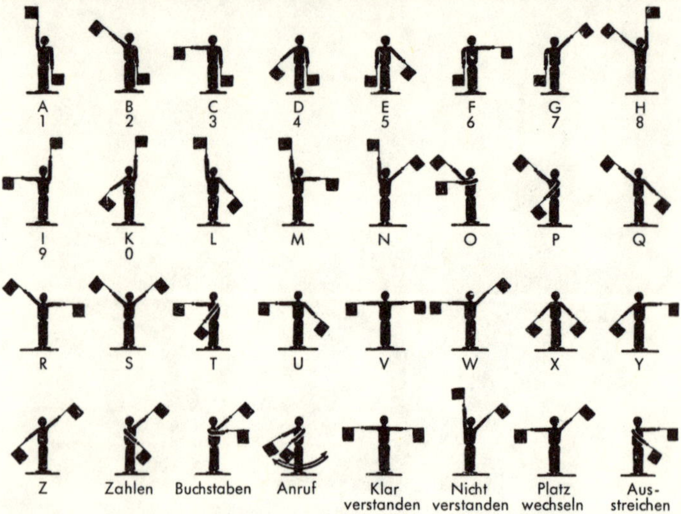

Internationales Winkeralphabet

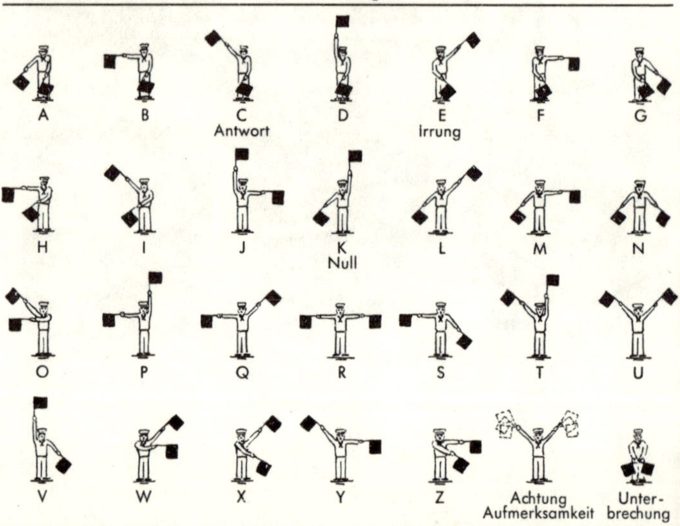

Wochentage

☾	♂	☿	♃	♀	♄	☉
Montag	Dienstag	Mittwoch	Donnerstag	Freitag	Sonnabend	Sonntag

Wörter des 20. Jahrhunderts

Nun sage noch jemand, daß die Menschheit im 20. Jahrhundert nicht vorangekommen sei. Die folgende Übersicht nennt nur einen Teil von Wörtern und Begriffen, die erst in unserem Jahrhundert aufgekommen sind und den Menschen des 19. Jahrhunderts mehr oder weniger nichts sagen würden. Zwar zeigt sich, daß der Krieg in der Tat der »Vater« vieler Dinge ist, aber nicht aller, denn auch Politik und Technik haben einen gewichtigen Anteil, und beim einen oder anderen Wort möchte man sogar an »Fortschritt« denken. Sicher wird es Ihnen nicht schwerfallen, noch eine ganze Reihe ähnlicher Wörter zu finden. Vielleicht entwickeln Sie daraus sogar ein Hobby?

ABC-Waffen
Abhöraffäre
Ablieferungssoll
Afroasiaten
Ahnenpaß
Aktivist
Atombombe
Atombusen
Atomphysik
Ausbomben
Autobahn
Automatgewehr
Automatisierung
Bambusvorhang
Beautyfarm
Be-bop
Beefburger
Bildschirmtext
Bildschirmzeitung
Biokurve
Biorhythmus
Blitzkrieg
Blutdoping
Bombenteppich
Breitwandfilm
Bulldozer
Bürgerrechtler
Call-Girl
Camping
Care-Pakete
Chemokeule
Comic-Strips
Disko
Dokumentarfilm
Drei-D-Film
Düsenflugzeug
Einschienenbahn
Eiserne Lunge
Eiserner Vorhang
Elektronengehirn
Elektroharpune
Emanze
Emanzipation
Entnazifizierung
Erdsatelliten
Erfolgskurve
Eurokommunismus
Europaarmee
Europastraße
Fahrtschreiber
Fallschirmjäger
Fernlenkwaffen
Fernsehen
Ferntrauung
Fertighaus
Filmfestspiele
Filmstar
Filterzigarette
Flugzeugträger
Fragebogen
Frauenhaus
Freizeiterziehung
Fremdarbeiter
Friedenskämpfer
Frontschwein
Funkwagen
Fußballtoto
Gehirnwäsche
Genmanipulation
Gesichtskontrolle
Gipfelkonferenz
Gleichschaltung
Groschengrab
Grüne Welle
Hausmann
Heimatschuß
Heldenklau
Hubschrauber
Huckepackverkehr
Industriearchäologie
Interkontinentalrakete
Isolationsfolter
Isolationshaft
Jugendarbeitslosigkeit
Juniorenpaß
Kalter Krieg
Kernreaktor
Kernspaltung
Killersatellit
Kitchinette
Kohlenklau
Kollektivschuld
Kontaktbeamte
Kontaktsperre
Kriegsverbrecher
Kybernetik
Lastenausgleich
Latrinengerücht
Lauschaktion
Lebensmittelkarte
Leistungsverweigerung
Lernfrage

Z

Lochkarte
Luftbrücke
Luftpost
Luftschutz
Managerkrankheit
Männlichkeitswahn
Midlife crisis
Motel
Mutterkreuz
Nachtjäger
Nazi
Neutronenbombe
Nissenhütte
Normalverbraucher
Overdrive
Panzerfaust
Pimpf
Plansoll
Plexiglas
Psychochirugie
Radar
Reflexzonenmassage
Regelstudienzeit
Regenwetterversicherung
Republikflucht
Rollbrett
Satellitenbild
Schallmauer
Schnorchel
Schönheitsfarm
Schülerparlament
Schulstreß
Seniorenpaß
Sexbombe
Skatebord
Sofortbildkamera
Sofortfilm
Soforthilfe
Sollerfüllung
Sonnenbatterie
Sozialtouristik
Soziobiologie
Spätheimkehrer
Stadtindianer
Stalinorgel
Störsender
Tastentelefon
Trockenrasierer
Überschallgeschwindigkeit
Ultraschall
Sperrmüll
Spruchkammer
Sputnik
Squash
Umrüstung
Umschulung
Umweltkrieg
Umweltverschmutzung
Verbundwirtschaft
Verkehrssünder
Versichertenausweis
Vertragsspieler
Videorecorder
Vierzigstundenwoche
Volksaktie
Volksdemokratie
Volkspolizei
Volkswagen
Währungsreform
Wasserstoffbombe
Wiedergutmachung
Wirtschaftswunder
Zeittaktmodell

Zehner-Potenzen

10^{33} =	1 000 000 000 000 000 000 000 000 000 000 000	= Quinquilliarde
10^{30} =	1 000 000 000 000 000 000 000 000 000 000	= Quintillion
10^{27} =	1 000 000 000 000 000 000 000 000 000	= Quadrilliarde
10^{24} =	1 000 000 000 000 000 000 000 000	= Quadrillion
10^{21} =	1 000 000 000 000 000 000 000	= Trilliarde
10^{18} =	1 000 000 000 000 000 000	= Trillion (Exa . . .)
10^{15} =	1 000 000 000 000 000	= Billiarde (Peta . . .)
10^{12} =	1 000 000 000 000	= Billion (Tera . . .)
10^{9} =	1 000 000 000	= Milliarde (Giga . . .)
10^{6} =	1 000 000	= Million (Mega . . .)
10^{5} =	100 000	= Hunderttausend
10^{4} =	10 000	= Zehntausend (Myria . . .)
10^{3} =	1 000	= Tausend (Kilo . . .)
10^{2} =	100	= Hundert (Hekto . . .)
10^{1} =	10	= Zehn (Deka . . .)

10^{-1} = 0,1 (Dezi . . .)
10^{-2} = 0,01 (Zenti . . .)
10^{-3} = 0,001 (Milli . . .)
10^{-6} = 0,000 001 (Mikro . . .)
10^{-9} = 0,000 000 001 (Nano . . .)
10^{-12} = 0,000 000 000 001 (Piko . . .)
10^{-15} = 0,000 000 000 000 001 (Femto . . .)
10^{-18} = 0,000 000 000 000 000 001 (Atto . . .)

Zeiträume

Biennium	2 Jahre	**Quinquennium**	5 Jahre
Dezennium	10 Jahre	**Semester**	6 Monate
Millennium	1000 Jahre	**Tertial**	4 Monate
Quartal	3 Monate	**Trimester**	3 Monate
		Zentenarium	100 Jahre

Zeitzonen der Erde

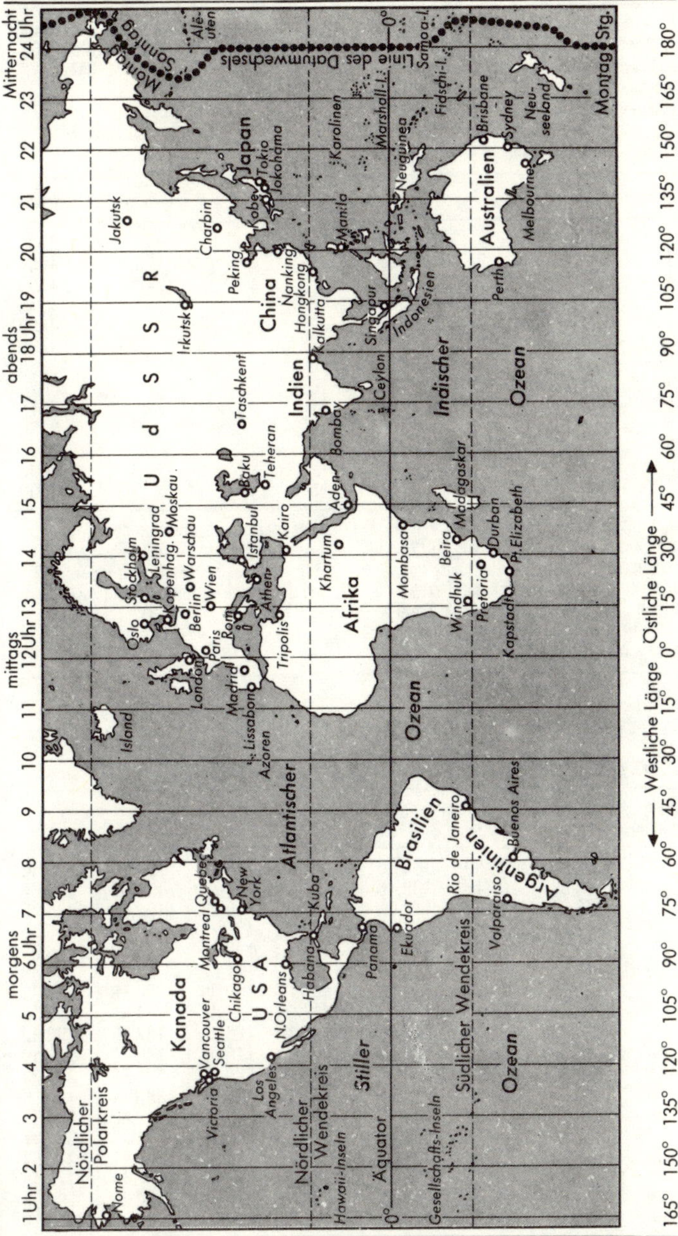

Zinsen

Zur Ermittlung der Zinsen bei Berechnung von ½%–15% für das Jahr von 360 Tagen bedient man sich der untenstehenden »Zinsdivisorentabelle«. Man findet das Zinsprodukt, indem man das Kapital mit der Zeit (den Tagen) multipliziert und durch den Divisor des Zinssatzes dividiert.

Beispiel: Wieviel Zinsen bringen 10000,– DM in 50 Tagen zu 4%? (Kapital) 10000 x 50 Tage: 9000 (Divisor) = 55,55 DM.

Prozent	Divisor	Prozent	Divisor
½	72000	7	5143
1	36000	7½	4800
1½	24000	8	4500
2	18000	8½	4235
2½	14400	9	4000
3	12000	9½	3790
3½	10286	10	3600
4	9000	10½	3429
4½	8000	11	3273
5	7200	11½	3130
5½	6545	11	3000
6	6000	12½	2880
6½	5538	15	2400

Die Zinseszinstafel auf dieser Zeite unten zeigt Ihnen, wie ein Kapital von 100 DM bei verschiedenen Zinsfüßen im Laufe der Jahre wächst. Doch ehe Sie sich mit diesen nüchternen Zahlen beschäftigen, lesen Sie bitte noch, was Wilhelm Busch zu diesem Thema gesagt hat:

»Wer sparsam ist, denkt an das Morgen,
die Zukunft macht ihm keine Sorgen.
Man kann des Lebens sich erfreu'n
und dennoch klug und sparsam sein.«

Zinseszinstafel für 100 DM Kapital

Nach... Jahren	beträgt das Kapital bei einem Zinsfuß von 3%	3½%	4%	5%	6%	7%	8%
1	103,00	103,50	104,00	105,00	106,00	107,00	108,00
2	106,09	107,12	108,16	110,25	112,36	114,49	116,64
3	109,27	110,87	112,49	115,76	119,10	122,50	125,97
4	112,55	114,75	116,99	121,55	126,25	131,08	136,05
5	115,93	118,77	121,67	127,43	133,82	140,26	146,93
6	119,41	122,93	126,53	134,01	141,85	150,07	158,69
7	122,99	127,23	131,59	140,71	150,36	160,58	171,38
8	126,67	131,68	136,86	147,75	159,38	171,82	185,09
9	130,48	136,29	142,33	155,13	168,95	183,85	199,90
10	134,39	141,06	148,02	162,89	179,08	196,72	215,89
15	155,80	167,53	180,09	207,89	239,66	275,88	317,22
20	180,61	198,98	219,11	265,33	320,71	386,71	466,10
25	209,38	236,32	266,58	338,64	429,19	542,60	684,85
30	242,73	280,70	324,34	432,19	574,35	761,23	1006,27
35	281,39	333,40	394,61	551,60	768,61	1065,21	1478,54
40	326,20	395,90	480,10	704,00	1028,57	1497,45	2172,45
45	378,16	470,20	584,12	898,50	1376,46	2100,35	3192,06
50	438,39	558,50	710,67	1146,74	1842,02	2945,70	4690,16

Deutsche Zugvögel

Bachstelze	Girlitz	Neuntöter	Star
Baumpieper	Hausrotschwanz	Pirol	Storch
Buchfink	Kranich	Rauchschwalbe	Uferschwalbe
Feldlerche	Kuckuck	Ringeltaube	Weidenlaubsänger
Fischadler	Mauersegler	Rotkehlchen	Wiedehopf
Gartengrasmücke	Mäusebussard	Schwalben	
Gartenrotschwanz	Mehlschwalbe	Singdrossel	
Gelbspötter	Nachtigall	Sprosser	

Register